Einstellungstest
Polizei Österreich

Kurt Guth
Marcus Mery

Einstellungstest Polizei Österreich

Fit für den Eignungstest im Auswahlverfahren

Ausbildungs Park

Kurt Guth • Marcus Mery
Einstellungstest Polizei Österreich
Fit für den Aufnahmetest im Auswahlverfahren | Deutsch, Mathe, Wissen, Intelligenz, Logik, Persönlichkeitstest, Sporttest und mehr | Über 800 Aufgaben mit allen Lösungswegen

Ausgabe 2020

2. Auflage

Gestaltung: bitpublishing / s.b. Design
Lektorat: Andreas Mohr

Bibliografische Information der Deutschen Nationalbibliothek –
Die Deutsche Nationalbibliothek verzeichnet diese Publikation in der Deutschen Nationalbibliografie; detaillierte bibliografische Daten sind im Internet über http://dnb.dnb.de abrufbar.

Bildnachweis:
Archiv des Verlages
Umschlagfotos: © Valua Vitaly – Shutterstock.com, © Stockfour – Shutterstock.com
S. 98 (Wladimir Putin): www.kremlin.ru; Wladimir Putin; CC- BY-3.0 (https://creativecommons.org/licenses/by/3.0/legalcode); Original entfärbt, beschnitten
S. 240 (Ute Ackermann): © Yuri Arcurs – Fotolia.com
S. 240 (Eveline Fritsch): © creative studio – Fotolia.com
S. 240 (Peter Reinken): © FOTO-RAMMINGER – Fotolia.com
S. 240 (Tim Lorenz): © drubig-photo – Fotolia.com
S. 240 (Silke Männing): © fotum – Fotolia.com
S. 242 ff. (Pierre Frey): © iofoto – Fotolia.com
S. 242 ff. (Henrike Otter): © Robert Kneschke – Fotolia.com
S. 242 ff. (Raimund Breit): © Stephen Orsillo – Fotolia.com
S. 242 ff. (Margot Ebert): © Dron – Fotolia.com
S. 242 ff. (Enrico Felici): © Robert Kneschke – Fotolia.com
S. 242 ff. (Bella Fontanella): © Jonas Glaubitz – Fotolia.com
S. 242 ff. (Ernst Kirsch): © Robert Kneschke – Fotolia.com
S. 242 ff. (Helena König): © iofoto – Fotolia.com
S. 242 ff. (Martin Ecker): © Andrew Lever – Fotolia.com
S. 242 ff. (Olivia Adam): © Manuel Tennert – Fotolia.com
S. 248: © Fotostudio Pfeiffer, Offenbach
S. 250: © abbilder, „stehn & gehn“, www.piqs.de; CC BY 2.0 (http://creativecommons.org/licenses/by/2.0/de/deed.de)

Gedruckt auf chlorfrei gebleichtem Papier

Bettinastraße 69, 63067 Offenbach am Main
Printed in Germany

Satz: bitpublishing, Schwalbach
Druck: Druckerei Sulzmann, Obertshausen

ISBN 978-3-95624-068-3

1608 – AP EÖS – 0b13

Inhaltsverzeichnis

Vorwort

Ein Beruf, der jeden Tag neue Herausforderungen bietet? Der gute Karriereperspektiven mit hohem gemeinschaftlichem Nutzen verbindet? Für viele Bewerber leicht zu erraten: Die Rede ist vom Polizeiberuf. Der Dienst für Sicherheit und Ordnung erfreut sich großer Popularität und bietet vielfältige Einsatzmöglichkeiten – ob Streifendienst oder Sondereinheit, Autobahnpolizei oder alpine Einsatzgruppe, Hundestaffel oder Kriminaldienst.

Fähiger Nachwuchs ist bei den österreichischen Landespolizeidirektionen derzeit besonders begehrt, denn ein Großteil der aktiven Beamten wird in den kommenden Jahren in Pension gehen. Doch vor der Stellenzusage wartet die Aufnahmeprüfung. Und die hat es in sich: Im Schnitt scheitern vier von fünf Bewerbern.

Was bringt Ihnen dieses Buch?

Mit diesem Buch haben Sie alles zur Hand, was Sie brauchen, um sich auf den Aufnahmetest der österreichischen Polizei vorzubereiten. Sie lernen klassische und ungewöhnliche Aufgabentypen kennen, erfahren die besten Lösungsstrategien und machen sich mit der Prüfungssituation vertraut.

Auf den folgenden Seiten finden Sie eine Fülle typischer Aufgaben aus allen wichtigen Testbereichen: Sprachverständnis, Rechtschreibung, Grammatik, Mathematik, Allgemeinwissen, fachbezogenes Wissen, Logik und Intelligenz, visuelles Denkvermögen, Konzentration und Merkfähigkeit. Der Lösungsteil am Schluss jedes Kapitels liefert nicht nur die richtigen Antworten, sondern erklärt auch die Lösungswege kompakt und verständlich. Dazu erhalten Sie Tipps und Tricks, um knifflige Aufgaben geschickt zu „knacken".

Eine grobe Richtschnur zur Einordnung Ihrer Ergebnisse: 50–60 % richtig gelöste Aufgaben können als ausreichend gelten, 60–70 % als befriedigend, 70–85 % als gut und höhere Werte als hervorragend – erfahrungsgemäß schafft das allerdings kaum jemand.

Wir wünschen Ihnen viel Erfolg!

Ihr Ausbildungspark-Team

Kontakt

Ausbildungspark Verlag GmbH
Kundenbetreuung
Bettinastraße 69
63067 Offenbach am Main

Telefon +49 (69) 40 56 49 73
Telefax +49 (69) 43 05 86 02
kontakt@ausbildungspark.com
www.ausbildungspark.com

10 Tipps für den Testerfolg

► **1. Gut vorbereiten.**
Beginnen Sie rechtzeitig mit der Vorbereitung, portionieren Sie den Lernstoff in kleine Einheiten, planen Sie Pausenzeiten ein. Wer sich in den letzten Tagen vor dem Test zu viel zumutet, läuft Gefahr, das Gelernte weder zu verstehen noch zu behalten.

► **2. Informieren.**
Fragen Sie frühzeitig nach: Welche Hilfsmittel (z. B. Taschenrechner) dürfen Sie benutzen? Welche Materialien (z. B. Stift, Papier, Lineal) müssen Sie mitbringen, welche werden Ihnen gestellt?

► **3. Entspannungshilfen finden.**
Eignen Sie sich Entspannungstechniken an, zum Beispiel Atemübungen oder autogenes Training. Am Prüfungstag lassen sich Denkblockaden damit leichter überwinden.

► **4. Aufgeräumt ankommen.**
Erscheinen Sie ausgeschlafen und pünktlich, achten Sie auf Ihren äußeren Eindruck – die Prüfer tun es auch. Und vergessen Sie das Frühstück nicht: Wer mit nüchternem Magen in die Prüfung startet, baut schneller ab und ist weniger leistungsfähig.

► **5. Lieber einmal mehr fragen.**
Nutzen Sie die Möglichkeit, den Testleitern Fragen zu stellen, um Unklarheiten auszuräumen.

► **6. Aufgabenstellungen aufmerksam lesen.**
Studieren Sie die Fragen und Bearbeitungshinweise sorgfältig. Manchmal sind kleine Finten eingebaut, die den unkonzentrierten Teilnehmer entlarven.

► **7. Zügig arbeiten.**
Behalten Sie die Uhr im Auge und teilen Sie sich Ihre Zeit gut ein. Oft steigt das Schwierigkeitsniveau innerhalb einer Aufgabenkategorie zum Ende hin an. Eventuell hilft es, zuerst in jeder Kategorie die einfachen

Aufgaben zu lösen. Planen Sie etwas Zeit ein, um Ihre Antworten auf Flüchtigkeitsfehler und andere kleine Patzer zu kontrollieren.

▶ **8. Nicht verrückt machen lassen.**
Der Test ist in der vorgegebenen Zeit beim besten Willen nicht zu schaffen? Dieser Eindruck kann völlig richtig sein. Viele Prüfungen sind so konzipiert, dass kaum jemand im vorgegebenen Zeitrahmen alle Aufgaben korrekt lösen kann. So wird zugleich das Arbeitsverhalten unter Druck getestet.

▶ **9. Nicht festbeißen.**
Anstatt minutenlang an einer Aufgabe zu verzweifeln, gehen Sie lieber zur nächsten über. Mit den übersprungenen Fragen können Sie sich – angefangen bei der leichtesten – später noch beschäftigen. So manch kniffliger Fall entpuppt sich als leichte Übung, wenn die erste Anspannung überwunden ist.

▶ **10. Zur Not einfach raten.**
Die schlechteste Antwort ist meistens keine Antwort: Falsche Lösungen werden nur selten mit Punktabzügen bestraft. Bei Multiple-Choice-Aufgaben mit mehreren Antwortvorschlägen lässt sich das richtige Ergebnis einkreisen, indem man die falschen Lösungen eine nach der anderen aussortiert.

Sprachbeherrschung

Diktat

Bearbeitungszeit 20 Minuten

1) Nehmen Sie nun bitte etwas Schreibpapier zur Hand und suchen Sie sich einen Partner, der Ihnen den vorliegenden Text Satzteil für Satzteil vorliest (Punkte werden mitdiktiert). Im Anschluss werten Sie das Diktat im Abgleich mit der Vorlage sorgfältig aus (Beistrichsetzung nicht vergessen). Insgesamt sollten Sie nicht mehr als 15 Fehler machen – je weniger, desto besser. Einen Bewertungsschlüssel finden Sie im Lösungsteil.

Massenkarambolage auf der Autobahn

Auf der A 1 bei Salzburg ereignete sich vergangenen Sonntag ein skurriler Unfall, in den eine Vielzahl von Verkehrsteilnehmern samt Vehikel verwickelt war. Passanten, die das Szenario beobachteten, gaben das Folgende zu Protokoll:

Nach einem Regenschauer geriet ein Audi mit Pferdeanhänger auf der nassen Fahrbahn ins Schlingern. Als der Lenker das Fahrzeug allmählich unter Kontrolle bekam, am Seitenstreifen anhielt und nach dem Pferd sehen wollte, drehte dieses endgültig durch, sprang aus dem Anhänger und galoppierte in ein nahe gelegenes Waldstück. Dadurch wurden andere Autofahrer irritiert. So verlor eine 36-Jährige die Kontrolle über ihren Passat, prallte gegen die Außenschutzplanke und blieb entgegen der Fahrtrichtung auf der Fahrbahn stehen. Die Frau gab später an, sie habe geglaubt zu halluzinieren, da sie in ebendem Moment, als das Pferd erschien, an ein Pferdekarussell gedacht hatte. Ein offenbar nicht angeschnallter Golf-Fahrer reagierte zu spät, fuhr mit seinem Fahrzeug frontal in den Passat und wurde auf die Straße geschleudert. Er musste ins Krankenhaus gebracht und noch am selben Abend in der Chirurgie notoperiert werden.

Getreu dem Prinzip einer Kettenreaktion entstand nun ein regelrechtes Chaos. Ein Lkw, der Jalousien und Ventilatoren transportierte, musste auf-

Bitte umblättern =>

grund der Verkehrsbehinderung scharf bremsen, wobei er einen Großteil der Waren verlor. Ein weiterer Lkw, der Pkws transportierte, beschädigte beim Einfahren in die Unfallstelle seine Hydraulik, wodurch die Pkws von der Ladefläche auf die Fahrbahn rutschten. Als die Polizeibeamten vor Ort erschienen, mussten sie sich erst einmal ihren Weg durch das Labyrinth aus Lkws, Pkws, Ventilatoren und Jalousien bahnen.

Dieser Text ist frei erfunden.

Lückendiktat *Bearbeitungszeit 7½ Minuten*

Bei dieser Diktat-Variante schreiben Sie nicht den kompletten Text auf, sondern füllen nur die Lücken in Ihrer Vorlage auf der nächsten Seite. Suchen Sie sich dazu einen Partner, der Ihnen den unten abgedruckten Originaltext Satz für Satz vorliest. Die einzusetzenden Wörter sind fett formatiert und werden an jedem Satzende noch einmal langsam und deutlich wiederholt.

Ein gutes Ergebnis erreichen Sie mit höchstens zwei falsch geschriebenen Wörtern.

Feuerwehren im Großeinsatz

Mehrere Großeinsätze hielten am **2 Samstagabend** die Feuerwehren in Kärnten auf **3 Trab.** In Villach **4 alarmierten** gegen 14 Uhr Mitarbeiter verschiedener Pflegeheime die **5 Leitstelle**: Aufgrund eines **6 weiträumigen** Stromausfalls waren Beatmungsgeräte und andere **7 medizinische 8 Apparate** ausgefallen. Die umgehend **9 angerückten** Rettungskräfte stellten mit ihren **10 Aggregaten** eine **11 Notstromversorgung** her. Zahlreiche Senioren mussten **12 notärztlich** versorgt werden, in einigen Fällen war eine **13 Überführung** ins Krankenhaus nötig.

Währenddessen ereignete sich am Wörthersee am Stadtrand von Klagenfurt eine **14 verheerende 15 Explosion** auf dem Gelände der örtlichen **16 Schifffahrtsgesellschaft.** Als die **17 Löschzüge** der Feuerwehr eintrafen, standen die **18 Betriebsgebäude** bereits in **19 helllichten** Flammen. Mit angelegten **20 Atemschutzmasken** gelang es den Einsatzkräften, alle eingeschlossenen Personen aus dem **21 Inferno** zu retten. Wie durch ein Wunder wurde **22 niemand** schwer oder gar **23 tödlich** verletzt. Es entstand ein **24 beträchtlicher** Sachschaden. Noch einige hundert Meter entfernt fand man Ersatzteile von **25 Schiffszylindern**, die durch die Wucht der Explosion **26 davongeschleudert** worden waren. Die **27 Unglücksursache** ist bislang unklar, die Kriminalpolizei ermittelt in alle Richtungen.

Dieser Text ist frei erfunden.

Bitte lassen Sie sich nun den Diktattext vorlesen und ergänzen Sie die fehlenden Wörter.

Feuerwehren im Großeinsatz

Mehrere Großeinsätze hielten am **2)** ________________________ die Feuerwehren in Kärnten auf **3)** _______. In Villach **4)** ______________________ gegen 14 Uhr Mitarbeiter verschiedener Pflegeheime die **5)** ______________________: Aufgrund eines **6)** _________________________ Stromausfalls waren Beatmungsgeräte und andere **7)** _________________________ **8)** ________________ ausgefallen. Die umgehend **9)** ______________________ Rettungskräfte stellten mit ihren **10)** ____________________ eine **11)** ______________________________________ her. Zahlreiche Senioren mussten **12)** _______________________ versorgt werden, in einigen Fällen war eine **13)** _______________________ ins Krankenhaus nötig.

Währenddessen ereignete sich am Wörthersee am Stadtrand von Klagenfurt eine **14)** _____________________ **15)** __________________ auf dem Gelände der örtlichen **16)** ____________________________________. Als die **17)** __________________ der Feuerwehr eintrafen, standen die **18)** ______________________________ bereits in **19)** ____________________ Flammen. Mit angelegten

20) ______________________________ gelang es den Einsatzkräften, alle eingeschlossenen Personen aus dem **21)** ______________ zu retten. Wie durch ein Wunder wurde **22)** ______________ schwer oder gar **23)** ______________ verletzt. Es entstand ein **24)** ______________________________ Sachschaden. Noch einige hundert Meter entfernt fand man Ersatzteile von **25)** ______________________________, die durch die Wucht der Explosion **26)** ____________________________________ worden waren. Die **27)** ______________________________ ist bislang unklar, die Kriminalpolizei ermittelt in alle Richtungen.

Welche Schreibweise stimmt? *Bearbeitungszeit 6½ Minuten*

In diesem Abschnitt werden Ihre Rechtschreibkenntnisse geprüft.

Wie wird das Wort richtig geschrieben? Beantworten Sie bitte die folgenden Aufgaben, indem Sie jeweils den Lösungsbuchstaben der korrekten Schreibweise markieren.

28)

A. Formulahr
B. Vormular
C. Vormulahr
D. Formular
E. Keine Antwort ist richtig.

29)

A. Cement
B. Zement
C. Zemment
D. Zäment
E. Keine Antwort ist richtig.

30)

A. Atraktivität
B. Attraktivität
C. Atracktivität
D. Atraktiwität
E. Keine Antwort ist richtig.

31)

A. sterril
B. steril
C. schteril
D. sterill
E. Keine Antwort ist richtig.

32)

A. Appettit
B. Apettit
C. Appetit
D. Appettiet
E. Keine Antwort ist richtig.

33)

A. apelieren
B. appelieren
C. appellieren
D. apellieren
E. Keine Antwort ist richtig.

34)

A. Syntetick
B. Syntetik
C. Synthetik
D. Synthetick
E. Keine Antwort ist richtig.

35)

A. inkommpetent
B. inkommpetänt
C. inkompetänt
D. inkompetent
E. Keine Antwort ist richtig.

36)

A. Ensemmble
B. Ensemble
C. Ensembel
D. Ensemmbel
E. Keine Antwort ist richtig.

37)

A. Kolateralschaden
B. Kolaterallschaden
C. Kollateralschaden
D. Kolatteralschaden
E. Keine Antwort ist richtig.

38)

A. Resüme
B. Resümee
C. Resühme
D. Resümeh
E. Keine Antwort ist richtig.

39)

A. Atmosphäre
B. Atmosfähre
C. Atmosphere
D. Atmosfäre
E. Keine Antwort ist richtig.

40)

A. Peripherrie
B. Peripherie
C. Periferie
D. Perriferie
E. Keine Antwort ist richtig.

Groß- und Kleinschreibung *Bearbeitungszeit 5 Minuten*

Beantworten Sie bitte die folgenden Aufgaben, indem Sie jeweils den Lösungsbuchstaben des korrekt geschriebenen Textabschnitts markieren.

41)

A. Das Kind hat keine Angst.
B. Das Kind hat keine angst.
C. Das Kind hat Keine Angst.
D. Das Kind hat Keine angst.
E. Keine Antwort ist richtig.

42)

A. Von den unzähligen war keiner geeignet.
B. Von den Unzähligen war keiner geeignet.
C. Von den unzähligen war Keiner geeignet.
D. Von den Unzähligen war Keiner geeignet.
E. Keine Antwort ist richtig.

43)

A. in bezug auf das schreiben
B. in bezug auf das Schreiben
C. in Bezug auf das schreiben
D. in Bezug auf das Schreiben
E. Keine Antwort ist richtig.

44)

A. Alle Angeklagten Demonstranten wurden, wie vom Ankläger gefordert, verurteilt.
B. Alle angeklagten Demonstranten wurden, wie vom Ankläger gefordert, verurteilt.
C. Alle angeklagten Demonstranten wurden, wie vom ankläger gefordert, verurteilt.
D. Alle Angeklagten Demonstranten wurden, wie vom ankläger gefordert, verurteilt.
E. Keine Antwort ist richtig.

45)

A. Das wandern ist des Müllers Lust.
B. Das Wandern ist des Müllers Lust.
C. Das Wandern ist des Müllers lust.
D. Das wandern ist des Müllers lust.
E. Keine Antwort ist richtig.

46)

A. Unsere jüngste ist auch schon fünf Jahre alt.

B. Unsere Jüngste ist auch schon fünf Jahre alt.

C. Unsere jüngste ist auch schon Fünf Jahre alt.

D. Unsere Jüngste ist auch schon Fünf Jahre alt.

E. Keine Antwort ist richtig.

47)

A. Es wurde gestern Abend noch sehr spät.

B. Es wurde gestern abend noch sehr spät.

C. Es wurde Gestern Abend noch sehr spät.

D. Es wurde Gestern abend noch sehr spät.

E. Keine Antwort ist richtig.

48)

A. Es tat ihm aufrichtig leid.

B. Es tat ihm aufrichtig Leid.

C. Es tat ihm Aufrichtig leid.

D. Es tat ihm Aufrichtig Leid.

E. Keine Antwort ist richtig.

49)

A. Sie war bei Jung und Alt gleichermaßen beliebt.

B. Sie war bei jung und alt gleichermaßen beliebt.

C. Sie war bei jung und Alt gleichermaßen beliebt.

D. Sie war bei Jung und alt gleichermaßen beliebt.

E. Keine Antwort ist richtig.

50)

A. Die Polizei tappte völlig im dunkeln.

B. Die Polizei tappte völlig im Dunkeln.

C. Die Polizei tappte Völlig im dunkeln.

D. Die Polizei tappte Völlig im Dunkeln.

E. Keine Antwort ist richtig.

„s", „ss" oder „ß"? *Bearbeitungszeit 5 Minuten*

Welche Schreibweise stimmt?

Bitte füllen Sie die Lücken korrekt, indem Sie jeweils „s", „ss" oder „ß" hineinschreiben. Es gelten die aktuellen Regeln der deutschen Rechtschreibung.

51) Jetzt reicht es mir aber, das Ma____ ist endgültig voll!

52) Die breite Ma____e der Bevölkerung stand hinter ihr.

53) Auf einmal sah er ein Angebot, da____ ihn sofort überzeugte.

54) Als der Polizeihauptkommi____ar eintraf, ergriffen die Verdächtigen die Flucht.

55) Anstatt das Auto zu nehmen, ging sie lieber zu Fu____.

56) Unbekannte Randalierer warfen ein Moped in den Flu____.

57) Nach einer Woche gelang es, den Täter zu fa____en.

58) Man mu____ abwarten, wie sich die Sache entwickelt.

59) Auf seiner Rei____e lernte er viel Neues kennen.

60) Mehr lä____t sich dazu im Moment noch nicht sagen.

61) Die Aufgabe war kein bi____chen schwierig.

62) Er wu____te, da____ die Sache nicht gut für ihn stand.

63) Da____ ich da____ noch einmal erleben darf, hätte ich nicht gedacht.

64) Bi____ zu den Ferien sind es noch fa____t zwei Wochen.

65) Plötzlich fiel drau____en an der Stra____e ein Schu____.

Rechtschreibung: Lückentext *Bearbeitungszeit 5 Minuten*

Welcher Ausdruck ist korrekt geschrieben und vervollständigt den Satz sinnvoll? Beantworten Sie bitte die folgenden Aufgaben, indem Sie jeweils den richtigen Lösungsbuchstaben markieren.

66) __________ Jubel riss die Menschen aus ihren Sitzen.

A. Frenetische
B. Frenetisches
C. Frenetischer
D. Frenetischen
E. Keine Antwort ist richtig.

67) Jede __________ ist anders als die vorherige.

A. Generationen
B. Generations
C. Generation
D. Generelle
E. Keine Antwort ist richtig.

68) Gestern __________ ich stundenlang vor dem Kino auf dich!

A. wartete
B. wartetest
C. warte
D. warteten
E. Keine Antwort ist richtig.

69) Die Techniken der __________ sollen das Bewusstsein erweitern.

A. Medidation
B. Meditation
C. Mediation
D. Medikation
E. Keine Antwort ist richtig.

70) Es empfiehlt sich, dem Gastgeber ein kleines __________ zu überreichen.

A. Präsent
B. Präsents
C. Präsente
D. Präsenten
E. Keine Antwort ist richtig.

71) Die Worte des __________ waren in den letzten Reihen kaum verständlich.

A. Dozentin
B. Dozent
C. Dozents
D. Dozenten
E. Keine Antwort ist richtig.

72) Kritiker werfen dem Vorstand seit Jahren ___________ Praktiken vor.

A. kriminell
B. kriminelles
C. krimineller
D. kriminelle
E. Keine Antwort ist richtig.

73) Es gibt Krankheiten, bei denen neben anderen Symptomen auch ___________ auftreten können.

A. Grippe
B. Grippen
C. Halluzination
D. Halluzinationen
E. Keine Antwort ist richtig.

74) Die Wissenschaftler führten eine ___________ Studie durch.

A. empierische
B. empirischen
C. empierischer
D. empirische
E. Keine Antwort ist richtig.

75) Mit einer ___________ Umfrage wird versucht, die öffentliche Meinung zu ermitteln.

A. repressente
B. repräsenten
C. repräsentativen
D. repräsentative
E. Keine Antwort ist richtig.

Fehler korrigieren *Bearbeitungszeit 5 Minuten*

Dem Verfasser eines Aufsatzes sind einige Fehler unterlaufen.

Wie viele Fehler finden Sie? Bitte gehen Sie den Text Zeile für Zeile durch: Jedes falsch geschriebene Wort, jeder falsch gesetzte Beistrich und jeder fehlende Beistrich zählt als 1 Fehler. Notieren Sie für jede Zeile die Anzahl der Fehler im rechten Feld.

Hierzu ein Beispiel

Aufgabe

1) Komisar Müller, rief per Funck seine Kollegen die unverzüglich am Tatort erschihnen, ___

2) um den Täter ding fest zu machen. Nach einer Stunde war der Einsatz beendet. ___

Antwort

1) ~~Komisar~~ Müller~~,~~ rief per ~~Funck~~ seine Kollegen**,** die unverzüglich am Tatort ~~erschihnen~~, 5

2) um den Täter ~~ding fest~~ zu machen. Nach einer Stunde war der Einsatz beendet. 1

Die erste Textzeile enthält fünf Fehler: Die Wörter „Kommissar", „Funk" und „erschienen" sind falsch geschrieben und hinter „Müller" darf kein Beistrich stehen, dafür fehlt ein Beistrich vor dem mit „die" eingeleiteten Relativsatz. In der zweiten Zeile findet sich nur ein Fehler – statt „ding fest" muss es „dingfest" heißen.

Bitte bearbeiten Sie nun die Aufgaben: Notieren Sie für jede Zeile die Anzahl der Fehler im rechten Feld. Sie haben dafür **5 Minuten** Zeit.

Anatomie des Menschen: Knochen und Gelenke

76) Menschliche Knochen sind enorm, belastbar und erstaunlich leicht. Insgesamt ____

77) machen die über 200 „Einzelteile" des menschlichen Skelets, nur rund zwölf Prozent ____

78) des Körpergewichts aus. Wo Knochen aufeinander treffen, befinden sich Gelenke. ____

79) Sie übernehmen, eine schwirige Doppelaufgabe: Einerseits müßen sie die Knochen ____

80) stabihl verbinden anderer seits sollen sie genügend Beweegungsfreiheit bieten. ____

81) Dies gelingt durch eine ausgefeilte Konnstruktion, aus verschiedenen Gewebearten: ____

82) Bender knüppfen die Gelenkknochen aneinander Knorrpel und Gelenkflüssigkeit ____

83) dienen als ellastische Pufer da zwischen, Muskeln initiieren Bewegungen und geben ____

84) zusetzlichen Halt. Im Lauf der Evollution hat sich für jede Belastungsform ein ____

85) geeigneter Gelenktyp herausgebildet. Scharniergelenke wie Elenbogen und Knie ____

86) kann man zum Beispiel nur um eine Achse, Kugelgelenke wie Hüfte oder Schulter ____

87) um alle drei Raumachsen drehen. Ihr komplechser Aufbau macht die Gelenke leider ____

88) relatiev anfellig. Nicht „konstruktionsgemäße" Drehungen oder Beugungen, in die ____

89) falsche Richtung können schlimmsten Falls zu Bänderdehnungen und -rißen ____

90) oder irreparablen Knorpelschäden führen. ____

Konjunktionen *Bearbeitungszeit 3 Minuten*

Welche Konjunktion ergänzt die Lücke so, dass der fertige Satz die vorangestellte Aussage sinngemäß wiedergibt?

Der vorgestellte Sachverhalt wird im Lückentext umformuliert.

Hierzu ein Beispiel

Aufgabe

1) und, doch, aber, sondern, denn

Durch das einjährige Auslandsstudium in London verbesserte er seine Sprachkenntnisse in Englisch.

Er spricht gut Englisch, ____________ er war ein Jahr in London.

Antwort

Er spricht gut Englisch, denn ____________ er war ein Jahr in London.

Im vorgestellten Beispielsatz ist das Auslandsstudium in London der Grund für die Verbesserung seiner Sprachkenntnisse. Gesucht wird also eine kausale (begründende) Konjunktion; somit kann nur „denn" stimmen.

Bitte bearbeiten Sie nun die Aufgaben: Setzen Sie die richtige Konjunktion in das Feld ein, sodass sich ein grammatisch korrekter Satz ergibt. Der Sinn der vorangestellten Aussage darf dabei nicht verändert werden.

91) obwohl, weil, falls, zumal, indem

Trotz des schönen Wetters bekam Paul eine Verkühlung.

Paul hat sich verkühlt,

____________ das Wetter

schön war.

92) So, Ob, Als, Wie, Aber

Er fährt seit Jahren Lkw. Der Unfall hätte ihm daher nicht passieren dürfen.

____________ erfahrenem

Lkw-Fahrer hätte Herrn Zenker der

Unfall nicht passieren dürfen.

93) dabei, sondern auch, aber, also, und

Opa Franz ist witzig. Schlau ist er noch dazu.

Opa Franz ist nicht nur witzig,

______________ schlau.

94) als ob, wenn, wiewohl, weil, während

Wegen einer Reifenpanne kam Herr Schlegel zu spät zur Arbeit.

Herr Schlegel kam zu spät zur Arbeit,

______________ er eine Reifenpanne hatte.

95) und, oder, aber, schließlich, doch

Bernd war vor einem Jahr in Australien. Vor zwei Jahren war er in Vietnam. Vor drei Jahren hat er ein Praktikum in Südafrika gemacht.

Bernd war schon in Australien, in Vietnam ______________ in Südafrika.

96) denn, während, wobei, als, nachdem

Seit ihrem Fahrradunfall vor einer Woche hat Corinna eine dicke Beule am Knie.

Corinna hat eine Beule am Knie,

______________ sie einen Fahrradunfall hatte.

97) obwohl, dafür, statt, doch, oder

Michael hat vielleicht ein großes Auto. Ich habe dafür ein schnelles Motorrad.

Michael hat vielleicht ein großes Auto, ______________ ich habe ein schnelles Motorrad.

98) ob, auch, oder, wie, als

Der eine Weg führt nach links, der andere nach rechts. Einen von beiden müssen wir nehmen.

Wir können nur nach links

______________ nach rechts gehen.

99) indem, obwohl, wenn, falls, damit

Mit dem Ticketkauf im Internet sparte Anna Zeit und Geld – so konnte sie zwei Fliegen mit einer Klappe schlagen.

Anna schlug zwei Fliegen mit einer Klappe, ______________ sie die Tickets im Internet kaufte.

100) bevor, nachdem, während, wie, dabei

Im Einsatz kann ich doch nicht privat telefonieren!

Ich kann doch nicht privat telefonieren, ______________ ich im Einsatz bin!

Präpositionen

Bearbeitungszeit 3 Minuten

Welche Präposition füllt die Lücke korrekt?

Beantworten Sie bitte die folgenden Aufgaben, indem Sie die jeweils richtige Präposition eintragen.

101) über, wegen, mit

Ich freue mich ____________________ unseren Besuch!

102) Laut, Trotz, Neben

____________________ der Panne war es ein gelungener Abend!

103) In, Seit, Während

____________________ des Films fiel plötzlich der Strom aus.

104) außer, ohne, mit

Onkel Horst kam ____________________ seinen kleinen Dackel.

105) In, An, Auf

____________________ der Situation habe ich mich wirklich gefürchtet!

106) statt, während, vor

Ich werde ____________________ der Prüfung eine halbe Stunde meditieren.

107) in, am, neben

Sie hat ____________________ Shop-pingcenter ihre Kreditkarte verloren.

108) Mangels, Wegen, Auf

____________________ Nachfrage wurde die Produktion eingestellt.

109) an, zu, durch

Sie liebt alles ____________________ ihm.

110) mit, laut, zu

Ich möchte ____________________ dem Thema noch etwas sagen!

Infinitive bilden

Bearbeitungszeit 5 Minuten

Sie erhalten konjugierte Verben. Ihre Aufgabe besteht darin, jeweils den Infinitiv Präsens (Grundform) im nebenstehenden Feld einzutragen.

111) tranken ______________________

112) will ______________________

113) floh ______________________

114) flöge ______________________

115) grübe ______________________

116) riet ______________________

117) röche ______________________

118) gewusst ______________________

119) darfst ______________________

120) hielt ______________________

121) saß ______________________

122) geschwollen ______________________

123) magst ______________________

124) geklungen ______________________

125) sähe ______________________

Pluralformen bilden

Bearbeitungszeit 5 Minuten

Bitte bilden Sie die Pluralformen der folgenden Sätze. Dabei ist – wenn inhaltlich möglich – **jedes vorkommende Substantiv** in die Mehrzahl zu setzen.

Hierzu ein Beispiel

Aufgabe

1) Der Fisch schwimmt im Teich.

Antwort

Die Fische schwimmen in den Teichen.

Bitte bearbeiten Sie nun die Aufgaben: Bilden Sie die Pluralformen.

126) Die Schwester singt.

___

127) Der Bruder spielt mit dem Hund.

___

128) Der Koch arbeitet.

___

129) Die Polizistin verfolgt den Dieb.

___

130) Die Kuh steht auf der Weide.

___

131) Der Arzt verschreibt ein Arzneimittel.

____

132) Das Krankenhaus hat viele Betten.

____

133) Das Haus befindet sich in Graz.

____

134) Dort drüben wartet die Staatsanwältin.

____

135) Du hast Geschenke gekauft.

____

Konjugieren und deklinieren *Bearbeitungszeit 5 Minuten*

Zu jeder Aufgabe erhalten Sie ein Wort oder eine Wortgruppe. Ihre Aufgabe lautet, die Begriffe in die richtige grammatische Form zu bringen, um den Aufgabensatz zu vervollständigen.

Hierzu ein Beispiel

Aufgabe

1) ein langer Weg

Er hat ______________________ hinter sich.

Antwort

Er hat einen langen Weg hinter sich.

Die Wortgruppe „ein langer Weg" ist in den Akkusativ zu setzen, damit sich ein grammatisch korrekter Satz ergibt.

Bitte bearbeiten Sie nun die Aufgaben: Schreiben Sie den vorgegebenen Ausdruck in der richtigen grammatischen Form in die Lücke.

136) ein derartiger Fehler

Ich verstehe nicht, wie ____________ ______________________ so lange unbemerkt bleiben konnte!

137) er

Karl hat mir wirklich sehr geholfen, dafür schulde ich __________ noch einen Gefallen.

138) schlechte Planung

Trotz ______________________ wurde die Veranstaltung letztlich ein Erfolg.

139) diese Umstände

Unter ______________________ sollten wir möglichst schnell handeln.

140) sich

Wir haben ______ schon gefragt, wo du steckst!

141) gehen

Wenn du nicht so früh nach Hause ______________________, hättest du das Feuerwerk auch gesehen.

142) sehen

Nachdem er die Wohnung ____________________, unterschrieb er begeistert den Mietvertrag.

143) sein

Wenn er sich jetzt sehen könnte, ______ er peinlich berührt.

144) geeignetes Werkzeug

Mangels ________________ ________ konnte er die Reparatur nicht durchführen.

145) gehen

______ in dein Zimmer!

Beistriche setzen

Bearbeitungszeit 7½ Minuten

Welche Interpunktion stimmt? Bearbeiten Sie bitte die folgenden Aufgaben, indem Sie die fehlenden Beistriche ergänzen.

146) Die Tatsache ☐ dass sich die Erde um die Sonne dreht ☐ galt vor wenigen Jahrhunderten noch als Irrglaube und Gotteslästerung.

147) Nachdem ich gesehen hatte ☐ was sie mir hatte zeigen wollen ☐ war ich so überwältigt ☐ dass ich zuerst gar nicht sprechen konnte.

148) Er konnte sich nicht erklären ☐ wie es sein konnte ☐ dass er auf einmal mitten in einem Park stand ☐ obwohl es seines Wissens in seiner Stadt ☐ doch gar keine Grünflächen gab.

149) Trotz der vielen Arbeit ☐ und der unzähligen Überstunden ☐ mag sie ihren Job gern ☐ da sie mit den Kollegen sehr gut zurechtkommt.

150) Die meisten Menschen ☐ die ein Haustier haben ☐ sind der Meinung ☐ dass ihr Tier das allerbeste auf der ganzen Welt ist.

151) Wenn sich Hunde und Katzen begegnen ☐ gibt es meistens Ärger ☐ da sie sich aufgrund ihrer unterschiedlichen Körpersprache ☐ nicht verstehen können.

152) Wenn ein Aktenvernichter ☐ Akten vernichtet und ein Schornsteinfeger ☐ den Schornstein fegt ☐ was macht dann ein Zitronenfalter?

153) Hättest du☐ als ich dich damals gefragt habe☐ die Wahrheit gesagt☐ so wäre uns viel Ärger erspart geblieben.

154) Kennst du die Serie☐ in der ein alter Kapitän☐ seinen drei Enkeln☐ und dem dummen Matrosen☐ immer unglaubliche Geschichten erzählt?

155) Angesichts des unbeständigen Wetters☐ empfehle ich dir dringend☐ einen Regenschirm mitzunehmen☐ damit du nicht nass wirst.

Sinnverwandte Begriffe *Bearbeitungszeit 5 Minuten*

Finden Sie das Synonym: Welches Wort kommt dem vorgegebenen Begriff sinngemäß am nächsten? Bitte markieren Sie jeweils den zugehörigen Lösungsbuchstaben.

156) Disput

A. Auseinandersetzung
B. Vorschlag
C. Einigung
D. Knochenkrankheit
E. Gespräch

157) Trubel

A. Verwirrung
B. Sog
C. Gewissen
D. Betrieb
E. Strömung

158) Vagabund

A. Verein
B. Obdachloser
C. Ungewissheit
D. Spion
E. Nachricht

159) Mäzen

A. Macke
B. Gönner
C. Geliebte
D. Angewohnheit
E. Palatschinken

160) frönen

A. sich widmen
B. sich freuen
C. sich ärgern
D. sich schämen
E. sich verstecken

161) Langmut

A. Ausdauer
B. Geduld
C. Langsamkeit
D. Tapferkeit
E. Missmut

162) lethargisch

A. aktiv
B. träge
C. rege
D. rastlos
E. gefährlich

163) delinquent

A. schmackhaft
B. verbrecherisch
C. tödlich
D. entmutigt
E. defekt

164) Gelübde

A. Geheimnis
B. Schriftstück
C. Wette
D. Antwort
E. Schwur

165) schüren

A. treiben
B. anheizen
C. binden
D. verwirren
E. laufen

Fremdwörter

Bearbeitungszeit 5 Minuten

Ordnen Sie jedem Fremdwort die passende Bedeutung zu, indem Sie den entsprechenden Lösungsbuchstaben in das zugehörige Kästchen eintragen.

Fremdwort	A–J	Bedeutung
166) viril		**A.** gleichförmig
167) objektiv		**B.** männlich
168) konsequent		**C.** übertrieben genau
169) investigativ		**D.** verpflichtend
170) homogen		**E.** rechtmäßig
171) frontal		**F.** fortschrittlich
172) pedantisch		**G.** folgerichtig
173) obligatorisch		**H.** nachforschend
174) progressiv		**I.** von vorn
175) legitim		**J.** sachlich

Ein Wort fällt aus der Reihe *Bearbeitungszeit 5 Minuten*

In diesem Abschnitt steht Ihr Sprachgefühl auf dem Prüfstand.

Pro Aufgabe erhalten Sie fünf Wörter, wovon vier sich in einer gewissen Weise entsprechen. Ein Begriff passt nicht in die Reihe – bitte markieren Sie den zugehörigen Lösungsbuchstaben.

Hierzu ein Beispiel

Aufgabe

1)

A. Motorrad
B. Personenkraftwagen
C. Lastkraftwagen
D. Traktor
E. Rose

Antwort

(E.) Rose

Bei den ersten vier Antworten handelt es sich um Kraftfahrzeuge. Bei der fünften Antwort handelt es sich um eine Pflanze. „Rose" passt nicht – Lösungsbuchstabe ist daher das E.

Bitte bearbeiten Sie nun die Aufgaben: Markieren Sie jeweils den Lösungsbuchstaben des aus der Reihe fallenden Wortes.

176)

A. einige
B. viele
C. die meisten
D. keiner
E. manche

177)

A. argwöhnisch
B. kritisch
C. misstrauisch
D. zweifelnd
E. gläubig

178)

A. Geige
B. Cello
C. Trompete
D. Kontrabass
E. Violine

179)

A. müssen
B. dürfen
C. kennen
D. wollen
E. sollen

180)

A. Ermäßigung
B. Abschlag
C. Zuschlag
D. Nachlass
E. Rabatt

181)

A. schneiden
B. telefonieren
C. wissen
D. eisern
E. verweigern

182)

A. komisch
B. seltsam
C. lustig
D. sonderbar
E. eigentümlich

183)

A. Grafik
B. Bildhauerei
C. Theater
D. Fotografie
E. Malerei

184)

A. Stiege
B. Eingangstür
C. Fenster
D. Boden
E. Büro

185)

A. oval
B. rund
C. viereckig
D. rechteckig
E. kantig

Wörter erkennen *Bearbeitungszeit 5 Minuten*

Nun besteht Ihre Aufgabe darin, Wörter in durcheinander gewürfelten Buchstabenfolgen zu erkennen. Bitte markieren Sie den Anfangsbuchstaben des gesuchten Begriffs.

Hierzu ein Beispiel

Aufgabe

1)

| R | S | P | U | T |

A. R
B. S
C. P
D. U
E. T

Antwort

(**B.**) S

In dieser Buchstabenreihe versteckt sich das Wort „SPURT". Die richtige Antwort lautet B.

Bitte bearbeiten Sie nun die Aufgaben: Markieren Sie jeweils den richtigen Lösungsbuchstaben.

186)

| T | D | U | S | N |

A. T
B. D
C. U
D. S
E. N

187)

| L | E | K | O | W |

A. L
B. E
C. K
D. O
E. W

188)

L	E	H	T	O

A. L
B. E
C. H
D. T
E. O

189)

Z	U	B	E	G

A. Z
B. U
C. B
D. E
E. G

190)

C	H	I	M	L

A. C
B. H
C. I
D. M
E. L

191)

R	I	T	S	N

A. R
B. I
C. T
D. S
E. N

192)

L	E	V	G	O

A. L
B. E
C. V
D. G
E. O

193)

F	D	R	P	E

A. F
B. D
C. R
D. P
E. E

194)

G	I	H	N	O

A. G
B. I
C. H
D. N
E. O

195)

H	R	E	C	F

A. H
B. R
C. E
D. C
E. F

Sprichwörter

Bearbeitungszeit 5 Minuten

Was bedeuten die folgenden Sprichwörter und Redensarten? Bitte markieren Sie den richtigen Lösungsbuchstaben.

196) Viele Köche verderben den Brei.

A. Viele Köche sind schlecht ausgebildet.

B. Scheinbar einfache Gerichte erfordern besonderes Geschick bei der Zubereitung.

C. Nur Mütter können guten Brei kochen.

D. Wenn zu viele Leute an einem Projekt arbeiten, gefährdet das den Erfolg.

E. Keine Antwort ist richtig.

197) Wie man sich bettet, so liegt man.

A. Es ist wichtig, ein gutes Bett zu haben.

B. Auf weichen Kissen lässt es sich gut schlafen.

C. Betten sind ein wichtiger Bestandteil unseres Lebens, da man viel Zeit im Schlaf verbringt.

D. Es hängt von jedem selbst ab, wie er sein Leben gestaltet.

E. Keine Antwort ist richtig.

198) Übermut tut selten gut.

A. Überheblichkeit bringt Nachteile.

B. Risikobereitschaft lohnt sich nicht.

C. Risikobereitschaft lohnt sich.

D. Viele Leute scheitern aufgrund von Unwissen.

E. Keine Antwort ist richtig.

199) Hunde, die bellen, beißen nicht.

A. Wer lautstark droht, ist ungefährlich.

B. Der will doch nur spielen.

C. Hunde, die nicht bellen, sind gefährlich.

D. Kleine Hunde sind gefährlicher als große.

E. Keine Antwort ist richtig.

200) Wie die Saat, so die Ernte.

A. Bauern müssen das ganze Jahr hart arbeiten.

B. Wer säen kann, muss auch ernten.

C. Mit wenig Aufwand kann man kein perfektes Ergebnis erzielen.

D. Man muss alles in der richtigen Reihenfolge machen.

E. Keine Antwort ist richtig.

201) Durst macht aus Wasser Wein.

A. Wenn man verdurstet, bekommt man Halluzinationen.

B. In der Not sinken die Ansprüche.

C. Not macht erfinderisch.

D. Zu viel Wasser trinken ist nicht gesund.

E. Keine Antwort ist richtig.

202) Freunde in der Not gehen tausend auf ein Lot.

A. Gute Freunde sind immer für einen da.

B. Es ist schwer, gute Freunde zu finden.

C. In schweren Zeiten stehen einem nur wenige Freunde wirklich bei.

D. Freunde sind etwas Wichtiges.

E. Keine Antwort ist richtig.

203) Der Krug geht so lange zum Brunnen, bis er bricht.

A. Etwas geht meistens gut.

B. Etwas geht nicht auf Dauer gut.

C. Dinge sind ersetzbar.

D. Etwas geht zufällig gut.

E. Keine Antwort ist richtig.

204) Eine Schlange am Busen nähren.

A. Viele Menschen sind falsch.

B. Falschen Freunden vertrauen

C. Es ist gut, jemandem zu vertrauen.

D. Ein krankes Tier aufziehen

E. Keine Antwort ist richtig.

205) Wo Rauch ist, ist auch Feuer.

A. Vorwürfe sind oft berechtigt.

B. Wenn es raucht, dann wird es schnell gefährlich.

C. Es gibt keinen Rauch ohne Feuer.

D. Anhand von Rauch lässt sich Feuer entdecken.

E. Keine Antwort ist richtig.

Rechtsvorschriften anwenden *Lesezeit 5 Minuten*

Rechtliche Vorschriften auf konkrete Fälle anzuwenden, gehört für Staatsbedienstete zum Alltag.

Lesen Sie sich in den **nächsten 5 Minuten** die folgende Verordnung aufmerksam durch. Konzentrieren Sie sich auf die inhaltlichen Kernpunkte: Wer darf was, und unter welchen Bedingungen? Wann dürfen welche Strafen ausgesprochen werden? Für wen und wie lange gelten die Bestimmungen? Anschließend sind einige Fragen zur Vorschrift zu beantworten.

Stadtverordnung über den Anleinzwang von Hunden im Lübecker Innenstadtbereich

Aufgrund des § 175 des Allgemeinen Verwaltungsgesetzes für das Land Schleswig-Holstein (LVwG) in der Fassung der Bekanntmachung vom 2. Juni 1992 (GVOBl. Schl.-H. S. 243, ber. S. 534), zuletzt geändert durch Gesetz vom 15. Februar 2005 (GVOBl. Schl. H. S. 168) in Verbindung mit § 17 des Gesetzes zur Vorbeugung und Abwehr der von Hunden ausgehenden Gefahren (Gefahrhundegesetz – GefHG) vom 28.01.2005 (GVOBl. Schl. H. S. 51), wird mit Genehmigung des Innenministeriums des Landes Schleswig-Holstein vom 11. Mai 2005 für den Innenstadtbereich der Hansestadt Lübeck verordnet:

§ 1 Anleinzwang

(1) Hunde sind auf öffentlichen Straßen, Wegen, Plätzen und Anlagen im Innenstadtbereich mit Ausnahme besonders ausgewiesener Hundeauslaufgebiete anzuleinen. Der Innenstadtbereich wird ab der Hubbrücke begrenzt durch den Wasserverlauf Hansahafen, Holstenhafen (...). Die Brücken über dem Wasserverlauf gehören nicht mit zum Innenstadtbereich.

(2) Die Grenzen des Gebietes sind in dem anliegenden Übersichtsplan gekennzeichnet.

§ 2 Ausnahmen

§ 1 gilt nicht für Diensthunde von Behörden, Such- und Rettungshunde sowie Behindertenbegleit- und Blindenhunde, soweit der bestimmungsgemäße Einsatz dies erfordert.

§ 3 Ordnungswidrigkeiten

(1) Ordnungswidrig im Sinne des § 175 Abs. 3 Allgemeines Verwaltungsgesetz für das Land Schleswig-Holstein handelt, wer vorsätzlich oder fahrlässig entgegen § 1 Abs. 1 dieser Verordnung als Hundehalter oder Hundeführer einen Hund auf öffentlichen Straßen, Wegen, Plätzen und Anlagen im Innenstadtbereich nicht anleint.

(2) Die Ordnungswidrigkeit kann mit einer Geldbuße bis zu 1.000,– Euro geahndet werden.

§ 4 Inkrafttreten, Geltungsdauer

(1) Diese Verordnung tritt am Tage nach ihrer Verkündung in Kraft.

(2) Die Geltungsdauer dieser Verordnung beträgt gem. § 62 Abs. 1 Satz 2 Allgemeines Verwaltungsgesetz für das Land Schleswig-Holstein fünf Jahre.

Lübeck, den 14. Dezember 2006, Hansestadt Lübeck, Der Bürgermeister als Ordnungsbehörde

Wenden Sie nun Ihre Kenntnisse der vorgelegten Rechtsvorschriften an: Beantworten Sie die folgenden Aufgaben, indem Sie jeweils den richtigen Lösungsbuchstaben markieren. Sie haben dafür **10 Minuten** Zeit.

206) Wo dürfen Hunde auch im Innenstadtbereich unangeleint laufen?

A. Nirgendwo – sie sind überall anzuleinen.
B. Auf öffentlichen Wiesen
C. In allen öffentlichen Anlagen
D. In ausgewiesenen Hundeauslaufgebieten
E. Im Lübecker Hafenbereich

207) Welche Hunde dürfen in der Lübecker Innenstadt unangeleint geführt werden?

A. Sehr kleine Hunde mit weniger als 20 cm Schulterhöhe
B. Besonders ungefährliche Hunde
C. Blindenhunde und Diensthunde im Einsatz
D. Hunde, die einen speziellen Kurs in einer Hundeschule absolviert haben
E. Alle Hunde müssen angeleint werden.

208) Ein Hundehalter handelt der Verordnung nach ordnungswidrig, wenn …?

A. sein Hund auf die Straße uriniert.

B. sein Hund sich losreißt und danach durch die Stadt streunt.

C. sein Hund einen Passanten anbellt.

D. sein Hund nicht auf Kommandos hört.

E. er einmal vergisst, seinen Hund anzuleinen.

209) Welche Strafe stellt die Verordnung für das Nichtanleinen eines Hundes in Aussicht?

A. Eine schriftliche Ermahnung

B. Eine Geldstrafe

C. Die Zwangsüberführung des Hundes in ein Tierheim

D. Das Verbot des Betretens von öffentlichen Anlagen

E. Eine mündliche Verwarnung

210) Wie lange ist die Verordnung gültig?

A. Bis eine neue Verordnung in Kraft tritt

B. Die Verordnung gilt für immer.

C. Die Verordnung ist 2 Jahre lang gültig.

D. Die Verordnung ist 5 Jahre lang gültig.

E. Bis ein neuer Bürgermeister gewählt wird

Textverständnis *Lesezeit 5 Minuten*

Nun wird Ihr Textverständnis geprüft.

Bitte lesen Sie sich den folgenden Text in den nächsten **5 Minuten** aufmerksam durch und versuchen Sie, seinen inhaltlichen Kern zu verstehen. Anschließend werden Sie gebeten, einige Fragen schriftlich zu beantworten.

Anatomie des Menschen: Knochen und Gelenke

Menschliche Knochen sind enorm belastungsfähig und dabei erstaunlich leicht. Vom drei Millimeter langen Innenohr- bis zum halbmetergroßen Oberschenkelknochen machen die mehr als 200 „Einzelteile" des menschlichen Skeletts zusammen nur rund 12 Prozent des Körpergewichts aus. Wo zwei oder mehr Knochen aufeinandertreffen, befinden sich Gelenke. Sie übernehmen eine schwierige Doppelaufgabe: Einerseits müssen sie die Knochen stabil aneinander koppeln, andererseits sollen sie genügend Bewegungsfreiheit bieten. Beides zugleich gelingt nur durch eine ausgefeilte Konstruktion aus verschiedenen Gewebearten: Bänder knüpfen die Gelenkknochen aneinander, Knorpel und Gelenkflüssigkeit dienen als elastische Puffer dazwischen, Muskeln initiieren Bewegungen und geben zusätzlichen Halt.

Im Lauf der Evolution hat sich für jede Belastungsform und -richtung ein geeigneter Gelenktyp herausgebildet. Scharniergelenke wie Ellenbogen und Knie kann man z. B. nur um eine Achse, Kugelgelenke wie Hüfte oder Schulter um alle drei Raumachsen drehen. Ihr komplexer Aufbau macht die Gelenke leider relativ anfällig. Nicht „konstruktionsgemäße" Drehungen oder Beugungen in die falsche Richtung können zu Knorpelschäden, Bänderdehnungen und -rissen führen.

Bearbeitungshinweis

Versuchen Sie besser nicht, den Text komplett auswendig zu lernen: Es geht hier nicht um Ihr „fotografisches Gedächtnis". Konzentrieren Sie sich stattdessen auf die Kernaussagen, die Sie ohne Weiteres in eigenen Worten wiedergeben können, solange der Sinn gewahrt bleibt. Achten Sie bei Ihrer Antwort auf einen logischen Satzbau und eine korrekte Rechtschreibung.

Nachdem Sie sich den Text durchgelesen haben, beantworten Sie bitte nun die folgenden Fragen schriftlich. Sie haben dafür **10 Minuten** Zeit.

211) Wodurch zeichnen sich menschliche Knochen dem Text zufolge aus?

212) Welche Aufgaben übernehmen die Gelenke im menschlichen Körper?

213) Wie ist ein Gelenk aufgebaut, welche Funktionen haben die einzelnen „Bauteile"?

214) Was wird über die unterschiedlichen Gelenktypen gesagt?

215) Wie wird die Verletzungsanfälligkeit von Gelenken eingeschätzt?

Nacherzählung: Zeugenbericht *Bearbeitungszeit 20 Minuten*

Bitte lesen Sie sich die folgende Zeugenaussage in den **nächsten 5 Minuten** aufmerksam durch, um anschließend einen Bericht dazu schreiben zu können.

Zeugenaussage Frau Müller zum Vorfall vom 15.06.2018

„Am Mittwoch, den 15. Juni 2018, fuhr ich gegen 14:00 Uhr mit dem Fahrrad von der Arbeit nach Hause. Als ich am Erdbergweg angekommen war, hörte ich plötzlich Schreie aus einem Waldstück. Zuerst wusste ich gar nicht, was ich machen soll, so sehr habe ich mich erschrocken. Dann habe ich mich dem Waldstück genähert und gesehen, wie ein unbekannter Mann ein junges Mädchen offensichtlich gegen dessen Willen in unwegsames Gelände zerrte. Der Mann war ca. 190 Zentimeter groß, hatte einen Vollbart, langes Haar und eine schwarze Jeanshose an. Er sah ungepflegt und etwas verstört aus. Über dem Auge hatte er eine etwa zwei Zentimeter lange Schnittwunde. Ich bin den beiden vorsichtig gefolgt und konnte sehen, wie der Mann das junge Mädchen hinter eine Lagerhalle schleppte und dann mit ihr in einem roten Kombi davonfuhr. Das Mädchen war ungefähr sechs Jahre alt und hatte hellblondes, schulterlanges Haar. Bekleidet war es mit einem roten Oberteil und einer blauen Jeanshose. Der Mann trug eine schwarze Lederjacke und schwarze Handschuhe. Die beiden fuhren nach Westen in Richtung des Golfplatzes los. Kurz darauf habe ich das Auto aus den Augen verloren. Ich bin dann natürlich sofort zur Polizei gegangen."

Dieser Text ist frei erfunden.

216) Bitte fassen Sie Frau Müllers Zeugenaussage nun in einem eigenen Bericht zusammen, der alle wichtigen Informationen enthält und als Grundlage weiterer Ermittlungen dienen soll. Sie haben dafür **15 Minuten** Zeit.

Lösungen: Sprachbeherrschung

1) siehe Erklärung	30) B	60) ss
2) Samstagabend	31) B	61) ss
3) Trab	32) C	62) ss | ss
4) alarmierten	33) C	63) ss | s
5) Leitstelle	34) C	64) s | s
6) weiträumigen	35) D	65) ß | ß | ss
7) medizinische	36) B	66) C
8) Apparate	37) C	67) C
9) angerückten	38) B	68) A
10) Aggregaten	39) A	69) B
11) Notstromversorgung	40) B	70) A
12) notärztlich	41) A	71) D
13) Überführung	42) B	72) D
14) verheerende	43) D	73) D
15) Explosion	44) B	74) D
16) Schifffahrtsgesell-schaft	45) B	75) C
	46) B	76) 1
17) Löschzüge	47) A	77) 2
18) Betriebsgebäude	48) A	78) 1
19) helllichten	49) A	79) 3
20) Atemschutzmasken	50) B	80) 4
21) Inferno	51) ß	81) 2
22) niemand	52) ss	82) 4
23) tödlich	53) s	83) 3
24) beträchtlicher	54) ss	84) 2
25) Schiffszylindern	55) ß	85) 1
26) davongeschleudert	56) ss	86) 0
27) Unglücksursache	57) ss	87) 1
28) D	58) ss	88) 3
29) B	59) s	89) 2

90)	0	122)	schwellen	153)	[,] [,] [,]
91)	obwohl	123)	mögen	154)	[,] [ ] [ ] [ ]
92)	Als	124)	klingen	155)	[ ] [(,)] [,]
93)	sondern auch	125)	sehen	156)	A
94)	weil	126)		157)	D
95)	und	127)		158)	B
96)	nachdem	128)		159)	B
97)	doch	129)		160)	A
98)	oder	130)	siehe Erklärung	161)	B
99)	indem	131)		162)	B
100)	während	132)		163)	B
101)	über	133)		164)	E
102)	Trotz	134)		165)	B
103)	Während	135)		166)	B
104)	ohne	136)	ein derartiger Fehler	167)	J
105)	In	137)	ihm	168)	G
106)	vor	138)	schlechter Planung	169)	H
107)	am	139)	diesen Umständen	170)	A
108)	Mangels	140)	uns	171)	I
109)	an	141)	gegangen wärst	172)	C
110)	zu	142)	gesehen hatte	173)	D
111)	trinken	143)	wäre	174)	F
112)	wollen	144)	geeigneten Werk-	175)	E
113)	fliehen		zeugs	176)	D
114)	fliegen	145)	Geh	177)	E
115)	graben	146)	[,] [,]	178)	C
116)	raten	147)	[,] [,] [,]	179)	C
117)	riechen	148)	[,] [,] [,] [ ]	180)	C
118)	wissen	149)	[ ] [ ] [,]	181)	D
119)	dürfen	150)	[,] [,] [,]	182)	C
120)	halten	151)	[,] [,] [ ]	183)	C
121)	sitzen	152)	[ ] [ ] [,]	184)	E

185) E	196) D	207) C
186) B	197) D	208) E
187) E	198) A	209) B
188) C	199) A	210) D
189) C	200) C	211) siehe Erklärung
190) D	201) B	212) siehe Erklärung
191) D	202) C	213) siehe Erklärung
192) C	203) B	214) siehe Erklärung
193) D	204) B	215) siehe Erklärung
194) C	205) A	216) siehe Erklärung
195) E	206) D	

Diktat (Aufgabe 1)

Zu 1)

Ihr Abschneiden können Sie anhand der nachfolgenden Tabelle einschätzen (Wiederholungsfehler zählen einfach).

Zur Orientierung sind drei unterschiedliche Bewertungsniveaus vorgegeben: leicht, mittel und schwer. Ein Lesebeispiel: Wenn Sie acht Fehler gemacht haben und die Maßstäbe eines mittleren Testniveaus anlegen, dann fällt Ihr Ergebnis in der Spalte „mittel" in den Notenbereich 3 („befriedigend").

Note	Anzahl Fehler		
	(schwer)	(mittel)	(leicht)
1 („sehr gut")	0–2	0–2	0–3
2 („gut")	3–5	3–6	4–8
3 („befriedigend")	6–8	7–11	9–14
4 („ausreichend")	9–12	12–15	15–20
5 („mangelhaft")	13–16	16–20	21–26
6 („ungenügend")	mehr als 16	mehr als 20	mehr als 26

Lückendiktat (Aufgaben 2–27)

Zu 2) Samstagabend

Zu 3) Trab

Zu 4) alarmierten

Zu 5) Leitstelle

Zu 6) weiträumigen

Zu 7) medizinische

Zu 8) Apparate

Zu 9) angerückten

Zu 10) Aggregaten

Zu 11) Notstromversorgung

Zu 12) notärztlich

Zu 13) Überführung

Zu 14) verheerende

Zu 15) Explosion

Zu 16) Schifffahrtsgesellschaft

Zu 17) Löschzüge

Zu 18) Betriebsgebäude

Zu 19) helllichten

Zu 20) Atemschutzmasken

Zu 21) Inferno

Zu 22) niemand

Zu 23) tödlich

Zu 24) beträchtlicher

Zu 25) Schiffszylindern

Zu 26) davongeschleudert

Zu 27) Unglücksursache

Welche Schreibweise stimmt? (Aufgaben 28–40)

Zu 28) **D.** Formular

Zu 29) **B.** Zement

Zu 30) **B.** Attraktivität

Zu 31) **B.** steril

Zu 32) **C.** Appetit

Zu 33) **C.** appellieren

Zu 34) **C.** Synthetik

Zu 35) **D.** inkompetent

Zu 36) **B.** Ensemble

Zu 37) **C.** Kollateralschaden

Zu 38) **B.** Resümee

Zu 39) **A.** Atmosphäre

Zu 40) **B.** Peripherie

Groß- und Kleinschreibung (Aufgaben 41–50)

Zu 41) A. Das Kind hat keine Angst.

Nur in Verbindung mit den Verben „sein", „werden" und „bleiben" schreibt man „Angst", „Bange", „Gram", „Leid", „Schuld" und „Pleite" klein. In Verbindung mit allen anderen Verben werden diese Wörter großgeschrieben.

Zu 42) B. Von den Unzähligen war keiner geeignet.

Substantivierte unbestimmte Zahladjektive („den Unzähligen") werden großgeschrieben.

Zu 43) D. In Bezug auf das Schreiben

Substantive werden auch in festen Wendungen („in Bezug", „mit Bezug") generell großgeschrieben. Substantivierte Verben („das Schreiben") schreibt man ebenfalls groß.

Zu 44) B. Alle angeklagten Demonstranten wurden, wie vom Ankläger gefordert, verurteilt.

Substantive („Ankläger") werden großgeschrieben, Partizipien („angeklagten") schreibt man klein.

Zu 45) B. Das Wandern ist des Müllers Lust.

Substantivierte Verben („das Wandern") werden großgeschrieben.

Zu 46) B. Unsere Jüngste ist auch schon fünf Jahre alt.

Substantivierte Adjektive („Jüngste") werden großgeschrieben.

Zu 47) A. Es wurde gestern Abend noch sehr spät.

Zeitadverbien wie „gestern", „heute" oder „morgen" schreibt man klein. Steht dahinter eine Tageszeit, betrachtet man diese als Substantiv und schreibt sie groß („Abend").

Zu 48) A. Es tat ihm aufrichtig leid.

Die geltenden Regeln betrachten „leidtun" als zusammengesetztes Verb, dessen Vorderglied „leid" nicht als Substantiv angesehen wird. Man schreibt es auch dann klein, wenn es wie hier von „tun" abrückt. Das Adjektiv „aufrichtig" wird ebenfalls kleingeschrieben.

Zu 49) A. Sie war bei Jung und Alt gleichermaßen beliebt.

Paarformeln („Jung und Alt"), die zur näheren Bestimmung von Personen dienen, werden großgeschrieben.

Zu 50) B. Die Polizei tappte völlig im Dunkeln.

Substantivierte Adjektive mit Präposition („im Dunkeln") werden großgeschrieben – sowohl bei Verwendung in wörtlicher als auch in übertragener Bedeutung.

„s", „ss" oder „ß"? (Aufgaben 51–65)

Zu 51) Jetzt reicht es mir aber, das Ma_ß_ ist endgültig voll!

Nach einem lang ausgesprochenen Vokal wie dem „a" in „Maß" schreibt man den stimmlosen s-Laut als „ß".

Zu 52) Die breite Ma_ss_e der Bevölkerung stand hinter ihr.

Nach einem kurz ausgesprochenen Vokal wie dem „a" in „Masse" schreibt man den stimmlosen s-Laut in der Regel als „ss".

Zu 53) Auf einmal sah er ein Angebot, da_s_ ihn sofort überzeugte.

Als Faustregel gilt: Wenn man „das" durch „dieses", „jenes" oder „welches" ersetzen kann, handelt es sich um ein Relativpronomen, das mit einem „s" geschrieben wird.

Zu 54) Als der Polizeihauptkommi_ss_ar eintraf, ergriffen die Verdächtigen die Flucht.

Nach einem kurz ausgesprochenen Vokal wie dem dritten „i" in „Polizeihauptkommissar" schreibt man den stimmlosen s-Laut in der Regel als „ss".

Zu 55) Anstatt das Auto zu nehmen, ging sie lieber zu Fu_ß_.

Nach einem lang ausgesprochenen Vokal wie dem „u" in „Fuß" schreibt man den stimmlosen s-Laut als „ß".

Zu 56) Unbekannte Randalierer warfen ein Moped in den Flu_ss_.

Nach einem kurz ausgesprochenen Vokal wie dem „u" in „Fluss" schreibt man den stimmlosen s-Laut in der Regel als „ss".

Zu 57) Nach einer Woche gelang es, den Täter zu fa_ss_en.

Nach einem kurz ausgesprochenen Vokal wie dem „a" in „fassen" schreibt man den stimmlosen s-Laut in der Regel als „ss".

Zu 58) Man m_ss_ abwarten, wie sich die Sache entwickelt.

Nach einem kurz ausgesprochenen Vokal wie dem „u" in „muss" schreibt man den stimmlosen s-Laut in der Regel als „ss".

Zu 59) Auf seiner Rei_s_e lernte er viel Neues kennen.

Den stimmhaften s-Laut wie in „Reise" schreibt man als „s".

Zu 60) Mehr lä*ss*t sich dazu im Moment noch nicht sagen.

Nach einem kurz ausgesprochenen Umlaut wie dem „ä" in „lässt" schreibt man den stimmlosen s-Laut in der Regel als „ss".

Zu 61) Die Aufgabe war kein bi*ss*chen schwierig.

Nach einem kurz ausgesprochenen Vokal wie dem „i" in „bisschen" schreibt man den stimmlosen s-Laut in der Regel als „ss".

Zu 62) Er wu*ss*te, da*ss* die Sache nicht gut für ihn stand.

Nach einem kurz ausgesprochenen Vokal wie dem „u" in „wusste" schreibt man den stimmlosen s-Laut in der Regel als „ss". Bei „dass" handelt es sich um eine Konjunktion, die mit „ss" geschrieben wird.

Zu 63) Da*ss* ich da*s* noch einmal erleben darf, hätte ich nicht gedacht.

Am Satzanfang steht hier die Konjunktion „dass", die man mit „ss" schreibt. Bei der zweiten Lücke handelt es sich um das Demonstrativpronomen „das", welches mit einem „s" geschrieben wird.

Zu 64) Bi*s* zu den Ferien sind es noch fa*s*t zwei Wochen.

In beiden Fällen geht es um den stimmlosen s-Laut, den man nach kurz ausgesprochenen Vokalen normalerweise als „ss" schreibt – bei „bis" und „fast" bestätigt jedoch die Ausnahme die Regel.

Zu 65) Plötzlich fiel drau*ß*en an der Stra*ß*e ein Schu*ss*.

In allen drei Fällen geht es um den stimmlosen s-Laut: Nach einem Doppellaut (Diphthong) wie dem „au" in „draußen" schreibt man ihn als „ß", ebenso wie nach einem lang ausgesprochenen Vokal wie dem „a" in „Straße". Nach einem kurz ausgesprochenen Vokal wie dem „u" in „Schuss" schreibt man ihn in der Regel als „ss".

Rechtschreibung: Lückentext (Aufgaben 66–75)

Zu 66) C. Frenetischer

Das Adjektiv muss im gleichen Kasus wie „Jubel" stehen, nämlich im Nominativ Singular. Antwort C stimmt.

Zu 67) C. Generation

Nach „jede" muss ein Wort im Singular stehen, das trifft nur auf Antwort C „Generation" zu.

Zu 68) **A.** wartete

Das Prädikat muss in der ersten Person Singular im Präteritum stehen. Somit ist A die richtige Antwort.

Zu 69) **B.** Meditation

Inhaltlich kommen nur die Antworten A oder B infrage, richtig geschrieben ist nur Antwort B „Meditation".

Zu 70) **A.** Präsent

Der Satz erfordert ein Substantiv im Akkusativ Singular, dies trifft nur auf Antwort A „Präsent" zu.

Zu 71) **D.** Dozenten

Die Antwort D „Dozenten" gibt hier die richtige Form, nämlich den männlichen Genitiv Singular, wieder.

Zu 72) **D.** kriminelle

Hier muss das Adjektiv im Akkusativ Plural stehen, sodass nur Antwort D „kriminelle" infrage kommt.

Zu 73) **D.** Halluzinationen

Das gesuchte Subjekt muss wie das Verb „auftreten können" im Plural stehen. Vorschlag B scheidet aus, da man nicht an mehreren Grippen gleichzeitig leidet – richtig ist Lösung D „Halluzinationen".

Zu 74) **D.** empirische

Die Antwort muss im Nominativ Singular stehen. Da Vorschlag A falsch geschrieben ist, bleibt nur noch Lösung D „empirische" übrig.

Zu 75) **C.** repräsentativen

Das gesuchte Adjektiv muss im Dativ Singular stehen. Antwort C stimmt.

Fehler korrigieren (Aufgaben 76–90)

Anatomie des Menschen: Knochen und Gelenke

Zu 76) Menschliche Knochen sind enorm~~,~~ belastbar und erstaunlich leicht. Insgesamt 1

Zu 77) machen die über 200 „Einzelteile" des menschlichen ~~Skelets,~~ nur rund zwölf Prozent 2

Zu 78) des Körpergewichts aus. Wo Knochen ~~aufeinander treffen~~, befinden sich Gelenke. 1

Zu 79) Sie übernehmen~~,~~ eine ~~schwirige~~ Doppelaufgabe: Einerseits ~~müßen~~ sie die Knochen 3

Zu 80) ~~stabihl~~ verbinden, ~~anderer seits~~ sollen sie genügend ~~Beweegungsfreiheit~~ bieten. 4

Zu 81) Dies gelingt durch eine ausgefeilte ~~Konnstruktion,~~ aus verschiedenen Gewebearten: 2

Zu 82) ~~Bender~~ ~~knüppfen~~ die Gelenkknochen aneinander, ~~Knorrpel~~ und Gelenkflüssigkeit 4

Zu 83) dienen als ~~ellastische~~ ~~Pufer~~ ~~da zwischen~~, Muskeln initiieren Bewegungen und geben 3

Zu 84) ~~zusetzlichen~~ Halt. Im Lauf der ~~Evollution~~ hat sich für jede Belastungsform ein 2

Zu 85) geeigneter Gelenktyp herausgebildet. Scharniergelenke wie ~~Elenbogen~~ und Knie 1

Zu 86) kann man zum Beispiel nur um eine Achse, Kugelgelenke wie Hüfte oder Schulter 0

Zu 87) um alle drei Raumachsen drehen. Ihr ~~komplechser~~ Aufbau macht die Gelenke leider 1

Zu 88) ~~relatiev~~ ~~anfellig~~. Nicht „konstruktionsgemäße" Drehungen oder Beugungen~~,~~ in die 3

Zu 89) falsche Richtung können ~~schlimmsten Falls~~ zu Bänderdehnungen und ~~-rißen~~ 2

Zu 90) oder irreparablen Knorpelschäden führen. 0

Anatomie des Menschen: Knochen und Gelenke

Menschliche Knochen sind enorm belastbar und erstaunlich leicht. Insgesamt machen die über 200 „Einzelteile" des menschlichen Skeletts nur rund zwölf Prozent des Körpergewichts aus. Wo Knochen aufeinandertreffen, befinden sich Gelenke. Sie übernehmen eine schwierige Doppelaufgabe: Einerseits müssen sie die Knochen stabil verbinden, andererseits sollen sie genügend Bewegungsfreiheit bieten. Dies gelingt durch eine ausgefeilte Konstruktion aus verschiedenen Gewebearten: Bänder knüpfen die Gelenkknochen aneinander, Knorpel und Gelenkflüssigkeit dienen als elastische Puffer dazwischen, Muskeln initiieren Bewegungen und geben zusätzlichen Halt. Im Lauf der Evolution hat sich für jede Belastungsform ein geeigneter Gelenktyp herausgebildet. Scharniergelenke wie Ellenbogen und Knie kann man zum Beispiel nur um eine Achse, Kugelgelenke wie Hüfte oder Schulter um alle drei Raumachsen drehen. Ihr komplexer Aufbau macht die Gelenke leider relativ anfällig. Nicht „konstruktionsgemäße" Drehungen oder Beugungen in die falsche Richtung können schlimmstenfalls zu Bänderdehnungen und -rissen oder irreparablen Knorpelschäden führen.

Konjunktionen (Aufgaben 91–100)

Zu 91) Paul hat sich verkühlt, *obwohl* das Wetter schön war.

Das schöne Wetter ist ein Gegengrund für die Verkühlung von Paul. Gegengründe werden mit konzessiven Konjunktionen wie „obwohl", „obgleich", „wiewohl" oder „wenngleich" eingeleitet. Alle weiteren Vorschläge sind logisch falsch.

Zu 92) ***Als*** erfahrenem Lkw-Fahrer hätte Herrn Zenker der Unfall nicht passieren dürfen.

Hier verbindet die Konjunktion „als" zwei Satzteile miteinander. Alle weiteren Vorschläge sind allein schon grammatisch nicht möglich.

Zu 93) Opa Franz ist nicht nur witzig, ***sondern auch*** schlau.

Die feststehende Wendung „Nicht nur ... sondern auch" ist eine kopulative Konjunktion. Sie reiht mehrere Elemente – in diesem Fall Opa Franz´ Eigenschaften – zu einer Aufzählung aneinander.

Zu 94) Herr Schlegel kam zu spät zur Arbeit, ***weil*** er eine Reifenpanne hatte.

Die Reifenpanne ist der Grund für Herrn Schlegels Verspätung. Gesucht wird also nach einer kausalen (begründenden) Konjunktion – somit kommt nur „weil" infrage.

Zu 95) Bernd war schon in Australien, in Vietnam ***und*** in Südafrika.

Hier werden mehrere Orte aufgezählt, die Bernd schon besucht hat. Aufzählungen erfordern eine kopulative (verbindende) Konjunktion wie „und". Alle anderen Ergänzungen würden den Sinngehalt verändern und/oder einen grammatisch falschen Satz ergeben.

Zu 96) Corinna hat eine Beule am Knie, ***nachdem*** sie einen Fahrradunfall hatte.

Der Fahrradunfall ist zum einen der Grund für Corinnas Beule. Doch die in der Auswahl vorgeschlagene nebenordnende kausale Konjunktion „denn" scheidet aus, weil der Satzbau (Hauptsatz + Nebensatz) eine unterordnende Konjunktion erfordert. Zum anderen wird eine zeitliche Abfolge beschrieben, die mit der temporalen Konjunktion „nachdem" korrekt wiedergegeben werden kann.

Zu 97) Michael hat vielleicht ein großes Auto, ***doch*** ich habe ein schnelles Motorrad.

Hier wird ein Gegensatz ausgedrückt, indem das schnelle Motorrad gegen das große Auto ausgespielt wird. Gesucht wird nach einem adversativen Bindewort, das infolge des Satzbaus (Hauptsatz + Hauptsatz) dazu noch nebenordnend sein muss – das unterordnende „wohingegen" scheidet schon allein daher aus. Die korrekte Lösung lautet „doch".

Zu 98) Wir können nur nach links ***oder*** nach rechts gehen.

Hier wird eine Auswahl festgelegt: Es kann nur einer von zwei Wegen beschritten werden. Gesucht wird also eine disjunktive Konjunktion, die sich mit „oder" schließlich auch unter den Vorschlägen findet.

Zu 99) Anna schlug zwei Fliegen mit einer Klappe, ***indem*** sie die Tickets im Internet kaufte.

Der Ticketkauf im Internet beschreibt das Mittel bzw. die Art und Weise, mit der Anna Zeit und Geld sparen und somit zwei Fliegen mit einer Klappe schlagen konnte. Die passende modale Konjunktion lautet „indem".

Zu 100) Ich kann doch nicht privat telefonieren, ***während*** ich im Einsatz bin!

Die vorangestellte Aussage dreht sich um die Gleichzeitigkeit von Handytelefonaten und Einsatzzeit. Die passende temporale Konjunktion lautet „während".

Erläuterung

Konjunktionen (Bindewörter) verknüpfen Wörter, Wortgruppen oder ganze Sätze, wobei man in neben- und unterordnende Konjunktionen unterscheidet: Nebenordnende Konjunktionen verbinden Hauptsätze sowie gleichrangige Satzglieder, Wortgruppen oder Nebensätze („Er kam zu spät, denn er hatte verschlafen"). Unterordnende Konjunktionen verbinden Hauptsätze mit Nebensätzen oder Nebensätze mit weiteren, untergeordneten Nebensätzen („Er kam zu spät, weil er verschlafen hatte, da der Wecker defekt war"). Aus dem Satzbau können Sie also darauf schließen, ob eine neben- oder unterordnende Konjunktion gesucht wird.

Darüber hinaus geben Konjunktionen Auskunft über die logische Beziehung, die zwischen den verknüpften Elementen besteht. Bindewörter können einen Gegensatz ausdrücken (adversativ: „aber", „wohingegen"), Möglichkeiten aus einer Auswahl ausschließen (disjunktiv: „oder", „entweder ... oder"), einen Zweck bzw. eine Absicht wiedergeben (final: „um ... zu", „damit"), eine Ursache angeben (kausal: „denn", „weil"), eine Bedingung einleiten (konditional: „falls", „wenn"), die Folgen des Vorangegangenen ausführen (konsekutiv: „dass", „sodass"), einen Hinderungsgrund nennen (konzessiv: „obwohl", „wenn auch"), mehrere Elemente zu einer Aufzählung verbinden (kopulativ: „und", „nicht nur ... sondern auch"), die Art und Weise einer Handlung beschreiben (modal: „indem", „ohne ... zu") oder eine zeitliche Reihenfolge wiedergeben (temporal: „als", „nachdem"). Manche Konjunktionen („ob", „dass") leiten bisweilen auch nur Nebensätze ein, ohne eine Bedeutung mitzuteilen.

Präpositionen (Aufgaben 101–110)

Zu 101) Ich freue mich *über* unseren Besuch!

„Wegen" zieht einen Dativ oder Genitiv nach sich, „mit" wird mit einem Dativ kombiniert. Da die Substantivgruppe „unseren Besuch" im Akkusativ steht, kommt nur die Präposition „über" infrage.

Zu 102) *Trotz* der Panne war es ein gelungener Abend.

Grammatisch würden alle drei Präpositionen in den Satz passen, „laut" und „neben" ergeben aber inhaltlich keinen Sinn.

Zu 103) *Während* des Films fiel plötzlich der Strom aus.

Nach „in" folgt ein Dativ oder Akkusativ, „seit" wird mit Dativ kombiniert. Die Substantivgruppe „des Films" steht jedoch im Genitiv, daher kommt nur „während" infrage.

Zu 104) Onkel Horst kam *ohne* seinen kleinen Dackel.

„Mit" und „außer" erfordern einen Dativ und entfallen daher aus grammatischen Gründen.

Zu 105) *In* der Situation habe ich mich wirklich gefürchtet!

Grammatisch passen alle Präpositionen, aber nur mit „in" ergibt sich ein sinnvoller Satz.

Zu 106) Ich werde *vor* der Prüfung eine halbe Stunde meditieren.

Rein grammatisch betrachtet lässt sich keine Präposition ausschließen, „statt" und „während" passen jedoch inhaltlich nicht.

Zu 107) Sie hat *am* Shoppingcenter ihre Kreditkarte verloren.

Den Präpositionen „in" und „neben" fehlt ein Artikel, damit ein korrekter Satz entsteht. In „am" („an"+„dem") ist der Artikel schon enthalten.

Zu 108) *Mangels* Nachfrage wurde die Produktion eingestellt.

Grammatisch wären alle drei Präpositionen möglich, „wegen" und „auf" ergeben aber keinen sinnvollen Satz.

Zu 109) Sie liebt alles *an* ihm.

„Durch" ist inhaltlich und grammatisch fragwürdig (erforderlich wäre der Akkusativ), „zu" ergibt keinen Sinn.

Zu 110) Ich möchte *zu* dem Thema noch etwas sagen!

Die Präpositionen „mit" und „laut" würden zwar grammatisch passen, können den Satz aber nicht sinnvoll ergänzen.

Erläuterung

Präpositionen heißen auch „Verhältniswörter", weil sie Beziehungen zwischen Wörtern oder Wortgruppen wiedergeben: Sie drücken zum Beispiel zeitliche (temporale) oder örtliche (lokale) Verhältnisse aus, führen Gründe an (kausal) oder benennen die Art und Weise, die Beschaffenheit von etwas (modal).

Eine Präposition entscheidet über den Kasus der Wörter, auf die sie sich bezieht. Bei den meisten Präpositionen ist der Kasus festgelegt; manchmal gibt es jedoch mehrere Möglichkeiten, je nachdem, welche Beziehung man beschreiben will („etwas aus Angst tun" – kausal; „etwas aus dem Regal nehmen" – lokal; „ein Haus aus Stein" – modal). Viele lokale Präpositionen können sowohl Orte als auch Bewegungsrichtungen bezeichnen – Ortsangaben stehen mit Dativ („im Schrank"; Frage: wo?), Richtungsangaben mit Akkusativ („in den Schrank"; Frage: wohin?).

Grundsätzlich werden Präpositionen nicht flektiert. Einige können jedoch mit bestimmten Artikeln verschmelzen (z. B. „an" + „dem" = „am", „in" + „das" = „ins", „zu" + „der" = „zur").

Infinitive bilden (Aufgaben 111–125)

Zu 111) tranken : trinken

Zu 112) will : wollen

Zu 113) floh : fliehen

Zu 114) flöge : fliegen

Zu 115) grübe : graben

Zu 116) riet : raten

Zu 117) röche : riechen

Zu 118) gewusst : wissen

Zu 119) darfst : dürfen

Zu 120) hielt : halten

Zu 121) saß : sitzen

Zu 122) geschwollen : schwellen

Zu 123) magst : mögen

Zu 124) geklungen : klingen

Zu 125) sähe : sehen

Pluralformen bilden (Aufgaben 126–135)

Zu 126) Die Schwestern singen.

Zu 127) Die Brüder spielen mit den Hunden.

Zu 128) Die Köche arbeiten.

Zu 129) Die Polizistinnen verfolgen die Diebe.

Zu 130) Die Kühe stehen auf den Weiden.

Zu 131) Die Ärzte verschreiben (mehrere) Arzneimittel.

Zu 132) Die Krankenhäuser haben viele Betten.

Zu 133) Die Häuser befinden sich in Graz.

Zu 134) Dort drüben warten die Staatsanwältinnen.

Zu 135) Ihr habt Geschenke gekauft.

Konjugieren und deklinieren (Aufgaben 136–145)

Zu 136) Ich verstehe nicht, wie ***ein derartiger Fehler*** so lange unbemerkt bleiben konnte.

„Ein derartiger Fehler" muss als Subjekt des Nebensatzes im Nominativ stehen und bleibt folglich unverändert.

Zu 137) Karl hat mir wirklich sehr geholfen, dafür schulde ich ***ihm*** noch einen Gefallen.

Die Konstruktion lautet „jemandem etwas schulden". Das Personalpronomen „er" muss daher in den Dativ gesetzt werden und wird so zu „ihm".

Zu 138) Trotz ***schlechter Planung*** wurde die Veranstaltung letztlich ein Erfolg.

Die Präposition „trotz" zieht einen Genitiv nach sich.

Zu 139) Unter ***diesen Umständen*** sollten wir möglichst schnell handeln.

Die Präposition „unter" wird hier modal gebraucht, das heißt, sie bezeichnet die Art und Weise bzw. die Rahmenbedingungen eines Vorgangs. In dieser Verwendung zieht „unter" einen Dativ nach sich.

Zu 140) Wir haben ***uns*** schon gefragt, wo du steckst!

Die Konstruktion des Verbs lautet „sich fragen". Das Wort „uns" ist hier die flektierte Form des Reflexivpronomens „sich". Da es sich auf das Subjekt „wir" bezieht, muss es in der ersten Person Plural stehen.

Zu 141) Wenn du nicht so früh nach Hause ***gegangen wärst***, hättest du das Feuerwerk auch gesehen.

Hier gilt: Beide Teilsätze müssen die gleiche Zeitform aufweisen, nämlich Konjunktiv II Perfekt.

Zu 142) Nachdem er die Wohnung ***gesehen hatte***, unterschrieb er begeistert den Mietvertrag.

Die Ereignisse des Temporalnebensatzes liegen zeitlich vor denen des Hauptsatzes. Da das Hauptsatz-Verb im Präteritum steht (in der Vergangenheit), muss das Nebensatz-Verb im Plusquamperfekt stehen (in der Vorvergangenheit).

Zu 143) Wenn er sich jetzt sehen könnte, ***wäre*** er peinlich berührt.

Das Verb des Hauptsatzes muss hier in derselben Zeitform stehen wie das Verb des Nebensatzes, also im Konjunktiv II Präsens.

Zu 144) Mangels ***geeigneten Werkzeugs*** konnte er die Reparatur nicht durchführen.

Die Präposition „mangels" zieht in der Regel einen Genitiv nach sich.

Zu 145) ***Geh*** in dein Zimmer!

Hier handelt es sich offensichtlich um eine Aufforderung, also ist die gesuchte Verbform der Imperativ Singular.

Lösungshinweis

Um die richtige grammatische Form zu finden, ist es hilfreich, sich die einzelnen Sätze leise vorzulesen. Achten Sie dabei auf Person, Zahl und Zeitform.

Beistriche setzen (Aufgaben 146–155)

Zu 146) Die Tatsache[,] dass sich die Erde um die Sonne dreht[,] galt vor wenigen Jahrhunderten noch als Irrglaube und Gotteslästerung.

Die beiden Beistriche trennen den eingeschobenen Nebensatz vom umliegenden Hauptsatz.

Zu 147) Nachdem ich gesehen hatte[,] was sie mir hatte zeigen wollen[,] war ich so überwältigt[,] dass ich zuerst gar nicht sprechen konnte.

Der erste Beistrich beendet den Temporalnebensatz. Der zweite Beistrich trennt den Relativnebensatz vom folgenden Hauptsatz. Der dritte Beistrich leitet einen weiteren Nebensatz ein.

Zu 148) Er konnte sich nicht erklären[,] wie es sein konnte[,] dass er auf einmal mitten in einem Park stand[,] obwohl es seines Wissens in seiner Stadt[ ] doch gar keine Grünflächen gab.

Der erste Beistrich trennt den Hauptsatz vom Nebensatz, die anderen beiden Beistriche leiten auch jeweils einen Nebensatz ein.

Zu 149) Trotz der vielen Arbeit[ ] und der unzähligen Überstunden[ ] mag sie ihren Job gern[,] da sie mit den Kollegen sehr gut zurechtkommt.

Der Beistrich trennt den Hauptsatz vom Kausalnebensatz.

Zu 150) Die meisten Menschen[,] die ein Haustier haben[,] sind der Meinung[,] dass ihr Tier das allerbeste auf der ganzen Welt ist.

Die ersten beiden Beistriche trennen den eingeschlossenen Relativsatz vom Hauptsatz. Der dritte Beistrich leitet einen weiteren Nebensatz ein.

Zu 151) Wenn sich Hunde und Katzen begegnen[,] gibt es meistens Ärger[,] da sie sich aufgrund ihrer unterschiedlichen Körpersprache[ ] nicht verstehen können.

Der erste Beistrich trennt den Konditionalnebensatz vom Hauptsatz. Der zweite Beistrich leitet einen Kausalnebensatz ein.

Zu 152) Wenn ein Aktenvernichter[ ] Akten vernichtet und ein Schornsteinfeger[ ] den Schornstein fegt[,] was macht dann ein Zitronenfalter?

Der Beistrich trennt einen Konditionalnebensatz vom Fragesatz.

Zu 153) Hättest du[,] als ich dich damals gefragt habe[,] die Wahrheit gesagt[,] so wäre uns viel Ärger erspart geblieben.

Die ersten beiden Beistriche umrahmen den in den Hauptsatz eingeschobenen Temporalnebensatz. Der dritte Beistrich grenzt den vorangestellten Konditionalnebensatz vom folgenden Hauptsatz ab.

Zu 154) Kennst du die Serie[,] in der ein alter Kapitän[ ] seinen drei Enkeln[ ] und dem dummen Matrosen[ ] immer unglaubliche Geschichten erzählt?

Der Beistrich trennt den Hauptsatz vom Nebensatz ab.

Zu 155) Angesichts des unbeständigen Wetters[ ] empfehle ich dir dringend[(,)] einen Regenschirm mitzunehmen[,] damit du nicht nass wirst.

Der erste Beistrich trennt den Hauptsatz vom Infinitivsatz (diesen Beistrich kann man setzen, muss man aber nicht!). Der zweite Beistrich leitet den Finalnebensatz ein.

Sinnverwandte Begriffe (Aufgaben 156–165)

Zu 156) **A.** Auseinandersetzung

Zu 157) **D.** Betrieb

Zu 158) **B.** Obdachloser

Zu 159) **B.** Gönner

Zu 160) **A.** sich widmen

Zu 161) **B.** Geduld

Zu 162) **B.** träge

Zu 163) **B.** verbrecherisch

Zu 164) **E.** Schwur

Zu 165) **B.** anheizen

Fremdwörter (Aufgaben 166–175)

Zu 166) viril – **B.** männlich

Zu 167) objektiv – **J.** sachlich

Zu 168) konsequent – **G.** folgerichtig

Zu 169) investigativ – **H.** nachforschend

Zu 170) homogen – **A.** gleichförmig

Zu 171) frontal – **I.** von vorn

Zu 172) pedantisch – **C.** übertrieben genau

Zu 173) obligatorisch – **D.** verpflichtend

Zu 174) progressiv – **F.** fortschrittlich

Zu 175) legitim – **E.** rechtmäßig

Tipps für Zuordnungsaufgaben (166–175)

Starten Sie mit dem ersten Fremdwort in der linken Spalte und gehen Sie die rechte Spalte bis zur passenden Bedeutung durch. Falls Sie sich bei einem Fremdwort unsicher sind, bearbeiten Sie es später, wenn sich die Zahl der möglichen Bedeutungen reduziert hat. Bleiben nach dem ersten Durchgang noch Kästchen leer, kann die umgekehrte Verfahrensweise helfen: Suchen Sie zu einem Begriff das passende Fremdwort. Prüfen Sie zum Schluss, ob alle Buchstaben von A bis J einmal eingetragen sind.

Ein Wort fällt aus der Reihe (Aufgaben 176–185)

Zu 176) D. keiner

Alle Begriffe außer „keiner" beschreiben Mengen mit mindestens einem Element.

Zu 177) E. gläubig

Bei allen Begriffen außer „gläubig" handelt es sich um Synonyme für „skeptisch".

Zu 178) C. Trompete

Alle Instrumente außer der Trompete sind Streichinstrumente.

Zu 179) C. kennen

Alle anderen Begriffe sind Modalverben, das heißt Verben, die Möglichkeiten oder Notwendigkeiten ausdrücken.

Zu 180) C. Zuschlag

„Zuschlag" verhält sich gegenteilig zu allen anderen Begriffen, die Synonyme für „Nachlass" sind.

Zu 181) D. eisern

Bei allen anderen Begriffen handelt es sich um Verben, „eisern" ist dagegen ein Adjektiv.

Zu 182) C. lustig

Alle Begriffe außer „lustig" sind Synonyme für „merkwürdig".

Zu 183) C. Theater

Alle Kunstgattungen zählen zur bildenden Kunst, nur das Theater wird zur darstellenden Kunst gerechnet.

Zu 184) E. Büro

Alle Begriffe außer „Büro" stehen für Teile eines Gebäudes – „Büro" bezeichnet die Funktion eines Raumes.

Zu 185) E. kantig

„Kantig" beschreibt keine Flächenform.

Wörter erkennen (Aufgaben 186–195)

Zu 186) B. D (Dunst)

Zu 187) E. W (Wolke)

Zu 188) C. H (Hotel)

Zu 189) C. B (Bezug)

Zu 190) D. M (Milch)

Zu 191) D. S (Stirn)

Zu 192) C. V (Vogel)

Zu 193) D. P (Pferd)

Zu 194) C. H (Honig)

Zu 195) E. F (Frech)

Sprichwörter (Aufgaben 196–205)

Zu 196) D. Wenn zu viele Leute an einem Projekt arbeiten, gefährdet das den Erfolg.

Dieses Sprichwort drückt aus, dass nicht zu viele Leute an etwas arbeiten sollten. Denn dann besteht die Gefahr, dass es Missverständnisse gibt oder einer nicht weiß, was der andere tut, sodass das Vorhaben schließlich scheitert.

Zu 197) D. Es hängt von jedem selbst ab, wie er sein Leben gestaltet.

„Wie man sich bettet, so liegt man" besagt, dass jeder sein Schicksal in der eigenen Hand hat und selbst für die Folgen seines Handelns verantwortlich ist.

Zu 198) A. Überheblichkeit bringt Nachteile.

„Übermut tut selten gut" besagt, dass Überheblichkeit und Selbstüberschätzung sich oft nicht gerade positiv auswirken.

Zu 199) A. Wer lautstark droht, ist ungefährlich.

Dieses Sprichwort hält Menschen, die gerne drohen, für in Wahrheit ungefährlich: Sie wollen sich mit ihren Drohungen Respekt verschaffen, diese aber nicht verwirklichen.

Zu 200) C. Mit wenig Aufwand kann man kein perfektes Ergebnis erzielen.

Dieses Sprichwort bedeutet, dass man es selbst in der Hand hat, ob man aus einer Sache großen Nutzen zieht oder nicht. Die Qualität und der Umfang des Ertrags richten sich nach der Qualität und dem Umfang des Einsatzes.

Zu 201) B. In der Not sinken die Ansprüche.

Dieses Sprichwort besagt, dass in der Not die Ansprüche sinken. Unter gewissen Umständen gibt man sich also schon mit weniger zufrieden.

Zu 202) C. In schweren Zeiten stehen einem nur wenige Freunde wirklich bei.

Das Lot ist eine alte Gewichtseinheit und entspricht 16,7 Gramm. In der Not ist der Beistand von tausend (vermeintlichen) Freunden demnach nicht gerade hoch zu bewerten. Anders gesagt: In schwierigen Situationen hat man nur wenige wirkliche Freunde.

Zu 203) B. Etwas geht nicht auf Dauer gut.

Dieses Sprichwort kann verschieden ausgelegt werden. Allgemein bedeutet es, dass alles einmal zu Ende geht. Zugespitzt kann es bedeuten, dass etwas nicht auf Dauer gut geht oder jedes Unrecht irgendwann bestraft wird.

Zu 204) B. Falschen Freunden vertrauen

„Eine Schlange am Busen nähren" bedeutet, unaufrichtigen Personen zu vertrauen, die nur so tun, als ob sie Freunde wären.

Zu 205) A. Vorwürfe sind oft berechtigt.

Dieses Sprichwort drückt aus, dass in Gerüchten oft ein Funke Wahrheit steckt.

Rechtsvorschriften anwenden (Aufgaben 206–210)

Zu 206) D. In ausgewiesenen Hundeauslaufgebieten

Laut § 1 Absatz (1) gilt eine Ausnahme des Anleinzwangs im Innenstadtbereich nur für „besonders ausgewiesene Hundeauslaufgebiete".

Zu 207) C. Blindenhunde und Diensthunde im Einsatz

Für welche Hunde die Anleinpflicht nicht gilt, ist in § 2 geregelt. Neben Such- und Rettungshunden müssen auch Behindertenbegleithunde, Blindenhunde und Diensthunde von Behörden nicht angeleint werden, „soweit der bestimmungsgemäße Einsatz dies erfordert". Ist ein Diensthund aber „außer Dienst", muss er demnach ebenfalls angeleint werden.

Zu 208) E. er einmal vergisst, seinen Hund anzuleinen.

Ob es in Lübeck als Ordnungswidrigkeit gilt, wenn ein Hundehalter seinen Hund auf die Straße urinieren lässt, kann aus der Verordnung nicht gefolgert werden: Sie beschäftigt sich nur mit der Leinenpflicht und sagt auch nichts über das Ankläffen von Passanten oder Ignorieren von Kommandos aus. Und wenn ein Hund sich gegen den Willen des Halters losreißt, kann man diesem nicht Vorsatz (Absicht) oder Fahrlässigkeit (Leichtsinn, Vergesslichkeit) bescheinigen, wie es bei Ordnungswidrigkeiten vorauszusetzen wäre.

Zu 209) B. Eine Geldstrafe

Leint ein Hundehalter seinen Hund nicht an, kann ihm laut § 3 Absatz (2) eine Geldbuße von bis zu 1.000 Euro auferlegt werden.

Zu 210) D. Die Verordnung ist 5 Jahre lang gültig.

Die Verordnung ist laut § 4, Absatz (2) 5 Jahre lang gültig und läuft dann aus, wenn die Geltungsdauer nicht verlängert wird. Die Gültigkeit ist nicht gekoppelt an die Mehrheitsverhältnisse im Stadtparlament oder den jeweils regierenden Bürgermeister.

Textverständnis (Aufgaben 211–215)

Zu 211) Wodurch zeichnen sich menschliche Knochen dem Text zufolge aus?

Die Antwort findet sich im ersten Satz: Knochen sind enorm belastbar und gleichzeitig relativ leicht. Alle Knochen im menschlichen Körper machen zusammengenommen nur etwa 12 Prozent des Körpergewichts aus.

Zu 212) Welche Aufgaben übernehmen die Gelenke im menschlichen Körper?

Die Gelenke übernehmen zwei Hauptaufgaben: Zum einen sollen sie zwei oder mehrere Knochen möglichst stabil miteinander verbinden, zum anderen sollen sie genügend Beweglichkeit gewährleisten – daher müssen sie zugleich flexibel sein.

Zu 213) Wie ist ein Gelenk aufgebaut, welche Funktionen haben die einzelnen „Bauteile"?

Ein Gelenk besteht aus mehreren Komponenten mit unterschiedlichen Funktionen: Bänder verbinden die Gelenkknochen miteinander, zwischen denen Knorpel und Gelenkflüssigkeit elastische Puffer bilden, um ein Aneinanderreiben oder Aufeinanderstoßen der Knochen zu verhindern. Muskeln bewegen die Konstruktion und stabilisieren sie zusätzlich.

Zu 214) Was wird über die unterschiedlichen Gelenktypen gesagt?

Wie im zweiten Absatz beschrieben wird, haben sich im Lauf der Evolution unterschiedliche Gelenktypen herausgebildet, die für spezielle Belastungsformen ausgelegt sind: Die Scharniergelenke Ellenbogen und Knie erlauben Bewegungen um eine Achse und sind ansonsten starr. Das Schulter- und das Hüftgelenk wiederum lassen sich als Kugelgelenke um alle drei Raumachsen drehen. Zweiachsige Gelenke werden im Text nicht erwähnt, doch auch sie finden sich menschlichen Körper: Ein solches sitzt beispielsweise zwischen dem Handwurzelknochen und dem Mittelhandknochen unterhalb des Daumens.

Zu 215) Wie wird die Verletzungsanfälligkeit von Gelenken eingeschätzt?

Der Verfasser des Texts hält die Gelenke aufgrund ihrer komplexen Bauweise für relativ empfindlich. Belastungen, für die sie nicht ausgelegt sind – etwa Drehungen oder Beugungen in die falsche Richtung – können demnach leicht zu Verletzungen führen: erwähnt werden Knorpelschäden, Bänderdehnungen und Bänderrisse.

Nacherzählung: Zeugenbericht (Aufgabe 216)

Zu 216)

Bedenken Sie, dass auf Grundlage Ihres Texts weitere Ermittlungen eingeleitet werden sollen. Behalten Sie daher beim Durchlesen der Zeugenaussage eine Leitfrage im Hinterkopf: Welche Informationen sind aus polizeilicher Sicht wichtig, welche nicht?

In Ihrem Bericht sollten natürlich nur die relevanten Angaben auftauchen. Dabei reicht es nicht, die betreffenden Passagen einfach wörtlich zu zitieren – Sie müssen die Perspektive wechseln. Grammatisch wechseln Sie dazu von der 1. Person, in der Frau Müller den Sachverhalt berichtet, in die 3. Person. Inhaltlich geben Sie das Geschehen sachlich, verständlich, knapp und faktentreu wieder. Nutzen Sie möglichst keine wörtliche Rede, bleiben Sie in der einfachen Vergangenheitsform (Präteritum), vermeiden Sie Gefühle, Gedanken, Ausrufe und Vergleiche. Und bauen Sie keinen Spannungsbogen auf: Der Bericht sollte geradlinig, nüchtern und ohne Höhepunkte geschrieben sein. Im Mittelpunkt steht weder Ihre persönliche Meinung noch diejenige der Zeugin – sondern einzig der geschilderte Sachverhalt.

Beim Verfassen Ihres Berichts können Sie sich an folgende Gliederung halten:

Einleitung

- Wo (Ort des Geschehens)

- Wann (Uhrzeit und Datum des Geschehens)
- Wer (beteiligte Personen)
- Was (Art des Geschehens – z. B. Kindesentführung, Verkehrsunfall, Überfall …)

Hauptteil

- Wie/Warum (Einzelheiten zum Geschehen, exakte zeitliche Reihenfolge, mögliche kausale Zusammenhänge/Ursachen/Begründungen)

Schluss

- Konsequenzen (eventuelle Folgen des Geschehens, z. B. Aufnahme von Ermittlungen)

Fachbezogenes Wissen

Polizei

Bearbeitungszeit 7½ Minuten

Wie gut kennen Sie sich in den Strukturen und Aufgaben der österreichischen Polizei aus?

Beantworten Sie bitte die folgenden Aufgaben, indem Sie jeweils den richtigen Lösungsbuchstaben markieren.

1) Der Amtstitel vieler Polizeibeamter lautet …?

A. Legislativbediensteter.
B. Exekutivbediensteter.
C. Judikativbediensteter.
D. Bundesgendarm.
E. Wachmann.

2) Wie viele Landespolizeidirektionen gibt es in Österreich?

A. 15
B. 79
C. 9
D. 10
E. 24

3) Die Bundespolizei untersteht dem österreichischen Bundesministerium für …?

A. Inneres.
B. Verfassung, Reformen, Deregulierung und Justiz.
C. Landesverteidigung.
D. öffentlichen Dienst und Sport.
E. Heimatschutz und Sicherheit.

4) Was zählt nicht zu den Kernaufgaben der Bundespolizei?

A. Verkehrsüberwachung
B. Fahndung
C. Hilfeleistung
D. Rechtsprechung
E. Streifendienst

5) Kommunale Einrichtungen der Polizei heißen …?

A. Landeswachkörper.
B. Stadtwachkörper.
C. Bezirkswachkörper.
D. Gemeindewachkörper.
E. Ortswachkörper.

6) Der Begriff „Polizeiinspektion" bezeichnet …?

A. eine polizeiliche Durchsuchung.
B. eine Polizeidienststelle.
C. eine polizeiliche Anweisung.
D. ein polizeiinternes Verfahren.
E. eine verdeckte Ermittlung.

7) Welche Spezialeinheit gehört nicht zur österreichischen Polizei?

A. Cobra
B. WEGA
C. LUCHS
D. PUMA
E. Jede genannte Einheit gehört zur österreichischen Polizei.

8) Wie viele Polizisten gibt es in Österreich ungefähr?

A. Ca. 10.000
B. Ca. 20.000
C. Ca. 30.000
D. Ca. 40.000
E. Ca. 50.000

9) Für welche Einrichtung steht das Kürzel „.BK"?

A. Bezirkskommando
B. Bundeskriminalamt
C. Bereitschaftskommando
D. Bundeskanzleramt
E. Reiterstaffel („Berittene Kräfte")

10) Welcher Dienstgrad ist der höchste?

A. Aspirant
B. Revierinspektor
C. Major
D. Chefinspektor
E. Hauptmann

11) Die Bundespolizei besteht seit ...?

A. 1785.
B. 1968.
C. 2005.
D. 2012.
E. 2016.

12) Welches Bundesgesetz regelt die Organisation, die Aufgaben und die Befugnisse der österreichischen Polizei?

A. Bundespolizeigesetz
B. Sicherheitspolizeigesetz
C. Verwaltungspolizeigesetz
D. Staatspolizeigesetz
E. Exekutivpolizeigesetz

13) Wofür steht die Bezeichnung „Fremdenpolizei"?

A. Zoll
B. Ausländerbehörde
C. Bundesgrenzschutz
D. Migrationsamt
E. Tourismusbehörde

14) Welche Polizeieinheit gibt es in Österreich nicht?

A. Flugpolizei
B. Alpinpolizei
C. See- und Stromdienst
D. Entschärfungsdienst
E. Keine Antwort ist richtig.

15) Wann muss die Polizei zum Schutz von Leben, Gesundheit, Freiheit oder Eigentum eingreifen?

A. Grundsätzlich immer

B. Immer dann, wenn ein Bürger sich diesbezüglich an die Polizei wendet

C. Nur dann, wenn dieser Schutz nicht auf anderem Wege gewährleistet werden kann

D. Nur dann, wenn der Berechtigte für die Unkosten des Einsatzes aufkommt

E. Immer dann, wenn eine Gefährdung besteht

Staatsbürgerkunde *Bearbeitungszeit 7½ Minuten*

Beantworten Sie bitte die folgenden Aufgaben, indem Sie jeweils den richtigen Lösungsbuchstaben markieren.

16) Wer ist das Staatsoberhaupt der Republik Österreich?

A. Der Bundespräsident
B. Der Bundeskanzler
C. Der Landeshauptmann
D. Der Nationalratspräsident
E. Keine Antwort ist richtig.

17) Aus wie vielen Bundesländern besteht der Bundesstaat Österreich?

A. 8
B. 9
C. 10
D. 11
E. Keine Antwort ist richtig.

18) Wie heißt der höchste Berg Österreichs?

A. Wildspitze
B. Weißkugel
C. Großglockner
D. Großvenediger
E. Keine Antwort ist richtig.

19) Wann bestand die Erste Republik Österreich?

A. 1918–1919
B. 1919–1934
C. 1934–1938
D. 1938–1945
E. Keine Antwort ist richtig.

20) Wer war der erste Bundeskanzler der Zweiten Republik?

A. Julius Raab
B. Leopold Figl
C. Karl Renner
D. Bruno Kreisky
E. Keine Antwort ist richtig.

21) Wann erlangte Österreich nach dem Zweiten Weltkrieg die volle Unabhängigkeit?

A. 1945
B. 1949
C. 1952
D. 1955
E. Keine Antwort ist richtig.

22) Was ist eine zentrale Grundlage der Rechtsordnung in Österreich?

A. Das Bundes-Verfassungsgesetz
B. Das Republik-Grundgesetz
C. Das Bundes-Gesetzblatt
D. Die Staatsgesetzordnung
E. Keine Antwort ist richtig.

23) An wie viele Staaten grenzt Österreich?

A. 6
B. 7
C. 8
D. 9
E. Keine Antwort ist richtig.

24) Welches ist das flächengrößte österreichische Bundesland?

A. Oberösterreich
B. Steiermark
C. Tirol
D. Niederösterreich
E. Keine Antwort ist richtig.

25) Unter welchem Namen wurde Österreich zum ersten Mal schriftlich erwähnt?

A. Austria
B. Ostarrichi
C. Osterland
D. Ostmark
E. Keine Antwort ist richtig.

26) Von wem stammt der Text der österreichischen Nationalhymne?

A. Ingeborg Bachmann
B. Paula Preradović
C. Jean Améry
D. Georg Trakl
E. Keine Antwort ist richtig.

27) Seit wann ist Österreich Mitglied der Vereinten Nationen?

A. 1945
B. 1955
C. 1970
D. 1998
E. Keine Antwort ist richtig.

28) Welche Reformen in den 1970er-Jahren prägten Österreich?

A. Allgemeine Schulpflicht
B. Gleiche Rechte und Pflichten für Männer und Frauen
C. Frauenwahlrecht
D. Rauchverbot auf öffentlichen Plätzen
E. Keine Antwort ist richtig.

29) Mit dem Staatsvertrag von 1955 verpflichtete sich Österreich, ...?

A. keine Verträge mit Deutschland zu schließen.

B. Entschädigungen an die Siegermächte des Zweiten Weltkriegs zu leisten.

C. keinem Militärbündnis beizutreten.

D. die soziale Marktwirtschaft einzuführen.

E. Keine Antwort ist richtig.

30) Welcher Fluss entspringt in Österreich?

A. Enns

B. Donau

C. Inn

D. Drau

E. Keine Antwort ist richtig.

Lösungen: Fachbezogenes Wissen

1) B	11) C	21) D
2) C	12) B	22) A
3) A	13) B	23) C
4) D	14) E	24) D
5) D	15) E	25) B
6) B	16) A	26) B
7) C	17) B	27) B
8) C	18) C	28) B
9) B	19) B	29) C
10) C	20) B	30) A

Polizei (Aufgaben 1–15)

Zu 1) B. Exekutivbediensteter.

Viele Beamte und Vertragsbedienstete der österreichischen Polizei tragen den Amtstitel „Exekutivbediensteter". Die Bezeichnungen „Gendarmeriebeamter" und „Sicherheitswachebeamter" (landläufig auch „Wachmann") entfielen 2005 bei der Auflösung der Bundesgendarmerie und des Bundessicherheitswachekorps; „Judikativbedienstete" und „Legistlativbedienstete" gibt es nicht.

Zu 2) C. 9

Jedes der neun Bundesländer hat eine eigene Landespolizeidirektion (LPD). Die LPDs unterstehen dem Bundesministerium des Innern und ersetzen nach der Sicherheitsbehörden-Neustrukturierung 2012 die damaligen Sicherheitsdirektionen, Bundespolizeidirektionen und Landespolizeikommanden. Seither leiten sie federführend die Sicherheitsverwaltung der Bundesländer und setzen dazu die Exekutivbediensteten der Bundespolizei ein.

Zu 3) A. Inneres.

Das Bundesministerium des Innern ist als Sicherheitsbehörde III. Instanz die oberste Sicherheitsbehörde Österreichs. Ihr unterstehen die neun Landespolizeidirektionen (Sicherheitsbehörden II. Instanz). Sicherheitsbehörden I. Instanz können – je nach Bezirk und Gemeinde – Landespolizeidirektionen, Bezirkshauptmannschaften, Polizeikommissariate oder Bürgermeister sein.

Zu 4) D. Rechtsprechung

Die Bundespolizei ist Teil der Exekutive, der ausführenden Staatsgewalt. Zu ihren Kernaufgaben zählt unter anderem die Hilfeleistung, Fahndung, Verkehrsüberwachung und der Streifendienst – nicht jedoch die Rechtsprechung. Diese ist der Judikative, der Gerichtsbarkeit, vorbehalten.

Zu 5) D. Gemeindewachkörper.

In rund 50 österreichischen Gemeinden besorgen Gemeindewachkörper die polizeilichen Aufgaben. Sie werden auch Gemeindesicherheitswachen, Gemeindepolizeien oder Stadtpolizeien genannt. Ihre Kompetenzen ähneln jenen der Bundespolizei, beschränken sich jedoch auf das Gemeindegebiet.

Zu 6) B. eine Polizeidienststelle.

Polizeiinspektionen sind Dienststellen, welche die sicherheits- und kriminalpolizeilichen Aufgaben vor Ort übernehmen. Geleitet werden sie von Inspektionskommandanten.

Zu 7) C. LUCHS

Das Einsatzkommando Cobra und die Sondereinheit WEGA werden vom Innenministerium für besondere polizeiliche Dienste eingesetzt, etwa bei Geiselnahmen oder im Kampf gegen organisierte Kriminalität. Die Spezialeinheit PUMA dient dem Grenzschutz. Die Sondergruppe LUCHS ist eine Interventionseinheit der Schweizer Polizei.

Zu 8) C. Ca. 30.000

Korrekt ist Antwort C: Es sind rund 30.000 Polizisten im Dienst (Stand 2020).

Zu 9) B. Bundeskriminalamt

„.BK" steht für das Bundeskriminalamt. Die Zentralstelle der landesweiten Kriminalitätsbekämpfung ist zugleich auch Österreichs Bindeglied zur internationalen polizeilichen Zusammenarbeit. Die auffällige Schreibweise „.BK" soll helfen, Verwechslungen mit dem Bundeskanzleramt („BKA") zu vermeiden.

Zu 10) C. Major

Der höchste genannte Dienstgrad ist der Major, angesiedelt noch über dem Hauptmann in der Verwendungsgruppe E1 („Leitende Beamte"). Der Chefinspektor zählt zur Verwendungsgruppe E2a („Dienstführende Beamte"), der Revierinspektor zur Verwendungsgruppe E2b („Eingeteilte Beamte"). Der niedrigste Dienstgrad ist der Aspirant – er gehört zur Verwendungsgruppe E2c („Exekutivbedienstete in Polizeigrundausbildung").

Zu 11) C. 2005.

Die Bundespolizei entstand 2005 durch die Zusammenlegung der Bundesgendarmerie, des Bundessicherheitswachekorps und des Kriminalbeamtenkorps. Sie ist keine eigenständige Behörde, sondern stellt Personal für den Exekutivdienst der Sicherheitsbehörden.

Zu 12) B. Sicherheitspolizeigesetz

Das Sicherheitspolizeigesetz regelt in neun Abschnitten die Organisation der Sicherheitsverwaltung und die Ausübung der Sicherheitspolizei in Österreich. Das Gesetz trat 1993 in Kraft und wurde zur Gründung der Bundespolizei 2005 sowie zur Sicherheitsbehörden-Neustrukturierung 2012 grundlegend neu gefasst.

Zu 13) B. Ausländerbehörde

Die österreichische Ausländerbehörde heißt auch „Fremdenpolizei". Sie ist den Bezirkshauptmannschaften und Bundespolizeidirektionen angegliedert und kümmert sich unter anderem um Duldung, Abschiebung und um die Erteilung von Einreisetiteln.

Zu 14) E. Keine Antwort ist richtig.

Jede der aufgezählten Einheiten existiert: Die Flugpolizei übernimmt Einsätze in der Luft, die Alpinpolizei im Gebirge, der See- und Stromdienst zu Wasser. Der Entschärfungsdienst kümmert sich um gefährliche Sprengmittel.

Zu 15) E. Immer dann, wenn eine Gefährdung besteht

Richtig ist Antwort E: Gibt es Grund zur Annahme, dass Leben, Gesundheit, Freiheit oder Eigentum eines Menschen gefährdet sind, müssen Polizisten innerhalb ihres Zuständigkeitsbereichs die Gefährdung prüfen und gegebenenfalls abwehren. Dies ergibt sich aus Paragraph 19 des Sicherheitspolizeigesetzes („Erste allgemeine Hilfeleistungspflicht").

Staatsbürgerkunde (Aufgaben 16–30)

Zu 16) A. Der Bundespräsident

Das Staatsoberhaupt Österreichs ist der Bundespräsident, der auf sechs Jahre direkt vom Volk gewählt wird. Faktisch ist zwar der Bundeskanzler der mächtigste österreichische Politiker, er steht jedoch im offiziellen Protokoll erst an dritter Stelle – hinter dem Bundespräsidenten und dem Präsidenten des Nationalrats.

Zu 17) B. 9

Österreich ist ein föderaler Bundesstaat, der aus 9 Bundesländern besteht: Burgenland, Kärnten, Niederösterreich, Oberösterreich, Salzburg, Steiermark, Tirol, Vorarlberg und Wien. Die Bundesländer können in vielen Feldern eigenständig entscheiden. Sie besitzen eigene Landesverfassungen sowie eigene gesetzgebende, vollziehende und Recht sprechende Gewalt.

Zu 18) C. Großglockner

Der Großglockner in den Hohen Tauern ist mit 3.798 Metern der höchste Berg in Österreich. Auf den Plätzen 2 und 3 folgen die Wildspitze mit 3.768 Metern und die Weißkugel mit 3.739 Metern. Der Großvenediger liegt ebenfalls in den Hohen Tauern und kommt auf 3.662 Meter.

Zu 19) B. 1919–1934

Nach dem Ersten Weltkrieg hatte die Provisorische Nationalversammlung 1918 zunächst die demokratische Republik „Deutschösterreich" ausgerufen. Seit 1919 lautete der offizielle Staatsname „Republik Österreich"; im Oktober 1920 wurde die Bundesverfassung verabschiedet. 1933 schaltete der damalige Bundeskanzler Engelbert Dollfuß das Parlament und den Verfassungsgerichtshof aus und bereitete den Weg für einen „christlich-deutschen Ständestaat" Österreich, der ab 1934 „Bundesstaat Österreich" hieß. Dieses auch als „Austrofaschismus" bezeichnete System verfügte über keine demokratisch gewählten Institutionen.

Zu 20) B. Leopold Figl

Die Zweite Republik wurde unmittelbar nach dem Ende des Zweiten Weltkriegs errichtet. Erster Bundeskanzler war der ÖVP-Politiker Leopold Figl; er amtierte von 1945–1953. Ihm folgten Julius Raab (ÖVP, 1953–1961), Alfons Gorbach (ÖVP, 1961–1964), Josef Klaus (ÖVP, 1964–1970), Bruno Kreisky (SPÖ, 1970–1983), Fred Sinowatz (SPÖ, 1983–1986), Franz Vranitzky (SPÖ, 1986–1997), Viktor Klima (SPÖ, 1997–2000), Wolfgang Schüssel (ÖVP, 2000–2007), Alfred Gusenbauer (SPÖ, 2007–2008), Werner Faymann (SPÖ, 2008–2016), Reinhold Mitterlehner (ÖVP, 2016), Christian Kern (SPÖ, 2016–2017) und Sebastian Kurz (ÖVP, seit 2017).

Zu 21) D. 1955

Nach dem Zweiten Weltkrieg stand Österreich zunächst unter alliierter Besatzung. Bereits im November 1945 fanden die ersten freien Wahlen statt, doch die Siegermächte hatten weitgehenden Einfluss auf das Parlament und die Regierung. Nach zehnjährigen Verhandlungen schlossen die Besatzungsmächte und die Republik Österreich am 15. Mai 1955 einen Staatsvertrag, der Österreich die volle Souveränität brachte und die Besatzungszeit beendete. Im Gegenzug verpflichtete sich Österreich zu „immerwährender Neutralität".

Zu 22) A. Das Bundes-Verfassungsgesetz

Die österreichische Bundesverfassung umfasst eine Reihe von Verfassungsgesetzen; ihren Kern bildet das Bundes-Verfassungsgesetz. Darin finden sich grundlegende Regeln für den Staatsaufbau, die Demokratie und die Justiz. Festgeschrieben werden unter anderem die Grundrechte des Einzelnen, die republikanische Staatsform, der Aufbau als Bundesstaat und die Organisation der Staatsgewalten.

Zu 23) C. 8

Österreich grenzt an 8 Nachbarländer. Im Uhrzeigersinn: Deutschland, Tschechien, Slowakei, Ungarn, Slowenien, Italien, Schweiz und Liechtenstein.

Zu 24) D. Niederösterreich

Mit einer Fläche von rund 19.200 Quadratkilometern besitzt Niederösterreich das größte Territorium, gefolgt von der Steiermark (16.400 km^2), Tirol (12.600 km^2) und Oberösterreich (12.000 km^2).

Zu 25) B. Ostarrichi

Die älteste bekannte Erwähnung Österreichs findet sich in einer Schenkungsurkunde des römisch-deutschen Kaisers Otto III. aus dem Jahr 996 – unter dem Namen „Ostarrichi". Auch die Bezeichnungen „Osterland", „Ostmark" und die latinisierte Form „Austria" waren im Lauf der Geschichte gebräuchlich.

Zu 26) B. Paula Preradović

Die Bundeshymne der Republik Österreich besteht aus der Melodie des sogenannten „Bundesliedes" und aus dem – leicht abgeänderten – Gedicht „Land der Berge" der Wiener Lyrikerin und Schriftstellerin Paula Preradović (1887–1951). Die Bundeshymne zählt zu den geschützten Staatssymbolen, ebenso wie die Fahne der Republik Österreich, das Bundeswappen und die österreichischen Hoheitszeichen.

Zu 27) B. 1955

Am 14. Dezember 1955 trat Österreich den Vereinten Nationen bei. Vorausgegangen war die Unterzeichnung des Staatsvertrags im Mai desselben Jahres, die Österreich die Unabhängigkeit brachte. Von 1972–1981 war der Österreicher Kurt Waldheim Generalsekretär der Vereinten Nationen.

Zu 28) B. Gleiche Rechte und Pflichten für Männer und Frauen

In den 1970er-Jahren unternahm die sozialdemokratische Regierung unter dem von 1970–1983 amtierenden Bundeskanzler Bruno Kreisky zahlreiche Reformen. Davon betroffen war insbesondere das Familienrecht. Seitdem haben Frauen und Männer in Österreich erstmals gleiche Rechte und Pflichten.

Zu 29) C. keinem Militärbündnis beizutreten.

Den Staatsvertrag vom 15. Mai 1955 schlossen die Republik Österreich und die Siegermächte des Zweiten Weltkriegs: USA, Sowjetunion, Großbritannien und Frankreich. Der vollständige Titel des Abkommens lautet „Staatsvertrag betreffend die Wiederherstellung eines unabhängigen und demokratischen Österreich". Der Pakt verbietet unter anderem die Wiedererrichtung der Habsburger-Monarchie sowie den wirtschaftlichen bzw. politischen Anschluss an Deutschland (nicht zu verwechseln mit einem generellen Vertragsverbot zwischen beiden Staaten). Außerdem wird „immerwährende Neutralität" garantiert: Österreich darf keinem Militärbündnis beitreten. Kriegsentschädigungen oder die Einführung eines bestimmten Wirtschaftssystems werden nicht gefordert.

Zu 30) A. Enns

Die Donauquelle befindet sich in Baden-Württemberg in Deutschland, der Inn entspringt im Schweizer Engadin und die Drau im italienischen Südtirol. Richtig ist Antwort A: Der Ursprung der Enns liegt in den Radstädter Tauern im Bundesland Salzburg.

Allgemeinwissen

Politik und Gesellschaft

Bearbeitungszeit 5 Minuten

Beantworten Sie bitte die folgenden Aufgaben, indem Sie jeweils den richtigen Lösungsbuchstaben markieren.

1) Zu welchem Staat gehört diese Flagge?

A. Israel
B. Marokko
C. Libanon
D. Algerien
E. Keine Antwort ist richtig.

2) Was versteht man unter „Gewaltenteilung"?

A. Die Unabhängigkeit von Legislative, Exekutive und Judikative
B. Die Bundeshoheit des Militärs
C. Die Trennung von Politik und Kirche
D. Die Trennung von Demokraten und Republikanern
E. Keine Antwort ist richtig.

3) Welche Institution wurde durch den Vertrag von Maastricht gegründet?

A. Europäische Union
B. Bund Europäischer Landwirte
C. Europäischer Gerichtshof
D. Europäisches Parlament
E. Keine Antwort ist richtig.

4) Welche Organisation gilt als Vorläuferin der Vereinten Nationen?

A. Völkerrat
B. Völkerbund
C. Bund der Nationen
D. Volksrat
E. Keine Antwort ist richtig.

5) Welcher (Teil-)Staat gehört nicht zum Vereinigten Königreich?

A. England
B. Schottland
C. Wales
D. Irland
E. Keine Antwort ist richtig.

6) Welches Land gehört zur NATO?

A. Österreich
B. Ungarn
C. Schweiz
D. Serbien
E. Keine Antwort ist richtig.

7) Was versteht man unter dem Begriff „Lobbyismus"?

A. Interessengruppen halten sich von der Politik fern.
B. Interessengruppen versuchen, Einfluss auf die Politik zu nehmen.
C. Abgeordnete bilden parteiübergreifende Interessengemeinschaften.
D. Innerhalb einer Partei bilden sich Interessengemeinschaften.
E. Keine Antwort ist richtig.

8) Was ist das Hauptziel des Kyoto-Protokolls?

A. Reduzierung der Emission von Treibhausgasen
B. Einführung energiesparender Glühbirnen
C. Förderung des Bahnverkehrs
D. Aufforstung der Regenwälder
E. Keine Antwort ist richtig.

9) Welche Aussage zu den Zollkontrollen beim EU-Grenzverkehr ist richtig?

A. Zollkontrollen sind an allen EU-Binnengrenzen obligatorisch.
B. Zollkontrollen finden an den meisten EU-Binnengrenzen nicht mehr statt.
C. Beim Grenzverkehr innerhalb der EU gibt es keine Zollkontrollen mehr.
D. Nur 8 EU-Mitgliedsstaaten haben die Zollkontrollen abgeschafft.
E. Keine Antwort ist richtig.

10) Was bedeutet „Fraktion" in der Politik?

A. Zusammenschluss von Abgeordneten
B. Dasselbe wie „Regierung"
C. Dasselbe wie „Opposition"
D. Die Mehrheit im Bundestag
E. Keine Antwort ist richtig.

Wirtschaft und Finanzen *Bearbeitungszeit 5 Minuten*

Beantworten Sie bitte die folgenden Aufgaben, indem Sie jeweils den richtigen Lösungsbuchstaben markieren.

11) Welcher Begriff bezeichnet die Differenz von Soll und Haben?

A. Skonto
B. Saldo
C. Storno
D. Giro
E. Keine Antwort ist richtig.

12) Was versteht man unter dem Begriff „Inflation"?

A. Preisniveaustabilität
B. Anstieg des Preisniveaus
C. Sinkende Preise
D. Geldaufwertung
E. Keine Antwort ist richtig.

13) Was bedeutet der Begriff „Fusion" im wirtschaftlichen Sinne?

A. Feindliche Übernahme eines Unternehmens
B. Freundliche Übernahme eines Unternehmens
C. Zusammenschluss von Unternehmen
D. Unternehmensfinanzierung
E. Keine Antwort ist richtig.

14) Was sind Subventionen?

A. Sonderzahlungen an das Militär
B. Strafen, die bei Gesetzesverstößen angeordnet werden
C. Mindestlöhne in der Landwirtschaft
D. Finanzielle Unterstützungen des Staates für Unternehmen
E. Keine Antwort ist richtig.

15) Was verbirgt sich hinter dem Begriff „Dow-Jones-Index"?

A. Australischer Aktienindex
B. Asiatischer Aktienindex
C. Europäischer Aktienindex
D. US-amerikanischer Aktienindex
E. Keine Antwort ist richtig.

16) Was sind Devisen?

A. Inländische Geldscheine
B. Inländische Zahlungsmittel
C. Inländische Münzen
D. Forderungen, die in einer Fremdwährung bestehen
E. Keine Antwort ist richtig.

17) Wie bezeichnet man in einer Volkswirtschaft das Auf und Ab der wirtschaftlichen Aktivitäten?

A. Rezession
B. Stagnation
C. Inflation
D. Konjunktur
E. Keine Antwort ist richtig.

18) Was geschieht, wenn ein Land stetig einen Exportüberschuss verzeichnet, der nicht durch eine andere Teilbilanz ausgeglichen wird?

A. Die Konsumgüternachfrage sinkt.
B. Das Auslandsvermögen bzw. die Forderungen gegenüber dem Ausland steigen.
C. Die volkswirtschaftliche Gesamtnachfrage steigt.
D. Die volkswirtschaftliche Gesamtnachfrage sinkt.
E. Keine Antwort ist richtig.

19) Welcher EU-Staatsbürger zahlt in seinem Heimatland nicht mit Euro?

A. Der Österreicher
B. Der Slowene
C. Der Schwede
D. Der Slowake
E. Der Finne

20) Wofür steht „Basel III"?

A. Basler Chemie- und Pharmaindustrie
B. Autobahnstrecke A3 zwischen Basel und Zürich
C. Eigenkapitalvorschriften für Kredit- und Finanzdienstleistungsinstitute
D. Basler Kulturtage
E. Keine Antwort ist richtig.

Geografie

Bearbeitungszeit 5 Minuten

Auf einer Europakarte sind zehn Länder mit Zahlen gekennzeichnet.

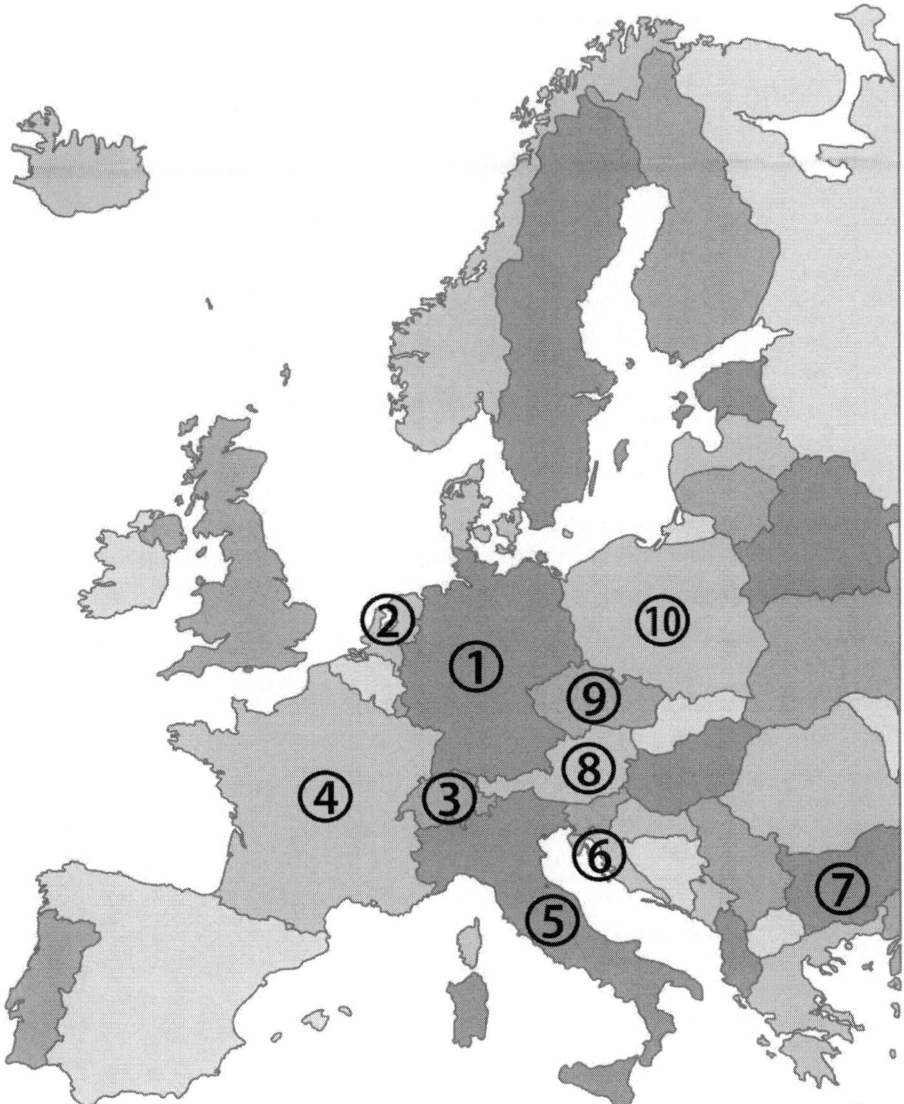

Bitte beantworten Sie die folgenden Aufgaben schriftlich, indem Sie die richtigen Lösungen eintragen.

21) Welches Land ist mit der Zahl 1 gekennzeichnet?

____

____

22) Welches Land ist mit der Zahl 2 gekennzeichnet?

____

____

23) Welches Land ist mit der Zahl 3 gekennzeichnet?

____

____

24) Welches Land ist mit der Zahl 4 gekennzeichnet?

____

____

25) Welches Land ist mit der Zahl 5 gekennzeichnet?

____

____

26) Welches Land ist mit der Zahl 6 gekennzeichnet?

____

____

27) Welches Land ist mit der Zahl 7 gekennzeichnet?

____

____

28) Welches Land ist mit der Zahl 8 gekennzeichnet?

____

____

29) Welches Land ist mit der Zahl 9 gekennzeichnet?

____

____

30) Welches Land ist mit der Zahl 10 gekennzeichnet?

____

____

Interkulturelles Wissen

Bearbeitungszeit 5 Minuten

Beantworten Sie bitte die folgenden Aufgaben, indem Sie jeweils den richtigen Lösungsbuchstaben markieren.

31) Auf welchem Kontinent leben die meisten Menschen?

A. Afrika
B. Asien
C. Südamerika
D. Europa
E. Keine Antwort ist richtig.

32) Wer oder was ist ein/e Burka?

A. Ein hoher jüdischer Feiertag
B. Ein Ganzkörperschleier muslimischer Frauen
C. Eine Kopfbedeckung orthodoxer Christen
D. Ein buddhistischer Religionsgelehrter
E. Keine Antwort ist richtig.

33) Das Ziel eines Buddhisten ist der Austritt aus dem ewigen Kreislauf von Leid und Wiedergeburt und der Eintritt …?

A. ins Nirwana.
B. ins Sanskrit.
C. in den Himalaya.
D. nach Gondwana.
E. Keine Antwort ist richtig.

34) Mit dem Begriff „Sirtaki" meint man …?

A. ein kroatisches Fleischgericht.
B. ein albanisches Heldenepos.
C. einen griechischen Volkstanz.
D. einen türkischen Wechselgesang.
E. Keine Antwort ist richtig.

35) Der Ramadan ist …?

A. der islamische Fastenmonat.
B. das jüdische Neujahrsfest.
C. das buddhistische Weihnachtsfest.
D. das hinduistische Osterfest.
E. Keine Antwort ist richtig.

36) Was enthält die Tora?

A. Verhaltensregeln für Diplomaten
B. Wichtige religiöse Texte des Judentums
C. Völkerrechtliche Verträge
D. Verfassungstexte von UNO-Staaten
E. Keine Antwort ist richtig.

37) Ein traditionelles indisches Kleidungsstück für Frauen heißt …?

A. Fes.
B. Kaftan.
C. Kippa.
D. Sari.
E. Keine Antwort ist richtig.

38) „Freiheit, Gleichheit, Brüderlichkeit" ist der Wahlspruch …?

A. Österreichs.
B. Schwedens.
C. Frankreichs.
D. Russlands.
E. Keine Antwort ist richtig.

39) Der Begriff „Maghreb" bezeichnet eine Region …?

A. in Südamerika.
B. auf der Arabischen Halbinsel.
C. in Afghanistan.
D. in Nordafrika.
E. Keine Antwort ist richtig.

40) In welchem Land ist die Trennung von Religion und Staat in der Verfassung verankert?

A. Deutschland
B. Türkei
C. Schweiz
D. Iran
E. Keine Antwort ist richtig.

Persönlichkeiten, Erfindungen, Entdeckungen

Bearbeitungszeit 5 Minuten

Beantworten Sie bitte die folgenden Aufgaben, indem Sie jeweils den richtigen Lösungsbuchstaben markieren.

41) Welche bahnbrechende Erfindung wird Johannes Gutenberg zugeschrieben?

A. Buchdruck mit beweglichen Lettern
B. Teleskop mit über 100-facher Vergrößerung
C. Dampfmaschine mit zwei Kolben
D. Schwarzpulver
E. Keine Antwort ist richtig.

42) Wie heißt diese Person?

A. Barack Obama
B. François Hollande
C. Wladimir Putin
D. Silvio Berlusconi
E. Keine Antwort ist richtig.

43) Die Schweizergarde beschützt ...?

A. den Präsidenten der Schweiz in Bern.
B. das Karl-May-Museum in der Sächsischen Schweiz.
C. den Papst im Vatikan.
D. die Staatsgrenze der Schweiz zu Liechtenstein.
E. Keine Antwort ist richtig.

44) Politikreformen unter den Schlagworten „Glasnost" und „Perestroika" initiierte welcher sowjetische Politiker?

A. Leonid Breschnew
B. Georgij Abrassimow
C. Michail Gorbatschow
D. Andrej Tschernenko
E. Keine Antwort ist richtig.

45) Wann landete Kolumbus erstmals in der Neuen Welt?

A. 1392
B. 1492
C. 1592
D. 1692
E. Keine Antwort ist richtig.

46) Wer war der erste Mensch im Weltall?

A. Juri Gagarin
B. Neil Armstrong
C. Buzz Aldrin
D. Oleg Antonow
E. Keine Antwort ist richtig.

47) Welcher Komponist litt unter vollständiger Taubheit?

A. Wolfgang Amadeus Mozart
B. Györgi Ligeti
C. Johann Sebastian Bach
D. Ludwig van Beethoven
E. Keine Antwort ist richtig.

48) Wer begründete die moderne Evolutionstheorie?

A. Gregor Mendel
B. Jean-Baptiste de Lamarck
C. Francis Crick
D. Charles Robert Darwin
E. Keine Antwort ist richtig.

49) Wer war der erste Mensch am Südpol?

A. Reinhold Messner
B. Roald Amundsen
C. Hjalmar Sudstrom
D. Thor Heyerdahl
E. Keine Antwort ist richtig.

50) Nikolaus Kopernikus stellte im 16. Jahrhundert die damals revolutionäre Behauptung auf, …?

A. den ersten Planeten außerhalb unseres Sonnensystems entdeckt zu haben.
B. dass es Wasser auf dem Mars gibt.
C. ein Schwarzes Loch entdeckt zu haben.
D. dass sich die Erde um die Sonne dreht.
E. Keine Antwort ist richtig.

Naturwissenschaften *Bearbeitungszeit 5 Minuten*

Beantworten Sie bitte die folgenden Aufgaben, indem Sie jeweils den richtigen Lösungsbuchstaben markieren.

51) Womit atmen Fische?

A. Mit Wasserlungen
B. Mit punktförmigen Organen unterhalb ihrer Schuppen
C. Mit den Kiemen
D. Mit speziellen Auswachsungen an den Flossen
E. Keine Antwort ist richtig.

52) Wie hoch ist der Anteil der zugeführten Energie, die nicht energiesparende Glühlampen in sichtbares Licht umsetzen?

A. Etwa 5 Prozent
B. Etwa 10 Prozent
C. Etwa 20 Prozent
D. Etwa 50 Prozent
E. Keine Antwort ist richtig.

53) Wofür sind die weißen Blutkörperchen zuständig?

A. Sauerstofftransport im Blut
B. Abwehr von Krankheitserregern
C. Schnelle Blutgerinnung
D. Transport von Nährstoffen
E. Keine Antwort ist richtig.

54) Füllt man einen Plastikbecher zur Hälfte mit Wasser und setzt ihn anschließend in ein Wasserbecken: Wie tief taucht der Becher ungefähr ein?

A. Der Becher geht unter.
B. Der Becher taucht bis zu einem Drittel ein.
C. Der Becher taucht fast vollständig ein.
D. Der Becher taucht bis zur Hälfte ein.
E. Keine Antwort ist richtig.

55) Ein Schluckauf ist ...?

A. ein Magenkrampf.
B. eine Lungenflügelklemmung.
C. eine Luftröhrenreizung.
D. eine Kontraktion des Zwerchfells.
E. Keine Antwort ist richtig.

56) Welches Element ist der Grundstoff vieler Düngemittel?

A. Sauerstoff
B. Kohlenstoff
C. Stickstoff
D. Schwefel
E. Keine Antwort ist richtig.

57) Ist die Schallgeschwindigkeit wetterabhängig?

A. Nein, der Schall pflanzt sich immer gleich schnell fort.

B. Ja, er pflanzt sich in warmer Luft schneller fort als bei Kälte.

C. Ja, er pflanzt sich in kalter Luft schneller fort als bei Wärme.

D. Ja, er pflanzt sich bei Eis und Schnee schneller fort als im Sommer.

E. Keine Antwort ist richtig.

58) Was sind Ionen?

A. Atome eines chemischen Elements aus der Gruppe der Actinoide

B. Elektrisch geladene Atome oder Moleküle

C. Teilchen, die keine Elektrizität leiten

D. Ionen sind Elektronen.

E. Keine Antwort ist richtig.

59) Was löst den Muskelkater aus?

A. Schlechte Sauerstoffversorgung der Muskeln

B. Überstreckung der Muskelfasern durch zu schnelle Bewegungen

C. In kleine Geweberisse eindringendes Wasser

D. Zu wenig Flüssigkeitsnachschub beim Sport

E. Keine Antwort ist richtig.

60) Mithilfe des Sonnenlichts wird bei der Fotosynthese ...?

A. Wasser in Sauerstoff und Kohlendioxid umgewandelt.

B. Wasser und Kohlendioxid in Stickstoff und Glucose umgewandelt.

C. Wasser und Kohlendioxid in Sauerstoff und Glucose umgewandelt.

D. Kohlendioxid in Wasser umgewandelt.

E. Keine Antwort ist richtig.

PC und Internet

Bearbeitungszeit 5 Minuten

Beantworten Sie bitte die folgenden Aufgaben, indem Sie jeweils den richtigen Lösungsbuchstaben markieren.

61) Wo finden sich Favoriten, Lesezeichen und Bookmarks?

A. Taskleiste auf dem Desktop
B. Menüleiste des Webbrowsers
C. Gerätedatenbank des Systems
D. Boot-Sektor des Rechners
E. Keine Antwort ist richtig.

62) Welche Reihe sortiert die jeweiligen Datenmengen in aufsteigender Folge?

A. Byte, Kilobyte, Gigabyte, Megabyte
B. Byte, Bit, Kilobyte, Megabyte
C. Kilobyte, Terabyte, Megabyte, Gigabyte
D. Byte, Kilobyte, Megabyte, Gigabyte
E. Keine Antwort ist richtig.

63) Welche ist eine funktionstüchtige E-Mail-Adresse?

A. kontakt@ausbildungspark
B. kontakt@ausbildungspark,com
C. kontakt.ausbildungspark.@
D. kontakt@ausbildungspark.com
E. Keine Antwort ist richtig.

64) Wer viel Spam erhält, der …?

A. freut sich, dass seine Homepage so gelobt wird.
B. ärgert sich über die unerwünschten E-Mails.
C. hat zahlreiche neue Bestellungen, die bearbeitet werden müssen.
D. hat Inhalte veröffentlicht, die im Internet stark verbreitet werden.
E. Keine Antwort ist richtig.

65) Was ist ein Motherboard?

A. Die Schnittstelle zu einem Server
B. Der Sockel zum Einsetzen der Grafikkarte
C. Die Hauptplatine zur Unterbringung der Komponenten
D. Ein Computergehäuse
E. Keine Antwort ist richtig.

66) Ahmt eine Website das Aussehen einer anderen Seite nach, um Zugangs- oder andere Daten in Erfahrung zu bringen, nennt man das …?

A. „Phishing".
B. „Pulling".
C. „Stalking".
D. „Hitchhiking".
E. Keine Antwort ist richtig.

67) Welche Aussage zur Firewall ist richtig?

A. Eine Firewall ist ein Programm, das Schutz vor unberechtigtem Zugriff aus dem Internet bietet.
B. Eine Firewall kann nur zwischen zwei WAN-Netzwerken („Wide Area Networks") geschaltet werden.
C. Eine Firewall muss zwischen ein LAN- („Local Area Network") und ein WAN-Netzwerk („Wide Area Network") geschaltet werden.
D. Eine Firewall kann nur zwischen zwei LAN-Netzwerken („Local Area Networks") geschaltet werden.
E. Keine Antwort ist richtig.

68) Was ist ein LAN?

A. Ein Rechnernetz
B. Ein Internetprotokoll
C. Ein Glasfaserkabel
D. Ein Kupferkabel mit Texasstecker
E. Keine Antwort ist richtig.

69) Welche Aussage zur IP-Adresse ist falsch?

A. Eine IP-Adresse dient der Identifikation in einem Netzwerk.
B. Eine IP-Adresse besteht aus Zahlen und Punkten bzw. Zahlen, Buchstaben und Doppelpunkten.
C. Eine IP-Adresse könnte lauten: 162.22.106.80
D. Die IP-Adresse ist ein 30 Bit langes Datenwort.
E. Keine Antwort ist richtig.

70) Wer auf „Cloud Computing" setzt, der …?

A. sichert sämtliche wichtigen Daten in einer zentralen Speichereinheit.
B. interessiert sich für Designer-PCs.
C. greift über das Internet auf Daten und Anwendungen zu.
D. eröffnet einen Online-Shop.
E. Keine Antwort ist richtig.

Lösungen: Allgemeinwissen

1) A	25) Italien	49) B
2) A	26) Kroatien	50) D
3) A	27) Bulgarien	51) C
4) B	28) Österreich	52) A
5) D	29) Tschechien	53) B
6) B	30) Polen	54) D
7) B	31) B	55) D
8) A	32) B	56) C
9) C	33) A	57) B
10) A	34) C	58) B
11) B	35) A	59) C
12) B	36) B	60) C
13) C	37) D	61) B
14) D	38) C	62) D
15) D	39) D	63) D
16) D	40) B	64) B
17) D	41) A	65) C
18) B	42) C	66) A
19) C	43) C	67) A
20) C	44) C	68) A
21) Deutschland	45) B	69) D
22) Niederlande	46) A	70) C
23) Schweiz	47) D	
24) Frankreich	48) D	

Politik und Gesellschaft (Aufgaben 1–10)

Zu 1) A. Israel

Abgebildet ist die Nationalflagge Israels. Auf weißem Grund liegt in der Mitte der blaue Davidstern, ein traditionelles Symbol des Judentums. Oben und unten verlaufen zwei waagerechte blaue Streifen.

Zu 2) A. Die Unabhängigkeit von Legislative, Exekutive und Judikative

„Gewaltenteilung" bezeichnet das Prinzip, die Staatsgewalt auf mehrere Staatsorgane zu verteilen, um ihre Macht zu begrenzen und dadurch Freiheit und Gerechtigkeit zu sichern. Man unterscheidet drei Gewalten: die Gesetzgebung (Legislative), die ausführende Gewalt (Exekutive) und die Rechtsprechung (Judikative).

Zu 3) A. Europäische Union

Der Vertrag von Maastricht heißt offiziell „Vertrag über die Europäische Union". Der Gründungsvertrag der EU wurde 1992 verabschiedet und schuf einen übergeordneten Verbund für die existierenden Vereinbarungen im Rahmen der Europäischen Gemeinschaften. Die EU fußt auf einer gemeinsam koordinierten Agrar-, Wirtschafts-, Bildungs- und Sozialpolitik sowie gemeinsamem Verbraucherschutz, beinhaltet eine gemeinsame Außen- und Sicherheitspolitik und entwickelt die polizeiliche und justizielle Zusammenarbeit ihrer Mitgliedsstaaten.

Zu 4) B. Völkerbund

Als Vorläuferorganisation der Vereinten Nationen gilt der Völkerbund, der von 1920 bis 1940 existierte. Er hatte jedoch kaum Einfluss auf die großen Konflikte jener Zeit – darunter der Ruhrkonflikt, die Sudetenkrise, der Spanische Bürgerkrieg, Japans Überfall auf China, Italiens Feldzug in Abessinien, schließlich der Ausbruch des Zweiten Weltkriegs.

Zu 5) D. Irland

Der Langname des Vereinigten Königreichs lautet „Vereinigtes Königreich Großbritannien und Nordirland" („United Kingdom of Great Britain and Northern Ireland"). Dazu zählen alle Teile der britischen Insel – Schottland, Wales, England – und Nordirland, jedoch nicht Irland.

Zu 6) B. Ungarn

Ungarn ist seit 1999 Mitglied der NATO. Österreich darf nach dem Staatsvertrag von 1955 keinem Militärbündnis beitreten, und die Schweiz verschreibt sich konsequent einer außenpolitischen Neutralität.

Zu 7) B. Interessengruppen versuchen, Einfluss auf die Politik zu nehmen.

„Lobbyismus" nennt man es, wenn eine Interessengruppe (die Lobby) über persönliche Kontakte Einfluss auf Politik, Medien und Justiz nehmen will, um ihre Ziele zu verfolgen. Die Vertreter einer Lobby (die Lobbyisten) versuchen zum Beispiel, Beziehungen zu Parlamentsangehörigen oder Pressevertretern aufzubauen oder selbst in Schlüsselpositionen zu gelangen.

Zu 8) A. Reduzierung der Emission von Treibhausgasen

Das Kyoto-Protokoll wurde 1997 auf der Klimaschutz-Konferenz im japanischen Kyoto verabschiedet, trat 2005 in Kraft und läuft bis 2020. Es legte zum ersten Mal überhaupt völkerrechtlich verbindliche Emissionsziele fest, die bestimmen, wie hoch der Ausstoß der Treibhausgase in den Industrieländern jeweils sein darf.

Zu 9) C. Beim Grenzverkehr innerhalb der EU gibt es keine Zollkontrollen mehr.

Die EU-Mitgliedsstaaten bilden seit 1993 eine Zollunion, das heißt eine Freihandelszone, in der beim Grenzverkehr zwischen den Mitgliedsländern keine Binnenzölle mehr erhoben werden. Dadurch entfielen die Zollkontrollen.

Zu 10) A. Zusammenschluss von Abgeordneten

„Fraktion", „Parlamentsklub" oder kurz „Klub" nennt man einen freiwilligen Zusammenschluss von Abgeordneten zur Durchsetzung ihrer politischen Interessen und Ziele im Parlament. In der Regel bildet jede Partei eine Fraktion.

Wirtschaft und Gesellschaft (Aufgaben 11–20)

Zu 11) B. Saldo

Die Differenz von Soll und Haben heißt Saldo. Ein Skonto ist ein Preisnachlass, den ein Käufer erhält, wenn er den Rechnungsbetrag innerhalb einer bestimmten Frist zahlt. „Storno" steht für das Rückgängigmachen einer Kontobuchung oder die Rückabwicklung eines Vertrags. Den Ausdruck „Giro" kennt man unter anderem vom Girokonto – einem Konto, über das der (bargeldlose) Zahlungsverkehr abgewickelt wird.

Zu 12) B. Anstieg des Preisniveaus

„Inflation" nennt man eine Geldentwertung: Das Austauschverhältnis von Geld zu allen anderen Gütern verändert sich zulasten des Geldes. Zur Berechnung der Inflationsrate können unterschiedliche Preisindizes herangezogen werden; das Statistische Bundesamt der Bundesrepublik nutzt den Lebenshaltungsindex für

Haushalte: Anhand eines festgelegten Warenkorbs bestimmt man die Entwicklung der Lebenshaltungskosten und dadurch die Inflationsrate.

Zu 13) C. Zusammenschluss von Unternehmen

Eine Fusion ist ein Zusammenschluss von Unternehmen und somit eine mögliche Ursache einer Marktkonzentration. Ursprünglich bezeichnete man so nur den rechtlichen Tatbestand einer Verschmelzung zweier Unternehmen. Im heutigen Sprachgebrauch bezieht sich der Begriff aber auf jeden Zusammenschluss zweier etwa gleichwertiger Unternehmen, unabhängig von der rechtlichen Ausgestaltung. Mittlerweile hat sich auch im deutschsprachigen Raum die englische Bezeichnung „Mergers & Acquisitions" („Zusammenschlüsse und Übernahmen"), kurz „M&A", eingebürgert. Fusionen können die Folgen feindlicher und freundlicher Übernahmen sein.

Zu 14) D. Finanzielle Unterstützungen des Staates für Unternehmen

Subventionen sind finanzielle Vorteile, die ein Staat bestimmten Branchen oder Unternehmen gewährt. In Form direkter Subventionen kann der Staat Zuschüsse, günstige Kredite, Bürgschaften oder Förderungskapital vergeben. An indirekten Subventionen zu nennen sind Steuererlasse, Zollbefreiungen, Rückvergütungen, Erstattungen sowie der Verzicht auf Abgaben und sonstige Verbindlichkeiten.

Zu 15) D. US-amerikanischer Aktienindex

Der in Europa als „Dow-Jones-Index" bekannte Aktienindex heißt eigentlich „Dow Jones Industrial Average" (DJIA). Er ist einer von mehreren Aktienindizes, die von den Gründern des Wall Street Journals und des Dow Jones-Verlagshauses geschaffen wurden. Der Dow-Jones-Index, erstmals veröffentlicht im Jahr 1896, ist nach dem „Dow Jones Transportation Average" der älteste noch bestehende Aktienindex der USA. Als Leitindex der New York Stock Exchange repräsentiert er heute die Anleihen der 30 größten US-Unternehmen.

Zu 16) D. Forderungen, die in einer Fremdwährung bestehen

Devisen sind Forderungen, die in einer Fremdwährung bestehen. Dazu zählen beispielsweise ausländische Konten, Wertpapiere und Banknoten.

Zu 17) D. Konjunktur

Das Auf und Ab der wirtschaftlichen Aktivität, das sich in einer Volkswirtschaft über mehrere Jahre als wiederkehrendes Grundmuster abzeichnet, nennt man „Konjunktur". Den Gesamtverlauf unterteilt man in die Konjunkturzyklen Expansion (Aufschwung), Boom (Hochkonjunktur), Rezession (Abschwung) und Depression (Tiefphase).

Zu 18) B. Das Auslandsvermögen bzw. die Forderungen gegenüber dem Ausland steigen.

Wenn ein Land ständig einen Exportüberschuss verzeichnet, d.h. mehr exportiert als importiert, kommt es zu einem Anstieg des Auslandsvermögens oder der Auslandsforderungen: Die exportierten Waren und Dienstleistungen müssen vom Ausland bezahlt werden. Dies kann durch die Einräumung von Krediten oder den Kauf von Produktionsstätten im Ausland geschehen, der dort die erforderlichen Zahlungsmittel freisetzt.

Zu 19) C. Der Schwede

Der Euro ist offizielles Zahlungsmittel in 19 der 27 EU-Staaten (Stand 2020). Dazu zählen Belgien, Deutschland, Estland, Finnland, Frankreich, Griechenland, Irland, Italien, Lettland, Litauen, Luxemburg, Malta, die Niederlande, Österreich, Portugal, die Slowakei, Slowenien, Spanien und Zypern – aber nicht Schweden. In einer Volksbefragung sprach sich 2003 eine Mehrheit der Schweden gegen den Euro aus, die Einführung der Gemeinschaftswährung liegt hier seitdem auf Eis.

Zu 20) C. Eigenkapitalvorschriften für Kredit- und Finanzdienstleistungsinstitute

„Basel III" bezeichnet die vom Basler Ausschuss für Bankenaufsicht erarbeiteten Kapital- und Liquiditätsvorschriften, die seit 2013 in den Mitgliedsstaaten der Europäischen Union für alle Kreditinstitute und Finanzdienstleistungsinstitute gelten. Geregelt wird unter anderem eine bessere Absicherung von Kreditrisiken: Kreditinstitute müssen bei der Kreditvergabe höhere Eigenmittel hinterlegen. Außerdem soll der Finanzsektor im Krisenfall künftig mehr Liquidität (Kapitalmittel) bereitstellen können, um Engpässe zu verhindern.

Geografie (Aufgaben 21–30)

Zu 21) Deutschland

Das europäische Land zur Zahl 1 heißt Deutschland. Nach der Vereinigung von Bundesrepublik Deutschland und Deutscher Demokratischer Republik 1990 wurde Deutschland mit mehr als 80 Millionen Einwohnern zum bevölkerungsreichsten EU-Mitgliedsstaat. Das Land mit der Hauptstadt Berlin weist darüber hinaus die stärkste Wirtschaftsleistung aller europäischen Staaten auf.

Zu 22) Niederlande

Die Zahl 2 kennzeichnet die Niederlande. Die Hauptstadt des über 17 Millionen Einwohner zählenden EU-Gründungsmitglieds ist Amsterdam, Regierungssitz ist jedoch das 50 Kilometer entfernte Den Haag. Zum Staatsgebiet des „Königreichs der Niederlande" (so der vollständige offizielle Name) gehören neben dem europäischen Territorium auch einige karibische Inseln.

Zu 23) Schweiz

Das europäische Land zur Zahl 3 heißt Schweiz, international oft auch mit CH („confoederatio helvetica") abgekürzt. Für den Alpenstaat mit gut 8 Millionen Einwohnern ist neben dem Maschinenbau, der Pharma-, Chemie- und Nahrungsmittelindustrie sowie dem Bankenwesen vor allem der Tourismus volkswirtschaftlich bedeutend. Außenpolitisch verpflichtet sich die Schweiz konsequent zur Neutralität in Konflikten und Kriegen. Ihre Hauptstadt ist Bern.

Zu 24) Frankreich

Frankreich, das mit der Zahl 4 gekennzeichnete Land, wird zentralistisch von der Hauptstadt Paris aus verwaltet und hat mit über 65 Millionen Einwohnern die zweitgrößte Bevölkerung der EU. Das Land ist landschaftlich vielfältig: Im Süden des Landes liegen die Pyrenäen und das Mittelmeer, im Westen und Nordwesten der Atlantik, im Osten die Alpen.

Zu 25) Italien

Italien, das europäische Land zur Zahl 5, liegt zum Großteil auf einer vom Mittelmeer umschlossenen Halbinsel, durch die sich das Apennin-Gebirge zieht. Zudem gehören einige Mittelmeerinseln – darunter Sizilien und Sardinien – zu Italien. Hauptstadt des EU-Mitgliedsstaats, in dem über 60 Millionen Menschen leben, ist Rom.

Zu 26) Kroatien

Das europäische Land zur Zahl 6 heißt Kroatien. Kroatien ging aus dem ehemaligen Jugoslawien hervor, von dem es 1991 seine Unabhängigkeit erklärte. Seit 2013 ist das Land EU-Mitglied. Es zählt gut 4 Millionen Einwohner, die Hauptstadt ist Zagreb.

Zu 27) Bulgarien

Das mit der Zahl 7 gekennzeichnete europäische Land ist Bulgarien, eine südosteuropäische Republik an der Westküste des Schwarzen Meeres mit gut 7 Millionen Einwohnern. Der ehemalige Ostblockstaat mit der Hauptstadt Sofia ist mittlerweile EU- und NATO-Mitglied.

Zu 28) Österreich

Das mit der Zahl 8 gekennzeichnete Land ist Österreich, ein mitteleuropäischer Binnenstaat mit rund 8,9 Millionen Einwohnern. Er liegt größtenteils in den Ostalpen und wird häufig auch als „Alpenrepublik" bezeichnet. Österreich ist ein wichtiges Transitland für den Verkehr zwischen Nord- und Südosteuropa. Die Hauptstadt des EU-Mitgliedslandes ist Wien.

Zu 29) Tschechien

Das europäische Land zur Zahl 9 heißt Tschechien (10,6 Millionen Einwohner). Die Tschechische Republik entstand 1993 als eine Nachfolgerepublik der Tschechoslowakei, wobei Prag die Hauptstadt blieb. Mittlerweile ist Tschechien EU-Mitglied.

Zu 30) Polen

Die Zahl 10 kennzeichnet das europäische Land Polen. Die Hauptstadt des 38-Millionen-Einwohner-Staates ist Warschau im östlichen Zentrum des Landes. Polen ist seit 2004 EU-Mitglied und hat entlang der Flüsse Oder und Neiße eine 467 Kilometer lange Grenze zu Deutschland.

Interkulturelles Wissen (Aufgaben 31–40)

Zu 31) B. Asien

Asien (rund 4,5 Mrd. Einwohner) ist richtig – immerhin befinden sich hier mit China (1,4 Mrd.) und Indien (1,3 Mrd.) die bevölkerungsreichsten Länder der Erde. Auf Rang 2 liegt Afrika mit über 1,2 Milliarden Menschen, gefolgt von Europa (740 Mio.), Nordamerika (580 Mio.), Südamerika (420 Mio.) und zu guter Letzt Australien/Ozeanien (40 Mio.).

Zu 32) B. Ein Ganzkörperschleier muslimischer Frauen

Die Burka ist ein Stofftuch, das den Körper nahezu vollständig verdeckt. Solche Ganzkörperschleier werden von muslimischen Frauen vor allem in Afghanistan, Pakistan und Teilen Indiens getragen. In der hiesigen Öffentlichkeit wird das Tragen der Burka kontrovers diskutiert; Kritiker sehen darin ein Symbol für die Unterdrückung der Frau.

Zu 33) A. ins Nirwana.

Das Ziel eines Buddhisten ist das Nirwana – ein unbeschreibbarer Zustand nach dem Austritt aus dem Kreislauf von Werden und Vergehen. Im Nirwana sind der religiösen Lehre nach alle mit dem Dasein verbundenen Wünsche und Vorstellungen überwunden (Ich-Sucht, Gier ...). Der Himalaya ist das höchste Gebirge der Welt, Sanskrit eine altindische Sprache und Gondwana heißt ein Großkontinent, der vor 250–300 Millionen Jahren einen Großteil der Landmasse der Erde umfasste.

Zu 34) C. einen griechischen Volkstanz.

Wer von „Sirtaki" spricht, meint damit einen griechischen Volkstanz – allerdings zu Unrecht: Der Sirtaki ist nicht in der griechischen Kultur verwurzelt, sondern wurde 1960 eigens für den Film „Alexis Sorbas" mit Anthony Quinn erfunden.

Zu 35) A. der islamische Fastenmonat.

Der Ramadan ist der islamische Fastenmonat. Während der Fastenzeit essen und trinken gläubige Muslime nur von Sonnenuntergang bis Sonnenaufgang.

Zu 36) B. Wichtige religiöse Texte des Judentums

Die Tora (auch „Thora") ist der erste Teil der hebräischen Bibel, der wichtigsten religiösen Schrift des Judentums. Sie besteht aus den fünf Büchern Mose. Oft meint man mit dem Begriff auch die Torarolle, eine handgeschriebene Pergamentrolle mit dem Text der Tora, aus der in jüdischen Gottesdiensten gelesen wird.

Zu 37) D. Sari.

Die Rede ist vom Sari, einem traditionellen Frauengewand, das in Indien, Sri Lanka, Bangladesch, Nepal und Teilen Pakistans bis heute alltäglich ist. Saris bestehen aus einer meist fünf bis sechs Meter langen, raffiniert um den Körper gewickelten Stoffbahn. Die Antworten A und C bezeichnen Kopfbedeckungen: Die Kippa wird von männlichen Juden getragen, der Fes war früher vor allem im Orient und auf dem Balkan gängig. Der Kaftan, ein knie- bis knöchellanges Woll- oder Seidenhemd, war einst im Osmanischen Reich und unter osteuropäischen Juden verbreitet. Heute schätzt man ihn noch in Zentralasien.

Zu 38) C. Frankreichs.

„Freiheit, Gleichheit, Brüderlichkeit" (französisch: „Liberté, Égalité, Fraternité") wurde im Nachhinein zur Parole der Französischen Revolution von 1789 erklärt und nach dem Zweiten Weltkrieg in die Verfassung aufgenommen. Als Teil des nationalen französischen Erbes ist der Wahlspruch heute auf vielen öffentlichen Gebäuden, auf Münzen und Briefmarken zu finden.

Zu 39) D. in Nordafrika.

„Maghreb" (arabisch für „Westen") bezeichnet den westlichen Teil des Verbreitungsgebiets des Islam. Der Maghreb umfasst die nordafrikanischen Länder Marokko, Tunesien und Algerien, teilweise auch Libyen und Mauretanien.

Zu 40) B. Türkei

Die türkische Verfassung schreibt eine strenge Trennung von Religion und Staat vor, die jedoch faktisch als staatliche Kontrolle über die Religion ausgeübt wird, indem islamische Rechtsgelehrte, Vorbeter etc. vom Staat ausgebildet werden. Grundsätzlich gilt Glaubensfreiheit für das Individuum, die privilegierte Religion ist jedoch der sunnitische Staatsislam. Das deutsche Grundgesetz garantiert zwar Religionsfreiheit, formuliert aber ein eher partnerschaftliches Verhältnis von Staat und (christlichen) Kirchen. In der Schweiz wird diese Beziehung je nach Kanton unterschiedlich ausgestaltet, die Verfassung setzt sich ein religiöses Bekenntnis „im Namen Gottes des Allmächtigen" voran. Die Islamische Republik Iran schließlich steht politisch und gesellschaftlich auf einem religiösen Fundament.

Persönlichkeiten, Erfindungen, Entdeckungen (Aufgaben 41–50)

Zu 41) A. Buchdruck mit beweglichen Lettern

Johannes Gensfleisch (um 1400–1468), genannt Gutenberg, entwickelte den Buchdruck mit beweglichen Metall-Lettern. Sicher ist, dass er diese Technik in Europa als erster in einem funktionierenden Gesamtsystem umsetzen konnte. Ob ihm dieser Verdienst auch auf globaler Ebene gebührt, ist jedoch fraglich, da entsprechende koreanische Drucke bereits auf das 14. Jh. datiert werden.

Zu 42) C. Wladimir Putin

Das Foto zeigt den Politiker Wladimir Wladimirowitsch Putin. Putin wurde 1952 in Leningrad (dem heutigen Sankt Petersburg) geboren und ist seit 2012 erneut Präsident der Russischen Föderation, nachdem er das Amt bereits von 2000 bis 2008 bekleidet hatte. Von 1999 bis 2000 sowie von Mai 2008 bis Mai 2012 war Putin russischer Ministerpräsident.

Zu 43) C. den Papst im Vatikan.

Die Schweizergarde ist für den Schutz des Papstes verantwortlich. Sie sichert den apostolischen Palast, die Zugänge zur Vatikanstadt sowie den Eingang des Castel Gandolfo (Sommerresidenz des Papstes). Ausgehoben wurde die Garde 1506 unter eidgenössischen Söldnern; noch heute dürfen in ihr ausschließlich Schweizer Staatsbürger Dienst tun.

Zu 44) C. Michail Gorbatschow

Als Generalsekretär des Zentralkomitees der Kommunistischen Partei der Sowjetunion initiierte Michail Gorbatschow unter den Schlagworten „Glasnost" („Öffnung") und „Perestroika" („Umbau") Mitte der 1980er-Jahre breit angelegte Reformen, um die sowjetische Politik, Wirtschaft und Gesellschaft grundlegend zu modernisieren. Die Reformen konnten den Verfall der Sowjetunion jedoch nicht aufhalten, zum Teil beschleunigten sie ihn sogar. Die UdSSR hörte 1991 auf zu existieren.

Zu 45) B. 1492

Am 12. Oktober 1492 erreichten die Schiffe des Christoph Kolumbus Amerika. Kolumbus ging zuerst auf einer Insel der Bahamas an Land, die er „San Salvador" taufte. Wie heute bekannt ist, wurde der amerikanische Kontinent schon rund 500 Jahre vor Kolumbus von Leif Eriksson oder anderen Isländern entdeckt. Dennoch gilt Kolumbus bis heute als Entdecker Amerikas, da erst seine Reisen zur dauerhaften Kolonisierung und Besiedlung durch Menschen anderer Kontinente führten. Da dies mit einer zum Teil äußerst gewaltsamen Verdrängung der Ureinwohner einherging, wird die historische Rolle des Kolumbus bis heute kontrovers diskutiert.

Zu 46) A. Juri Gagarin

Juri Gagarin war ein sowjetischer Kosmonaut und der erste Mensch im Weltall. Am 12. April 1961 umrundete er mit dem Raumschiff „Wostok 1" in 108 Minuten ein Mal komplett die Erde.

Zu 47) D. Ludwig van Beethoven

Ludwig van Beethoven (1770–1827) litt seit seinem 30. Lebensjahr unter zunehmender Schwerhörigkeit und war im Alter von 49 Jahren vollständig ertaubt. Trotzdem komponierte er weiter und schuf z. B. die Messe in D-Dur „Missa Solemnis".

Zu 48) D. Charles Robert Darwin

Charles Robert Darwin (1809–1882) gilt wegen seiner Beiträge zur Evolutionstheorie als einer der bedeutendsten Naturwissenschaftler. Inspiriert von den Erkenntnissen einer Forschungsreise auf dem Vermessungsschiff „Beagle" entwarf er 1838 die Theorie der Anpassung an den Lebensraum durch Variation und natürliche Selektion: So erklärte er die evolutionäre Entwicklung aller Organismen und ihre Aufspaltung in verschiedene Arten. In seinem 1859 veröffentlichten Hauptwerk „Die Entstehung der Arten" präsentierte er seine Theorie zum ersten Mal einer breiteren Öffentlichkeit. Seine streng naturwissenschaftliche Erklärung der Artenvielfalt bildet die Grundlage der modernen Evolutionstheorie und markiert den entscheidenden Wendepunkt in der Geschichte der modernen Biologie.

Zu 49) B. Roald Amundsen

Roald Amundsen (1872–1928) erreichte am 14. Dezember 1911 als erster Mensch mit den vier Begleitern seiner Expedition den Südpol. Damit kam er seinem britischen Rivalen Robert F. Scott um 35 Tage zuvor.

Zu 50) D. dass sich die Erde um die Sonne dreht.

Nikolaus Kopernikus (1473–1543) kritisierte das seit der Antike gültige, von der Kirche vertretene geozentrische Weltbild, wonach die Erde den Mittelpunkt des Weltalls bildet, umkreist von der Sonne und den anderen Planeten. Stattdessen vertrat er die Ansicht, die Erde bewege sich mitsamt den übrigen Planeten um die Sonne. Dieses Modell bezeichnet man als heliozentrisches oder auch „kopernikanisches" Weltbild.

Naturwissenschaften (Aufgaben 51–60)

Zu 51) C. Mit den Kiemen

Über die Kiemenspalten im Vorderdarm können Fische den im Wasser gelösten Sauerstoff aufnehmen (Kiemenatmung). Auch manche Landlebewesen haben Kiemen, beispielsweise Würmer, Krebse, Amphibienlarven, Muscheln oder Schnecken. Bei Würmern und Krebsen sitzen die Kiemen an ihren Extremitäten, bei manchen Muscheln und Wasserschnecken in einer „Mantelhöhle" genannten Hautfalte.

Zu 52) A. Etwa 5 Prozent

Eine nicht energiesparende Glühlampe setzt nur etwa 5 Prozent der zugeführten elektrischen Leistung in sichtbares Licht um. Der Rest wird in Wärmestrahlung umgewandelt. Die Lichtausbeute bei Energiesparlampen (kompakte Leuchtstofflampen) liegt bei etwa 25 Prozent.

Zu 53) B. Abwehr von Krankheitserregern

Weiße Blutkörperchen (Leukozyten) sind Teil der Immunabwehr und finden sich im Blut, im Rücken- und Knochenmark und in anderen Gewebeteilen. Ihre Hauptaufgabe liegt in der Abwehr von Krankheitserregern.

Zu 54) D. Der Becher taucht bis zur Hälfte ein.

Ein schwimmfähiger Körper taucht so weit ins Wasser, bis die Masse des verdrängten Wassers seiner eigenen Masse entspricht. Wie groß ist nun die Masse des halbgefüllten Plastikbechers? Etwa so groß wie die des Wassers darin, denn das leichte Plastik fällt kaum ins Gewicht. Der Becher verdrängt folglich so viel Wasser, wie er beinhaltet, und sinkt bis zur Hälfte ein.

Zu 55) D. eine Kontraktion des Zwerchfells.

Der Schluckauf ist eine ruckartige Kontraktion des Zwerchfells. Bei Ungeborenen, Babys und Kleinkindern schützt der Reflex die Atemwege vor eindringender Flüssigkeit. Bei Jugendlichen und Erwachsenen wird er oft durch hastiges, scharfes, kaltes oder heißes Essen ausgelöst; er kann aber auch krankheitsbedingte Ursachen haben.

Zu 56) C. Stickstoff

Stickstoff treibt die Pflanzenentwicklung an und gilt als wichtigste Düngerform.

Zu 57) B. Ja, er pflanzt sich in warmer Luft schneller fort als bei Kälte.

Die Schallgeschwindigkeit ist tatsächlich nicht immer gleich. Bei sommerlichen 30 °C kommt der Schall mit rund 349,2 Metern pro Sekunde voran, bei Temperaturen um den Gefrierpunkt beträgt seine Geschwindigkeit nur noch 331,5 Meter pro Sekunde.

Zu 58) B. Elektrisch geladene Atome oder Moleküle

Atome oder Moleküle besitzen im neutralen Zustand genauso viele Protonen wie Elektronen. Verliert oder gewinnt nun ein Atom bzw. Molekül ein oder mehrere Elektronen gegenüber dem Normalzustand, entsteht eine elektrische Ladung und somit ein Ion: Bei Elektronenmangel ist dieses Ion positiv, bei Elektronenüberschuss negativ geladen.

Zu 59) C. In kleine Geweberisse eindringendes Wasser

Früher nahm man an, der Muskelkater entstehe durch schlechte Sauerstoffversorgung und daraus resultierende Übersäuerung. Heute herrscht eine andere Ansicht vor: Bei Überbelastung können im Muskelgewebe kleine Risse auftreten, in die nach und nach Wasser einsickert, wodurch das Gewebe schmerzhaft gedehnt wird.

Zu 60) C. Wasser und Kohlendioxid in Sauerstoff und Glucose umgewandelt.

Die vereinfachte formale Gleichung der Fotosynthese lautet:

$6\ CO_2 + 6\ H_2O + \text{Lichtenergie}$
$\rightarrow C_6H_{12}O_6 + 6\ O_2$

Aus Kohlen(stoff)dioxid und Wasser entstehen durch die Einwirkung von Lichtenergie Glucose und Sauerstoff.

PC und Internet (Aufgaben 61–70)

Zu 61) B. Menüleiste des Webbrowsers

Interessante Internet-Adressen lassen sich im Webbrowser als Favoriten oder Lesezeichen (engl. „bookmarks") speichern, um sie bei Bedarf schnell wiederzufinden.

Zu 62) D. Byte, Kilobyte, Megabyte, Gigabyte

Acht Bit ergeben ein Byte, 1.000 Byte ein Kilobyte, 1.000 Kilobyte ein Megabyte und 1.000 Megabyte ein Gigabyte; es folgen Terabyte, Petabyte und Exabyte. Die Einheiten sind aber (noch) nicht endgültig standardisiert; parallel zur genannten gibt es auch die binäre Zählweise: Hier entspricht ein Kilobyte $2^{10} = 1.024$ Byte, ein Gigabyte 1.024 Kilobyte usw. An der abgefragten Reihenfolge ändert sich dadurch nichts.

Zu 63) D. kontakt@ausbildungspark.com

Eine E-Mail-Adresse zum Datenversand per SMTP besteht aus zwei Teilen: einem lokalen Teil vor dem @-Zeichen und einem globalen Teil (der Domain) dahinter. Bei „kontakt@ ausbildungspark.com" ist „ausbildungspark.com" die Domain und „kontakt" der lokale Teil. Der lokale

Teil darf aus Buchstaben, Zahlen und einigen weiteren Zeichen bestehen. Der globale Teil enthält die Top-Level-Domain (in Österreich „.at") und davor weitere Zeichen, für die je nach Top-Level-Domain verschiedene Regeln gelten – in Österreich müssen es 1 bis 63 Zeichen sein. Jede E-Mail-Adresse darf weltweit nur ein einziges Mal vergeben werden.

Zu 64) B. ärgert sich über die unerwünschten E-Mails.

Als „Spam" bezeichnet man unerwünschte Mails meist werblicher Art. Viele Anbieter von E-Mail-Diensten bieten kostenlose Spam-Filter an, die einen Großteil der unverlangten Botschaften „aussieben". Ursprünglich war „Spam" ein Markenname für englisches Dosenfleisch, bekannt geworden durch einen Sketch der Comedygruppe „Monty Python", in dem die Speisekarte eines Restaurants ausschließlich aus Spam besteht.

Zu 65) C. Die Hauptplatine zur Unterbringung der Komponenten

„Motherboard", „Mainboard" oder „Systemplatine" nennt man die Hauptplatine eines Computers, auf der sich in der Regel folgende Systemkomponenten befinden: die CPU, der PCI-Bus mit den Slots für die Erweiterungskarten, die Steckplätze für den Arbeitsspeicher, verschiedene Schnittstellen, der Cache, die Echtzeituhr, BIOS-ROM und CMOS-RAM, die verschiedenen Controller und der Tastatur-Prozessor. Die Konzeption des Mainboards beeinflusst systemrelevante Parameter wie die Systemleistung, die Zukunftssicherheit und die Kompatibilität zu Systemkomponenten (Anschlüsse, Erweiterbarkeit).

Zu 66) A. „Phishing".

Mit dem Begriff „Phishing" bezeichnet man Versuche, über gefälschte Websites an fremde Daten zu gelangen. Dabei ahmen Kriminelle beispielsweise das Aussehen einer Bank-Website nach und fordern Benutzer mit betrügerischen E-Mails vermeintlich im Namen der Bank dazu auf, die entsprechende Seite zu besuchen und sensible Daten einzugeben.

Zu 67) A. Eine Firewall ist ein Programm, das Schutz vor unberechtigtem Zugriff aus dem Internet bietet.

Eine Firewall überwacht den Datenverkehr zwischen zwei Netzwerken. Anhand festgelegter Regeln entscheidet sie, welche Netzwerkpakete durchgelassen werden und welche nicht. So lassen sich private oder institutionelle Netze gegen ungewollte Zugriffe aus dem Internet sichern.

Zu 68) A. Ein Rechnernetz

Das „Local Area Network" (LAN) ist ein lokales Rechnernetz, das größer ist als ein „Personal Area Network" (PAN) und kleiner als ein „Metropolitan Area Network" (MAN). LANs erstrecken sich in der Regel über mehrere Räume, aber selten über ein Grundstück hinaus. Zum Aufbau lokaler Netzwerke gibt es verschiedene Technologien. Am verbreitetsten ist der Ethernet-Standard, der bestimmte Kabeltypen, Stecker, Signalisierungen und Protokolle festlegt.

Zu 69) D. Die IP-Adresse ist ein 30 Bit langes Datenwort.

In Computernetzen, die auf dem Internetprotokoll (IP) basieren, braucht man IP-Adressen, um Daten von einem Absender zum vorgesehenen Empfänger zu transportieren. Eine IP-Adresse wird in einem TCP/IP-Netzwerk einem Gerät – Drucker, Desktop-PC, Laptop etc. – zugewiesen. Der lange Jahre vorherrschende IPv4-Standard definiert eine IP-Adresse als 32 Bit langes Datenwort: in der bekanntesten Notation zusammengesetzt aus vier Zahlen zwischen 0 und 255, die durch einen Punkt getrennt sind. Rechnerisch lassen sich so knapp 4,3 Milliarden Adressen darstellen. Da dieser Vorrat in absehbarer Zeit erschöpft sein wird, hat man mittlerweile das IPv6-Verfahren eingeführt: Es erlaubt 128 Bit lange Adressen aus Zahlen und Buchstaben, getrennt durch Doppelpunkte.

Zu 70) C. greift über das Internet auf Daten und Anwendungen zu.

„Cloud Computing" (engl. „cloud" = „Wolke") steht für das Prinzip, Daten und Anwendungen in Netzstrukturen auszulagern, statt sie zentral vor Ort vorzuhalten (auf dem lokalen Rechner, im Rechenzentrum des Unternehmens). So können Nutzer ortsunabhängig via Internet auf die benötigten Dienste zugreifen. Ein weiterer Vorteil besteht in geringeren Kosten: Man zahlt nur für die tatsächliche Systemnutzung, lokale Ressourcen können eingespart werden. Kritiker bemängeln hauptsächlich die mangelnde Datensicherheit.

Mathematik

Grundrechenarten

Bearbeitungszeit 10 Minuten

Die folgenden Aufgaben sind ohne Taschenrechner zu lösen. Als Hilfsmittel sind Papier und Stift für Nebenrechnungen zugelassen.

Beantworten Sie bitte die folgenden Aufgaben, indem Sie jeweils den Lösungsbuchstaben des richtigen Ergebnisses markieren.

1) $20 \div 0{,}5 + 20 = ?$

A. 30
B. 40
C. 50
D. 60
E. Keine Antwort ist richtig.

2) $6 - (3 + 2) \times 3 = ?$

A. 3
B. 15
C. –9
D. –15
E. Keine Antwort ist richtig.

3) $8.648 + 9.576 + 978 = ?$

A. 18.304
B. 18.302
C. 19.202
D. 20.202
E. Keine Antwort ist richtig.

4) $827.614 - 794.852 = ?$

A. 31.762
B. 32.262
C. 32.762
D. 32.862
E. Keine Antwort ist richtig.

5) $194.256 - 86.257 = ?$

A. 106.999
B. 107.999
C. 108.989
D. 109.979
E. Keine Antwort ist richtig.

6) $325{,}25 \times 457{,}4 = ?$

A. 147.769,35
B. 148.769,15
C. 148.769,35
D. 149.769,35
E. Keine Antwort ist richtig.

7) 12.082 + 2.376 + 156 = ?

A. 14.304
B. 14.614
C. 15.202
D. 16.614
E. Keine Antwort ist richtig.

8) 94.584 ÷ 563 = ?

A. 142
B. 168
C. 172
D. 186
E. Keine Antwort ist richtig.

9) 12.156 × 5.234 = ?

A. 62.624.504
B. 63.614.504
C. 63.624.504
D. 63.623.502
E. Keine Antwort ist richtig.

10) (6 – (3 + 2)) × 3 = ?

A. 3
B. 15
C. –9
D. –15
E. Keine Antwort ist richtig.

Bruchrechnen

Bearbeitungszeit 10 Minuten

Beantworten Sie bitte die folgenden Aufgaben, indem Sie jeweils den Lösungsbuchstaben des richtigen Ergebnisses bestimmen.

11)	$\frac{10}{4}-\frac{4}{2}=?$	**A.** $\frac{6}{4}$	**B.** $\frac{1}{4}$	**C.** $\frac{6}{2}$	**D.** 0,5	**E.** Keine Antwort ist richtig.
12)	$\frac{10}{4}+\frac{4}{2}=?$	**A.** $\frac{14}{4}$	**B.** $\frac{14}{2}$	**C.** $\frac{18}{4}$	**D.** $\frac{14}{6}$	**E.** Keine Antwort ist richtig.
13)	$\frac{10}{4}\div\frac{4}{2}=?$	**A.** $\frac{40}{8}$	**B.** $\frac{2}{2}$	**C.** $\frac{5}{4}$	**D.** $\frac{2}{4}$	**E.** Keine Antwort ist richtig.
14)	$\frac{10}{4}\times\frac{4}{2}=?$	**A.** 2	**B.** 3	**C.** 4	**D.** 5	**E.** Keine Antwort ist richtig.
15)	$4\frac{8}{4}=?$	**A.** 4	**B.** 6	**C.** 8	**D.** 10	**E.** Keine Antwort ist richtig.
16)	$\frac{4}{8}\times 3=?$	**A.** $\frac{10}{8}$	**B.** $\frac{28}{8}$	**C.** $\frac{4}{24}$	**D.** $1\frac{1}{2}$	**E.** Keine Antwort ist richtig.
17)	$6\frac{2}{4}\times 2\frac{2}{4}=?$	**A.** $\frac{260}{4}$	**B.** 13	**C.** 16,25	**D.** 65	**E.** Keine Antwort ist richtig.
18)	$6\frac{2}{4}\div 2\frac{2}{4}=?$	**A.** $3\frac{2}{4}$	**B.** 2,6	**C.** $\frac{1}{4}$	**D.** 4	**E.** Keine Antwort ist richtig.
19)	$\frac{1}{3}-3+3\frac{2}{3}-1{,}5+9{,}5=?$	**A.** 8	**B.** 9	**C.** 10	**D.** 11	**E.** Keine Antwort ist richtig.
20)	$40\times\frac{1}{4}+\frac{2}{4}+1.029+0{,}5=?$	**A.** 1.020	**B.** 1.041	**C.** 1.051	**D.** 1.040	**E.** Keine Antwort ist richtig.

Kopfrechnen *Bearbeitungszeit 10 Minuten*

Bei dieser Aufgabe geht es darum, einfache Rechnungen im Kopf zu lösen.

Bitte benutzen Sie **keinen Taschenrechner** und machen Sie **keine schriftlichen Nebenrechnungen.** Die **Punkt-vor-Strich-Regel gilt hier nicht!**

Beantworten Sie bitte die folgenden Aufgaben, indem Sie jeweils die richtige Lösung eintragen.

21) $27 \div 3 + 18 \div 3 \times 2 + 118 - 30 \div 2 + 3 \div 7 \div 2 + 16 =$ ________

22) $30 \div 6 + 23 + 46 - 2 \div 8 \times 9 + 9 + 909 \div 3 =$ ________

23) $1.550 - 26 + 12 \div 3 \times 2 \div 4 - 156 - 20 \div 16 =$ ________

24) $13 - 5 \times 6 \div 4 \div 3 + 4 + 6 - 3 \times 2 + 17 \div 3 + 12 \div 5 + 6 \times 2 =$ ________

25) $57 - 12 \div 9 + 12 - 3 \div 2 - 3 \times 5 + 6 \div 2 \times 3 - 3 \div 6 =$ ________

26) $2 \times 2 + 2 \div 2 + 2 \times 2 - 2 + 22 \div 2 + 2 \times 2 - 2 \times 2 + 2 =$ ________

27) $2 \times 4 + 5 \times 6 - 8 \div 2 - 2 \div 3 + 4 \div 5 + 9 \times 3 + 5 - 7 \div 2 =$ ________

28) $4 + 8 \times 6 + 5 \div 7 + 6 \times 4 - 16 \div 4 + 12 \div 5 \times 4 + 3 - 7 \times 3 =$ ________

29) $14 \times 3 \div 6 \times 7 + 7 \div 8 + 9 \div 8 \times 7 + 9 \times 2 + 5 \div 3 =$ ________

30) $5 \times 5 + 3 \div 4 + 2 \times 2 - 3 \times 3 \div 9 + 9 \times 6 - 6 - 8 \div 7 =$ ________

31) $8 \times 8 - 8 \div 8 + 7 + 11 \div 5 \times 6 + 4 \div 2 + 1 \div 3 =$ ________

32) $9 \times 2 + 9 \div 3 \times 9 - 3 \div 6 + 15 \div 4 \times 5 + 11 \div 2 - 5 \div 6 + 78 \div 9 =$ ________

33) $84 + 14 \div 7 + 12 \div 2 \times 7 + 8 \div 3 - 5 \times 2 + 44 =$ ________

34) $24 + 17 \times 2 + 3 \div 5 + 4 \div 7 \times 2 + 19 \div 5 + 1 \times 8 + 7 =$ ________

35) $9 \times 4 \div 6 \times 3 + 4 - 3 \times 2 + 4 \div 6 \times 5 + 2 =$ ________

36) $18 + 4 \div 2 + 9 - 3 \times 4 - 2 \div 2 + 2 - 5 \div 5 \times 3 \div 2 =$ ________

37) $1 \times 2 + 3 \times 4 - 5 \times 2 + 15 \div 9 \times 10 - 11 \div 3 =$ ________

38) $9 \times 8 \div 6 - 5 \times 7 + 6 \div 5 + 9 \times 3 \div 2 - 1 =$ ________

39) $4 + 8 \times 3 \div 6 + 9 \div 5 + 6 - 5 \times 4 + 4 \div 5 \times 6 =$ ________

40) $3 \times 6 \div 9 + 3 \times 9 \div 3 \times 2 - 3 \times 2 \div 9 =$ ________

Rechenzeichen ergänzen *Bearbeitungszeit 10 Minuten*

Welche Rechenzeichen (+, –, ×, ÷) müssen in die Felder eingefügt werden, damit das jeweilige Endergebnis stimmt?

Bedenken Sie, dass dabei die Punkt-vor-Strich-Regel gilt.

Hierzu ein Beispiel

Aufgabe

1) 2 ____ 6 ____ 3 = 15

Antwort

1) 2 _×_ 6 _+_ 3 = 15

Es gibt nur eine Möglichkeit, die Aufgabe korrekt zu vervollständigen.

Beantworten Sie bitte die folgenden Aufgaben, indem Sie jeweils die richtigen Operatoren eintragen.

41) 7 ____ 2 ____ 3 = 1

42) 15 ____ 3 ____ 4 = 9

43) 2 ____ 8 ____ 7 = 9

44) 9 ____ 3 ____ 4 = 12

45) 6 ____ 4 ____ 5 = 19

46) 12 ____ 2 ____ 8 = 16

47) 3 ____ 6 ____ 2 = 9

48) 17 ____ 9 ____ 3 = 11

49) 11 ____ 6 ____ 2 = 8

50) 7 ____ 2 ____ 9 = 5

51) 2 ____ 3 ____ 2 = 12

52) 8 ____ 7 ____ 4 = 14

53) 9 ____ 3 ____ 5 = 8

54) 7 ____ 8 ____ 4 = 5

55) 1 ____ 4 ____ 4 = 17

56) 7 ____ 9 ____ 3 = 10

57) 8 ____ 2 ____ 1 = 7

58) 14 ____ 2 ____ 7 = 4

59) 18 ____ 3 ____ 2 = 4

60) 16 ____ 2 ____ 8 = 4

Gleichungen bilden *Bearbeitungszeit 2 Minuten*

Bei dieser Aufgabe geht es um Ihre rechnerische Sicherheit.

Erstellen Sie aus den vorgegebenen Zahlen – durch die Verwendung der Grundrechenarten (+, –, ×, ÷) – möglichst viele Gleichungen. Jede Zahl kann dafür beliebig oft verwendet werden, aber Vorsicht: Das Ergebnis darf ebenfalls nur aus den angegebenen Zahlen bestehen und muss natürlich korrekt sein.

Hierzu ein Beispiel

Aufgabe

1) Zahlenmenge: 1, 2, 3

$1 + 2 = 3$

$1 + 1 + 2 - 3 = 2 - 1$

$3 \times 2 - 3 = (3 + 3) \div 2$

Bitte bearbeiten Sie nun die Aufgaben: Bilden Sie aus den folgenden Zahlen so viele eigene Gleichungen wie möglich. Sie haben dafür **2 Minuten** Zeit.

61) Zahlenmenge: 2, 3, 4, 5, 7, 8, 10, 11, 16, 20

__________ = __________

__________ = __________

__________ = __________

__________ = __________

__________ = __________

__________ = __________

__________ = __________

__________ = __________

__________ = __________

=

=

=

=

=

=

=

=

=

=

=

=

=

=

=

=

=

=

=

=

Schätzaufgaben *Bearbeitungszeit 10 Minuten*

Bei dieser Aufgabe zählen Ihre Kopfrechenkünste. Einen Taschenrechner dürfen Sie hier daher nicht benutzen.

Sie müssen die Aufgaben nicht vollständig ausrechnen – geschicktes Schätzen genügt, um die richtigen Ergebnisse zu finden.

Beantworten Sie bitte die folgenden Aufgaben, indem Sie jeweils den richtigen Lösungsbuchstaben markieren.

62) $21 \times 21 = ?$

A. 438
B. 441
C. 432
D. 444
E. 447

63) $50 - 880 + 2.930,08 = ?$

A. 2.300
B. 2.200,8
C. 2.100,08
D. 2.400
E. 2.200

64) 86,6 % von 2.954 = ?

A. 2.864,93
B. 2.558,164
C. 2.798,34
D. 2.277,64
E. Keine Antwort ist richtig.

65) In welchem Bereich liegt das Ergebnis von: 8.576.725 – 4.392.124?

A. Zwischen 4.170.000 und 4.180.000
B. Zwischen 4.180.000 und 4.190.000
C. Zwischen 4.190.000 und 4.200.000
D. Zwischen 4.200.000 und 4.210.000
E. Zwischen 4.210.000 und 4.220.000

66) $7,872 \times 3,988 = ?$

A. 22,86
B. 32,125616
C. 31,393536
D. 23,1745345
E. Keine Antwort ist richtig.

67) $4{,}3^3 = ?$

A. 125,89
B. 84,388
C. 63,797
D. 79,507
E. Keine Antwort ist richtig.

68) In welchem Bereich liegt das Ergebnis von:
$4{,}1 \times 3{,}7$?

A. Zwischen 12,5 und 13
B. Zwischen 13 und 13,8
C. Zwischen 13,9 und 14,6
D. Zwischen 14,6 und 15,5
E. Zwischen 15,5 und 15,9

69) In welchem Bereich liegt das Ergebnis von:
$125 \div 35$?

A. Zwischen 2,8 und 3,1
B. Zwischen 3,1 und 3,4
C. Zwischen 3,4 und 3,7
D. Zwischen 3,7 und 4,0
E. Zwischen 4,0 und 4,3

70) In welchem Bereich liegt das Ergebnis von:
$3{,}9^2 \times 202$?

A. Zwischen 3.400 und 3.550
B. Zwischen 3.050 und 3.125
C. Zwischen 3.200 und 3.275
D. Zwischen 3.325 und 3.400
E. Zwischen 2.850 und 2.925

Dreisatz

Bearbeitungszeit 10 Minuten

Beantworten Sie bitte die folgenden Aufgaben, indem Sie jeweils den richtigen Lösungsbuchstaben markieren.

71) Für die Eingabe von Kundenaufträgen benötigen 4 Mitarbeiter 3 Stunden. Wie lange würde ein computergesteuerter Scanner, der viermal so schnell ist wie ein Mitarbeiter, für die gleiche Anzahl an Kundenaufträgen benötigen?

A. 2 h
B. 3 h
C. 4 h
D. 5 h
E. Keine Antwort ist richtig.

72) Herr Gruber möchte für einen Wochenendurlaub in England einen Betrag von 260 € in Pfund tauschen. Der Wechselkurs liegt bei 1 GBP = 1,30 €. Wie viel ausländisches Geld erhält Herr Gruber?

A. 160 GBP
B. 180 GBP
C. 200 GBP
D. 220 GBP
E. Keine Antwort ist richtig.

73) Herrn Grubers Lieferwagen verbraucht im Durchschnitt 10 l Benzin auf 100 km. Wie viel Benzin verbraucht Herr Gruber pro Monat, wenn er monatlich an 22 Werktagen jeweils 60 km unterwegs ist?

A. 85 l
B. 128 l
C. 132 l
D. 156 l
E. Keine Antwort ist richtig.

74) In einer Kantine wird von 120 Mitarbeitern in 5 Tagen 216 kg Obst verzehrt. Wie viel Kilogramm Obst würden im gleichen Zeitraum verbraucht, wenn die Belegschaft um 10 Personen größer wäre?

A. 222 kg
B. 230 kg
C. 234 kg
D. 242 kg
E. Keine Antwort ist richtig.

75) 12 Pferde fressen pro Woche 504 kg Heu. Wie viel Heu frisst ein Pferd in 30 Tagen?

A. 160 kg
B. 1.400 kg
C. 140 kg
D. 180 kg
E. Keine Antwort ist richtig.

76) 3 Fliesenleger verlegen die Fliesen in einem Badezimmer in 3,5 Stunden. Wie lange benötigen 7 Fliesenleger für dieselbe Arbeit?

A. 54 Minuten
B. 30 Minuten
C. 1,4 Stunden
D. 1,5 Stunden
E. Keine Antwort ist richtig.

77) Für die Produktion von 40 Maschinen setzt Herr Gruber acht Mitarbeiter für acht Arbeitstage jeweils 8 Stunden ein. Nun muss Herr Gruber einen dringenden Auftrag über 60 Maschinen in sechs Tagen bewältigen. Wie viel Arbeiter müsste er für diesen Auftrag einsetzen?

A. 12 Mitarbeiter
B. 14 Mitarbeiter
C. 16 Mitarbeiter
D. 20 Mitarbeiter
E. Keine Antwort ist richtig.

78) Für die Abwicklung von 400 Kundenaufträgen benötigen 2 Auszubildende 8,5 Stunden. Wie lange würden 4 Auszubildende mit gleicher Leistungsfähigkeit für die gleiche Anzahl an Kundenaufträgen benötigen?

A. 6 h
B. 5,5 h
C. 5 h
D. 4,25 h
E. Keine Antwort ist richtig.

79) Der Laserprinter des Versicherungsunternehmens „Live" druckt 24.000 Zeilen pro Stunde. Wie lange benötigt er für 200 Seiten mit je 50 Zeilen?

A. 0,25 h
B. 25 min
C. 35 min
D. 45 min
E. Keine Antwort ist richtig.

80) Für einen Kundenauftrag brauchen sechs Mitarbeiter 50 Stunden. Wie lange würden zwei Mitarbeiter benötigen?

A. 120 Stunden
B. 140 Stunden
C. 150 Stunden
D. 170 Stunden
E. Keine Antwort ist richtig.

Gemischte Textaufgaben *Bearbeitungszeit 10 Minuten*

Beantworten Sie bitte die folgenden Aufgaben, indem Sie jeweils den richtigen Lösungsbuchstaben markieren.

81) Herr Gruber möchte den durchschnittlichen Zeitbedarf für das Auszeichnen einer Standardlieferung ermitteln. Dazu ermittelt er während einer Woche folgende Zeiten:

Mo	Di	Mi	Do	Fr
4 h	5 h	4 h	6 h	8 h

Wie hoch ist der durchschnittliche Zeitbedarf zum Auszeichnen einer Standardlieferung?

A. 4,00 h
B. 4,50 h
C. 5,40 h
D. 6,00 h
E. Keine Antwort ist richtig.

82) Ein kleiner Betrieb hat insgesamt 80 Mitarbeiter. Zwei Fünftel der Mitarbeiter arbeiten in der Produktion, drei Zehntel im Büro. Wie viele Mitarbeiter arbeiten weder im Büro noch in der Produktion?

A. 18
B. 24
C. 32
D. 56
E. Keine Antwort ist richtig.

83) Für einen Kunden werden 4 Pakete mit einem Bruttogewicht von 30,5 kg, 35 kg, 42 kg und 50 kg konfektioniert. Der Gewichtsanteil der Verpackung beträgt bei jedem Paket 5 %. Wie viel wiegen die Pakete insgesamt ohne Verpackungsmaterial?

A. 141 kg
B. 150 kg
C. 152 kg
D. 160 kg
E. Keine Antwort ist richtig.

84) Herr Wagner erzielt einen Jahresumsatz von 5.000.000 €. Seine beiden Konkurrenten erwirtschaften einen Umsatz von 6.642.000 € und 3.358.000 €. Um wie viel muss Herr Wagner seinen Umsatz steigern, um den gemeinsamen Umsatz der beiden Konkurrenten zu erreichen?

A. 20 %
B. 40 %
C. 60 %
D. 100 %
E. Keine Antwort ist richtig.

85) Eine Wohngemeinschaft von drei Personen möchte einen neuen Fernseher kaufen. Der Preis von 1.110 € soll durch drei Personen geteilt werden. Person A zahlt doppelt so viel wie Person C, Person C zahlt 300 €, der Anteil von Person B beträgt 30 % weniger als der von Person C. Wie hoch ist der Anteil von Person A?

A. 500 €
B. 1.110 €
C. 600 €
D. 400 €
E. Keine Antwort ist richtig.

86) Herr Gruber benötigt mit dem Auto von zu Hause bis zur Arbeit bei einer Durchschnittsgeschwindigkeit von 80 km/h genau 30 Minuten. Wie groß ist die Distanz?

A. 20 km
B. 30 km
C. 40 km
D. 50 km
E. Keine Antwort ist richtig.

87) Wie lange braucht Herr Gruber für eine Strecke von 200 km, wenn er im Durchschnitt 160 km/h fährt?

A. 1,25 Stunden
B. 80 Minuten
C. 1,5 Stunden
D. 70 Minuten
E. Keine Antwort ist richtig.

88) In einer Wohngemeinschaft teilen drei Auszubildende die Miete nach Zimmergröße auf. Auszubildender Mark hat ein Zimmer von 25 m^2 und Dieter ein Zimmer von 24 m^2. Welchen Mietanteil muss Auszubildende Miriam zahlen, wenn die Gesamtmiete 700 € beträgt und ihr Zimmer nur 21 m^2 groß ist?

A. 180 €
B. 210 €
C. 240 €
D. 260 €
E. Keine Antwort ist richtig.

89) Herr Gruber möchte in einem Teil der Produktionshalle einen neuen Boden verlegen. Der Teil der Halle ist 25 Meter breit und 30 Meter lang. Für die Fläche werden 750 Platten benötigt. Welche Fläche hat eine Bodenplatte?

A. ½ m^2
B. ⅔ m^2
C. 3/3 m^2
D. 4/3 m^2
E. Keine Antwort ist richtig.

90) Die Außenabmessungen eines Umzugskartons betragen 650 × 350 × 370 mm. Wie groß ist dessen Volumen (V)?

A. 84,18 cm^3
B. 78.150 cm^3
C. 84.175 cm^3
D. 84.175 cm^2
E. Keine Antwort ist richtig.

Prozent- und Zinsrechnen *Bearbeitungszeit 10 Minuten*

Bei der kaufmännischen Zinsrechnung werden dem Monat 30 Tage und dem Jahr 360 Tage zugrunde gelegt. Der Zinseszins kann unberücksichtigt bleiben, sofern die Aufgabenstellung nicht ausdrücklich etwas anderes verlangt.

Beantworten Sie bitte die folgenden Aufgaben, indem Sie jeweils den richtigen Lösungsbuchstaben markieren.

91) Herr Gruber bekommt 3 % Skonto auf seine Rechnung in Höhe von 200 €. Welchen Betrag kann er dadurch sparen?

A. 2 €
B. 4 €
C. 6 €
D. 8 €
E. Keine Antwort ist richtig.

92) Die IT-Abteilung des Versicherungsunternehmens „Live" hat einen neuen Computer bestellt. Die Frachtkosten betragen 80 € und machen acht Prozent des Rechnungsbetrags aus. Wie hoch war der Kaufpreis ohne Frachtkosten?

A. 800 €
B. 900 €
C. 920 €
D. 950 €
E. Keine Antwort ist richtig.

93) Nach einer Abschreibung von 15 Prozent beträgt der Restbuchwert eines Firmenwagens noch 25.500 €. Wie hoch war der Anschaffungswert?

A. 28.500 €
B. 29.000 €
C. 30.000 €
D. 35.000 €
E. Keine Antwort ist richtig.

94) Eine Maschine kostet 18.000 €. Herr Gruber hat diese zu einem reduzierten Preis von 14.400 € erwerben können. Wie viel Prozent hat Herr Gruber einsparen können?

A. 10 %
B. 20 %
C. 25 %
D. 30 %
E. Keine Antwort ist richtig.

95) Bei einer Betriebsratswahl lag die Wahlbeteiligung mit 72 Beschäftigten bei 96 Prozent. Wie viele wahlberechtigte Beschäftigte hat die Firma?

A. 70 wahlberechtigte Beschäftigte
B. 72 wahlberechtigte Beschäftigte
C. 74 wahlberechtigte Beschäftigte
D. 75 wahlberechtigte Beschäftigte
E. Keine Antwort ist richtig.

96) Herr Gruber möchte einen Betrag von 20.000 € zu fünf Prozent fest anlegen. Wie viel Zinsen erhält er nach einem halben Jahr?

A. 300 €
B. 400 €
C. 500 €
D. 600 €
E. Keine Antwort ist richtig.

97) Herr Gruber erhält für eine Geldanlage, die zu sechs Prozent angelegt wurde, nach vier Monaten einen Zins in Höhe von 1.200 €. Welchen Betrag hat Herr Gruber angelegt?

A. 40.000 €
B. 50.000 €
C. 60.000 €
D. 70.000 €
E. Keine Antwort ist richtig.

98) Ein Geldbetrag in Höhe von 150.000 € soll zu einem Zinssatz von vier Prozent drei Monate angelegt werden. Welchen Betrag erhält man nach drei Monaten inklusive Zinsen?

A. 1.500 €
B. 1.800 €
C. 151.500 €
D. 161.500 €
E. Keine Antwort ist richtig.

99) Herr Gruber möchte sich ein Auto um 45.000 € kaufen. Wenn er den Wagen über einen Kredit finanziert, müsste er nach drei Jahren 54.450 € zurückzahlen. Wie hoch ist der durchschnittliche Jahreszins, wenn man von Zinseszinsen absieht?

A. 6 %

B. 7 %

C. 8 %

D. 9 %

E. Keine Antwort ist richtig.

100) Herr Gruber hat für eine Anlage von 24.000 € in sechs Monaten 600 € Zinsen erhalten. Wie hoch ist der Zinssatz, den Herr Gruber von der Bank erhalten hat?

A. 3,50 %

B. 4,00 %

C. 5,00 %

D. 6,00 %

E. Keine Antwort ist richtig.

Mathematische Kniffeleien *Bearbeitungszeit 10 Minuten*

Nun besteht die Herausforderung darin, die im Text enthaltenen Angaben in die richtige mathematische Form zu bringen.

Beantworten Sie bitte die folgenden Aufgaben, indem Sie jeweils den richtigen Lösungsbuchstaben markieren.

101) Ein Käsehersteller möchte einen Käseblock in vier gleiche Stücke teilen. Mit welcher Dezimalzahl muss er das Gewicht des Käseblocks multiplizieren, um das Gewicht eines Stücks zu erhalten?

A. 0,25
B. 0,75
C. 0,66
D. 0,50
E. Keine Antwort ist richtig.

102) Wenn man zu der Zahl 3 „4" sagen würde und zu der Dezimalzahl 0,5 „1", was ergäbe dann 4 geteilt durch 1?

A. 1,5
B. 6
C. 8
D. 2
E. Keine Antwort ist richtig.

103) Zu einer Zahl wird 1 addiert. Der so erhaltene Wert wird mit 3 multipliziert, daraufhin wird das Dreifache der gesuchten Zahl abgezogen. Das Ergebnis ist 3. Wie lautet die gesuchte Zahl?

A. 3
B. 5
C. Jede Zahl ist möglich.
D. 86
E. Keine Antwort ist richtig.

104) Ein 90 Meter langes Seil soll so zweigeteilt werden, dass der längere Teil 4-mal so lang ist wie der kürzere. Wie lang ist der kurze Teil?

A. 15 m
B. 18 m
C. 22 m
D. 24 m
E. Keine Antwort ist richtig.

105) John ist vier Jahre älter als Ivana. Zusammen kommen sie auf 40 Jahre. Wie alt ist John?

A. 16 Jahre
B. 18 Jahre
C. 20 Jahre
D. 22 Jahre
E. Keine Antwort ist richtig.

106) In einer Prüfung ist die Hälfte der Aufgaben sehr schwer, ein Viertel jedoch sehr leicht zu lösen. Wie viele Aufgaben sind weder sehr schwer noch sehr leicht?

A. Ein Drittel
B. Ein Viertel
C. Drei Viertel
D. Die Hälfte
E. Keine Antwort ist richtig.

107) Herr Wagner hat 62 € im Portemonnaie und seine Frau 38 €. Welchen Betrag muss Herr Wagner seiner Frau geben, damit beide gleich viel Geld haben?

A. 10 €
B. 12 €
C. 16 €
D. 14 €
E. Keine Antwort ist richtig.

108) Zwei Freunde müssen 10 Seiten eines Textes auf einem Computer abtippen. Beide sind gleich schnell und wechseln sich nach jeder Seite ab. Für das Abtippen benötigen sie zusammen 20 Minuten. Wie lange würden vier Freunde benötigen?

A. 10 Minuten
B. 15 Minuten
C. 20 Minuten
D. 5 Minuten
E. Keine Antwort ist richtig.

109) Zum Warentransport möchte die Gruber Großhandelsgesellschaft das anliegende Schienennetz nutzen. Für die Anbindung müsste eine Schienenstrecke von 600 Metern gebaut werden. Die Baugesellschaft will von zwei Seiten gleichzeitig vorgehen: Pro Tag können an der einen Seite fünf Meter und an der anderen Seite zehn Meter Schiene verlegt werden. Wie lange dauert es, bis die Strecke fertig ist?

A. 26 Tage
B. 36 Tage
C. 40 Tage
D. 46 Tage
E. Keine Antwort ist richtig.

110) Addiert man die Hälfte, ein Drittel und ein Viertel einer Zahl, so erhält man 65. Wie lautet die gesuchte Zahl?

A. 50
B. 58
C. 60
D. 80
E. Keine Antwort ist richtig

Diagramme und Tabellen *Bearbeitungszeit 10 Minuten*

Welche Informationen liefern die vorliegenden Schaubilder?

Beantworten Sie bitte die folgenden Aufgaben, indem Sie jeweils den richtigen Lösungsbuchstaben markieren.

I. Einwohnerzahl und Bruttonationaleinkommen (BNE)

Kaufkraftbereinigtes BNE pro Kopf in US-Dollar (Stand 2015)

Land	BNE/Kopf in US-$	Einwohnerzahl in Mio.
Schweiz	63.990	8,3
USA	57.540	321,2
Österreich	49.160	8,6
Deutschland	49.090	81,1
Belgien	45.770	11,2
Japan	42.310	126,9
Frankreich	41.680	64,3
Vereinigtes Königreich	41.230	65,1
Italien	37.010	62,5
Südkorea	34.810	50,7
Spanien	34.700	46,4
Russland	24.510	144,3
Türkei	19.740	78,2
Welt	15.659	7.336
Volksrepublik China	14.320	1.371,9
Indien	6.030	1.314,1

Quelle: Weltbank, Deutsche Stiftung Weltbevölkerung

111) Welches Land hat die zweitgrößte Bevölkerung?

A. Volksrepublik China
B. Russland
C. USA
D. Indien
E. Keine Antwort ist richtig.

112) In Südkorea ist das BNE/Kopf kleiner als ...?

A. in Russland.
B. in der Türkei.
C. in Belgien.
D. in der Volksrepublik China.
E. Keine Antwort ist richtig.

113) Damit Indien das BNE/Kopf von Russland erreicht, müsste sich das indische BNE/Kopf im Vergleich zu 2015 ungefähr ...?

A. verdoppeln.
B. versiebenfachen.
C. vervierfachen.
D. verachtfachen.
E. Keine Antwort ist richtig.

114) Wenn das BNE/Kopf in der Schweiz um 20 % sinkt, während es in den anderen Ländern konstant bleibt, würde die Schweiz auf Platz ...?

A. zwei der Tabelle stehen.
B. eins der Tabelle stehen.
C. vier der Tabelle stehen.
D. drei der Tabelle stehen.
E. Keine Antwort ist richtig.

115) Wenn das französische BNE/Kopf um 20 % wächst, während es in den anderen Ländern stagniert, würde Frankreich auf Platz ...?

A. zwei der Tabelle stehen.
B. drei der Tabelle stehen.
C. vier der Tabelle stehen.
D. fünf der Tabelle stehen.
E. Keine Antwort ist richtig.

II. Europäisches Parlament

Das Europäische Parlament mit Sitz in Straßburg hatte nach der Wahl 2014 751 Abgeordnete. Als größtes Mitgliedsland mit 82 Mio. Einwohnern stellte Deutschland 96 Abgeordnete, Österreich entsandte 18 und Malta als kleinstes Land mit 400.000 Einwohnern nur 6 Abgeordnete. Die abgebildete Tabelle berücksichtigt die sechs bevölkerungsstärksten EU-Staaten.

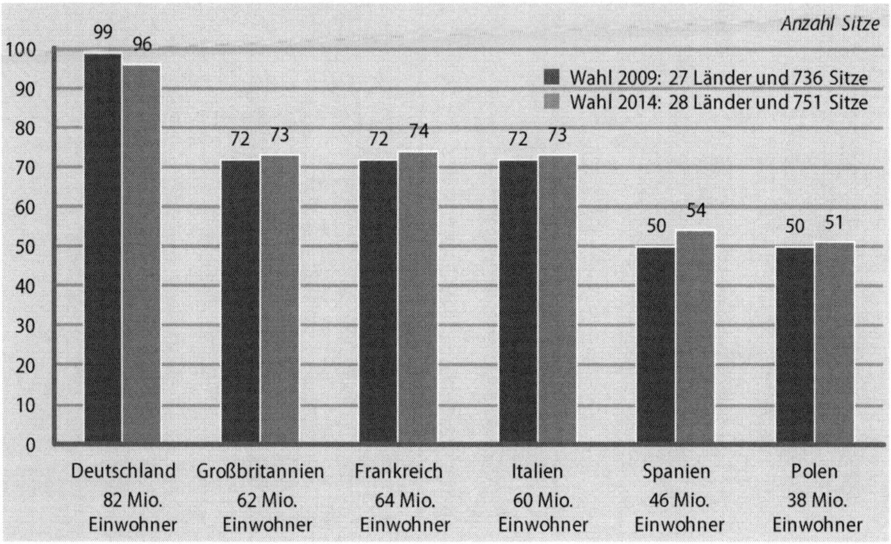

Quelle: Bundeszentrale für politische Bildung

116) Wie viele Einwohner seines Landes vertrat ein deutscher Europaabgeordneter nach der Wahl 2014 im Durchschnitt?

A. 854.167 Menschen
B. 860.000 Menschen
C. 852.428 Menschen
D. 855.828 Menschen
E. Keine Antwort ist richtig.

117) Mit wie viel Prozent der Sitze war Polen ab 2014 im Europäischen Parlament vertreten?

A. 4,79 Prozent
B. 5,51 Prozent
C. 6,79 Prozent
D. 7,36 Prozent
E. Keine Antwort ist richtig.

118) Mit wie viel Prozent der Sitze war Malta ab 2014 im Europäischen Parlament vertreten?

A. 0,59 Prozent
B. 0,64 Prozent
C. 0,75 Prozent
D. 0,80 Prozent
E. Keine Antwort ist richtig.

119) Um wie viel Prozent wuchs die Abgeordnetenzahl von 2009 bis 2014?

A. 1,86 Prozent
B. 1,93 Prozent
C. 1,97 Prozent
D. 2,04 Prozent
E. Keine Antwort ist richtig.

120) Angenommen, die Zahl der Parlamentssitze würde auf 700 verringert: Wie viele Sitze stünden Frankreich zu, wenn der Prozentanteil der französischen Abgeordneten auf dem Stand von 2014 bliebe?

A. Rund 69 Sitze
B. Rund 71 Sitze
C. Rund 67 Sitze
D. Rund 76 Sitze
E. Keine Antwort ist richtig.

Lösungen: Mathematik

1) D	31) 6	61) siehe Erklärung
2) C	32) 9	62) B
3) C	33) 100	63) C
4) C	34) 55	64) B
5) B	35) 37	65) B
6) C	36) 9	66) C
7) B	37) 13	67) D
8) B	38) 29	68) D
9) C	39) 24	69) C
10) A	40) 6	70) B
11) D	41) − | ×	71) B
12) C	42) ÷ | +	72) C
13) C	43) × | −	73) C
14) D	44) ÷ | ×	74) C
15) B	45) × | −	75) D
16) D	46) × | −	76) D
17) C	47) × | ÷	77) C
18) B	48) − | +	78) D
19) B	49) − | ÷	79) B
20) D	50) × | −	80) C
21) 20	51) × | ×	81) C
22) 333	52) × | ÷	82) B
23) 5	53) ÷ | +	83) B
24) 22	54) − | ÷	84) D
25) 6	55) + | ×	85) C
26) 66	56) + | ÷	86) C
27) 17	57) − | +	87) A
28) 48	58) × | ÷	88) B
29) 17	59) ÷ | −	89) C
30) 10	60) × | ÷	90) C

91) C	101) A	111) D
92) C	102) B	112) C
93) C	103) C	113) C
94) B	104) B	114) A
95) D	105) D	115) B
96) C	106) B	116) A
97) C	107) B	117) C
98) C	108) C	118) D
99) B	109) C	119) D
100) C	110) C	120) A

Grundrechenarten (Aufgaben 1–10)

Zu 1) D. 60

$20 \div 0{,}5 = 40$

$40 + 20 = 60$

Zu 2) C. –9

Beachten Sie die Punkt-vor-Strich-Regel.

$6 - (3 + 2) \times 3 = 6 - 5 \times 3 = 6 - 15$
$= -9$

Zu 3) C. 19.202

	8.648
+	9.576
+	978
+	2 22
=	19.202

Zu 4) C. 32.762

	827.614
–	794.852
–	1 1 1
=	32.762

Zu 5) B. 107.999

	194.256
–	86.257
–	11 11
=	107.999

Zu 6) C. 148.769,35

	325,25 × 457,40
	1301000000
+	162625000
+	22767500
+	1301000
+	1 1
=	148769,3500

Zu 7) B. 14.614

	12.082
+	2.376
+	156
+	2 1
=	14.614

Zu 8) B. 168

94584 ÷ 563 = 168

563

1

3828

3378

1

4504

4504

0

Zu 9) C. 63.624.504

	12156 × 5234
	60780000
+	2431200
+	364680
+	48624
+	1 2 1 1 1
=	63624504

Zu 10) A. 3

Beachten Sie, dass zuerst die Klammern berechnet werden müssen, und zwar von innen nach außen.

$(6-(3+2))\times 3=(6-5)\times 3=1\times 3$
$=3$

Bruchrechnen (Aufgaben 11–20)

Zu 11) D. 0,5

Brüche werden subtrahiert, indem man den kleinsten gemeinsamen Nenner findet, die Zähler subtrahiert und den Nenner beibehält. Anschließend ist das Ergebnis bei dieser Aufgabe in eine Dezimalzahl umzuwandeln.

$$\frac{10}{4}-\frac{4}{2}=\frac{10}{4}-\frac{8}{4}=\frac{2}{4}=\frac{1}{2}=0{,}5$$

Zu 12) C. $\frac{18}{4}$

Brüche werden addiert, indem man den kleinsten gemeinsamen Nenner findet, die Zähler addiert und den Nenner beibehält.

$$\frac{10}{4}+\frac{4}{2}=\frac{10}{4}+\frac{8}{4}=\frac{18}{4}$$

Zu 13) C. $\frac{5}{4}$

Brüche werden dividiert, indem man mit dem Kehrwert multipliziert. Anschließend ist das Ergebnis so weit wie möglich zu kürzen.

$$\frac{10}{4}\div\frac{4}{2}=\frac{10}{4}\times\frac{2}{4}=\frac{20}{16}=\frac{5}{4}$$

Zu 14) D. 5

Brüche werden multipliziert, indem man Zähler mit Zähler sowie Nenner mit Nenner multipliziert. Anschließend ist das Ergebnis so weit wie möglich zu kürzen.

$$\frac{10}{4}\times\frac{4}{2}=\frac{40}{8}=\frac{5}{1}=5$$

Zu 15) B. 6

Gemischte Zahlen sollten zunächst in reine Brüche umgewandelt werden. Anschließend ist das Ergebnis so weit wie möglich zu kürzen.

$$4\frac{8}{4}=\frac{24}{4}=6$$

Zu 16) D. $1\frac{1}{2}$

Ein Bruch wird mit einer ganzen Zahl multipliziert, indem man den Nenner beibehält und den Zähler mit der ganzen Zahl multipliziert. Anschließend ist das Ergebnis so weit wie möglich zu kürzen.

$$\frac{4}{8}\times3=\frac{12}{8}=\frac{3}{2}=1\frac{1}{2}$$

Zu 17) C. 16,25

Gemischte Zahlen sollten zunächst in reine Brüche umgewandelt werden. Brüche werden multipliziert, indem man Nenner mit Nenner sowie Zähler mit Zähler malnimmt. Anschließend ist das Ergebnis hier in eine Dezimalzahl umzuwandeln.

$$6\frac{2}{4}\times2\frac{2}{4}=\frac{26}{4}\times\frac{10}{4}=\frac{260}{16}=16{,}25$$

Zu 18) B. 2,6

Gemischte Zahlen sollten zunächst in reine Brüche umgewandelt werden. Brüche werden dividiert, indem man mit dem Kehrwert multipliziert. Anschließend ist das Ergebnis so weit wie möglich zu kürzen.

$$6\frac{2}{4}\div2\frac{2}{4}=\frac{26}{4}\div\frac{10}{4}=\frac{26}{4}\times\frac{4}{10}=$$

$$\frac{104}{40}=2\frac{3}{5}=2{,}6$$

Zu 19) B. 9

Fassen Sie Additionen und Subtraktionen geschickt zusammen:

$$\frac{1}{3}+3\frac{2}{3}+9{,}5=13{,}5$$

$$-3-1{,}5=-4{,}5$$

$$13{,}5-4{,}5=9$$

Zu 20) D. 1.040

Beachten Sie die Punkt-vor-Strich-Regel bei 40 × ¼. Der Rest ist schnell berechnet.

$$40\times\frac{1}{4}+\frac{2}{4}+1.029+0{,}5=10+0{,}5+$$

$$1.029+0{,}5=1.040$$

Kopfrechnen (Aufgaben 21–40)

Zu 21) $27 \div 3 + 18 \div 3 \times 2 + 118 - 30 \div 2 + 3 \div 7 \div 2 + 16 = 20$

Zu 22) $30 \div 6 + 23 + 46 - 2 \div 8 \times 9 + 9 + 909 \div 3 = 333$

Zu 23) $1.550 - 26 + 12 \div 3 \times 2 \div 4 - 156 - 20 \div 16 = 5$

Zu 24) $13 - 5 \times 6 \div 4 \div 3 + 4 + 6 - 3 \times 2 + 17 \div 3 + 12 \div 5 + 6 \times 2 = 22$

Zu 25) $57 - 12 \div 9 + 12 - 3 \div 2 - 3 \times 5 + 6 \div 2 \times 3 - 3 \div 6 = 6$

Zu 26) $2 \times 2 + 2 \div 2 + 2 \times 2 - 2 + 22 \div 2 + 2 \times 2 - 2 \times 2 + 2 = 66$

Zu 27) $2 \times 4 + 5 \times 6 - 8 \div 2 - 2 \div 3 + 4 \div 5 + 9 \times 3 + 5 - 7 \div 2 = 17$

Zu 28) $4 + 8 \times 6 + 5 \div 7 + 6 \times 4 - 16 \div 4 + 12 \div 5 \times 4 + 3 - 7 \times 3 = 48$

Zu 29) $14 \times 3 \div 6 \times 7 + 7 \div 8 + 9 \div 8 \times 7 + 9 \times 2 + 5 \div 3 = 17$

Zu 30) $5 \times 5 + 3 \div 4 + 2 \times 2 - 3 \times 3 \div 9 + 9 \times 6 - 6 - 8 \div 7 = 10$

Zu 31) $8 \times 8 - 8 \div 8 + 7 + 11 \div 5 \times 6 + 4 \div 2 + 1 \div 3 = 6$

Zu 32) $9 \times 2 + 9 \div 3 \times 9 - 3 \div 6 + 15 \div 4 \times 5 + 11 \div 2 - 5 \div 6 + 78 \div 9 = 9$

Zu 33) $84 + 14 \div 7 + 12 \div 2 \times 7 + 8 \div 3 - 5 \times 2 + 44 = 100$

Zu 34) $24 + 17 \times 2 + 3 \div 5 + 4 \div 7 \times 2 + 19 \div 5 + 1 \times 8 + 7 = 55$

Zu 35) $9 \times 4 \div 6 \times 3 + 4 - 3 \times 2 + 4 \div 6 \times 5 + 2 = 37$

Zu 36) $18 + 4 \div 2 + 9 - 3 \times 4 - 2 \div 2 + 2 - 5 \div 5 \times 3 \div 2 = 9$

Zu 37) $1 \times 2 + 3 \times 4 - 5 \times 2 + 15 \div 9 \times 10 - 11 \div 3 = 13$

Zu 38) $9 \times 8 \div 6 - 5 \times 7 + 6 \div 5 + 9 \times 3 \div 2 - 1 = 29$

Zu 39) $4 + 8 \times 3 \div 6 + 9 \div 5 + 6 - 5 \times 4 + 4 \div 5 \times 6 = 24$

Zu 40) $3 \times 6 \div 9 + 3 \times 9 \div 3 \times 2 - 3 \times 2 \div 9 = 6$

Rechenzeichen ergänzen (Aufgaben 41–60)

Zu 41) $7 \underline{-} 2 \underline{\times} 3 = 7 - 6 = 1$

Zu 42) $15 \underline{\div} 3 \underline{+} 4 = 5 + 4 = 9$

Zu 43) $2 \underline{\times} 8 \underline{-} 7 = 9$

Zu 44) $9 \underline{\div} 3 \underline{\times} 4 = 3 \times 4 = 12$

Zu 45) $6 \underline{\times} 4 \underline{-} 5 = 19$

Zu 46) $12 \underline{\times} 2 \underline{-} 8 = 24 - 8 = 16$

Zu 47) $3 \underline{\times} 6 \underline{\div} 2 = 18 \div 2 = 9$

Zu 48) $17 \underline{-} 9 \underline{+} 3 = 11$

Zu 49) $11 \underline{-} 6 \underline{\div} 2 = 11 - 3 = 8$

Zu 50) $7 \underline{\times} 2 \underline{-} 9 = 14 - 9 = 5$

Zu 51) $2 \underline{\times} 3 \underline{\times} 2 = 6 \times 2 = 12$

Zu 52) $8 \underline{\times} 7 \underline{\div} 4 = 56 \div 4 = 14$

Zu 53) $9 \underline{\div} 3 \underline{+} 5 = 3 + 5 = 8$

Zu 54) $7 \underline{-} 8 \underline{\div} 4 = 7 - 2 = 5$

Zu 55) $1 \underline{+} 4 \underline{\times} 4 = 17$

Zu 56) $7 \underline{+} 9 \underline{\div} 3 = 7 + 3 = 10$

Zu 57) $8 \underline{-} 2 \underline{+} 1 = 7$

Zu 58) $14 \underline{\times} 2 \underline{\div} 7 = 28 \div 7 = 4$

Zu 59) $18 \underline{\div} 3 \underline{-} 2 = 6 - 2 = 4$

Zu 60) $16 \underline{\times} 2 \underline{\div} 8 = 32 \div 8 = 4$

Gleichungen bilden (Aufgabe 61, Musterlösungen)

Zu 61)

$2 + 3 = 5$

$3 + 4 = 7$

$8 + 2 = 10$

$5 + 3 = 8$

$4 \times 4 = 2 \times 8$

$2 \times 11 = 20 + 2$

$4 \times 7 = 20 + 8$

$4 + 4 = 8$

$2 \times 3 = 8 - 2$

$3 \times 3 = 20 - 11$

$4 \times 3 = 16 - 4$

$5 + 5 = 10$

$4 \times 20 = 8 \times 10$

$7 - 3 = 4$

$7 - 2 = 5$

$20 - 16 = 4$

$16 + 4 = 20$

$10 - 4 \div 2 = 8$

$11 - 8 \div 2 = 7$

$8 \div 10 = 16 \div 20$

$20 - 3 = 10 + 7$

$3 + 8 = 11$

$2 \times 2 \times 2 \times 2 \times 2 \times 2 = 4 \times 4 \times 4$

$20 \times 4 \div 2 = 2 \times 2 \times 2 \times 5$

$7 + 7 + 4 + 2 = 20$

$8 - 7 = 11 - 10$

$20 \times 16 = 10 \times 10 + 2 \times 10 \times 11$

$10 \times 20 \div 5 \div 4 = 16 \times 5 \div 8$

$20 \div 5 \times 4 = 8 \times 4 \div 2$

$3 + 7 = 10$

> Aufgrund der unendlich großen Menge an korrekten Aufgaben finden Sie hier nur eine Auswahl.
>
> Bitte überprüfen Sie Ihre Lösungen mit einem Taschenrechner.

Schätzaufgaben (Aufgaben 62–70)

Zu 62) B. 441

Hier erhält man die Lösung am schnellsten, indem man nur die letzten Ziffern betrachtet: $1 \times 1 = 1$ – die Endziffer des Ergebnisses lautet 1.

Zu 63) C. 2.100,08

Durch den Summanden 2.930,08 erhält das Ergebnis die Nachkommastellen 08. Daher kommt nur Vorschlag C infrage.

Zu 64) B. 2.558,164

Für die Schätzung empfiehlt es sich, zunächst grob zu bestimmen, wie hoch der Anteil von 10 % ist:

$2.954 \div 10 = 295,4 \approx 300.$

Die Lösung liegt nun zwischen 80 % und 90 %, ungefähr auf halbem Weg zwischen 2.400 (8×300) und 2.700 (9×300).

Zu 65) B. Zwischen 4.180.000 und 4.190.000

Die angegebenen Zahlenblöcke decken jeweils 10.000er-Bereiche ab, daher empfiehlt sich der Überschlag mit Tausenderwerten: 8.576 – 4.392 = 4.184. Durch die vernachlässigten Hunderter, Zehner und Einer kann das Ergebnis auf keinen Fall kleiner als 4.180.000 oder größer als 4.190.000 werden. Antwort B stimmt.

Zu 66) C. 31,393536

Die letzte Ziffer der Lösung lässt sich berechnen, indem man nur die Endziffern der einzelnen Werte betrachtet:

$2 \times 8 = 16$

Die letzte Ziffer des Endergebnisses lautet also 6. Per Überschlag erkennt man außerdem, dass der gesuchte Wert etwas kleiner als 32 (8×4) sein muss. Beide dieser Bedingungen erfüllt nur Antwort C.

Zu 67) D. 79,507

Betrachtet man nur die Nachkommastelle, erhält man:

$3^3 = 3 \times 3 \times 3 = 27$

Die letzte Ziffer des Ergebnisses lautet also 7. Per Überschlag erkennt man außerdem, dass die Lösung größer sein muss als 64 (4^3). Beide dieser Bedingungen erfüllt nur Vorschlag D.

Zu 68) D. Zwischen 14,6 und 15,5

Runden Sie zunächst den Faktor, der am nächsten an einer ganzen Zahl liegt, und multiplizieren Sie ihn mit dem anderen Faktor: $4 \times 3,7 = 14,8$. Somit kommen Sie dem tatsächlichen Ergebnis ausreichend nahe, da die vernachlässigte Nachkommastelle 0,1 nur zu einer geringen Erhöhung führen kann ($0,1 \times 3,7 = 0,37$).

Zu 69) C. Zwischen 3,4 und 3,7

Die erste Stelle des Ergebnisses muss 3 lauten, da der Divisor dreimal vollständig in den Dividenden hineinpasst: 3 × 35 = 105. Es verbleibt ein Rest von 20 (125 – 105). Die erste Nachkommastelle des Ergebnisses berechnen Sie, indem Sie den Rest mit 10 multiplizieren und prüfen, wie oft der Divisor in den erhaltenen Wert hineinpasst: 200 ÷ 35 = 5, Rest 25. Das Ergebnis beginnt also mit 3,5 und liegt demnach zwischen 3,4 und 3,7; Antwort C stimmt.

Zu 70) B. Zwischen 3.050 und 3.125

Überschlagen Sie mit gerundeten Werten: Die zweite Potenz von 3,9 liegt nahe an der zweiten Potenz von 4, und die lautet 16. Multipliziert mit 200, ergibt sich 3.200. Da das Aufrunden der Potenz durch das Abrunden des zweiten Faktors nicht ausgeglichen wird, ist das tatsächliche Ergebnis etwas kleiner – als richtige Lösung kommt nur der Bereich zwischen 3.050 und 3.125 infrage.

Dreisatz (Aufgaben 71–80)

Zu 71) B. 3 h

Mit diesem Scanner würde man 3 Stunden benötigen.

4 Mitarbeiter × 3 h = 12 h

12 h ÷ 4 = 3 h

Zu 72) C. 200 GBP

Herr Gruber erhält 200 GBP.

Wechselkurs von 1 GBP = 1,30 €

260 € ÷ 1,30 €/GBP = 200 GBP

Zu 73) C. 132 l

Herr Gruber verbraucht unter den genannten Bedingungen 132 Liter Benzin.

22 × 60 km = 1.320 km pro Monat

1.320 km ÷ 100 km × 10 l = 132 l

Zu 74) C. 234 kg

Es werden 234 kg Obst benötigt.

120 + 10 = 130 Personen

(216 kg ÷ 120) × 130 = 234 kg Obst

Zu 75) D. 180 kg

Wenn 12 Pferde pro Woche 504 kg Heu fressen, liegt der Tagesbedarf eines Pferds bei:

504 kg ÷ 12 (Pferde) ÷ 7 (Tage) = 6 kg

In 30 Tagen frisst ein Pferd 6 kg × 30 = 180 kg Heu.

Zu 76) D. 1,5 Stunden

Ein einziger Fliesenleger braucht für die gleiche Arbeit die dreifache Zeit:

3 × 3,5 h = 10,5 h

7 Fliesenleger erledigen die Arbeit in $\frac{1}{7}$ dieser Zeit:

10,5 h ÷ 7 = 1,5 h

7 Fliesenleger verlegen die Fliesen im Badezimmer in 1,5 Stunden.

Zu 77) C. 16 Mitarbeiter

Herr Gruber müsste für den zweiten Auftrag 16 Mitarbeiter einsetzen.

8 Mitarbeiter × 8 d × 8 h = 512 h

512 h ÷ 40 Maschinen = 12,8 h pro Maschine

12,8 h/Maschine × 60 Maschinen = 768 h

768 h ÷ (6 d × 8 h) = 16 Mitarbeiter

Zu 78) D. 4,25 h

Vier Auszubildende würden 4,25 Stunden benötigen.

8,5 h × 2 = 17 h

17 h ÷ 4 = 4,25 h

Zu 79) B. 25 min

Für 200 Seiten würde der Drucker 25 Minuten benötigen.

24.000 ÷ 60 = 400 Zeilen pro min

200 × 50 = 10.000 Zeilen

10.000 ÷ 400 = 25 min

Zu 80) C. 150 Stunden

Zwei Mitarbeiter würden 150 Stunden für den Auftrag benötigen.

6 × 50 h = 300 h

300 h ÷ 2 = 150 h

Gemischte Textaufgaben (Aufgaben 81–90)

Zu 81) C. 5,40 h

Für die Auszeichnung werden im Durchschnitt 5,4 Stunden benötigt.

4 h + 5 h + 4 h + 6 h + 8 h = 27 h

27 h ÷ 5 = 5,4 h

Zu 82) B. 24

24 Mitarbeiter arbeiten weder im Büro noch in der Produktion.

Anteil Mitarbeiter Büro und Produktion:

$$\frac{2}{5}+\frac{3}{10}=\frac{4}{10}+\frac{3}{10}=\frac{7}{10}$$

Weder Büro noch Produktion:

$80 - (80 \times \frac{7}{10}) = 80 - 56 = 24$

Zu 83) B. 150 kg

Das Nettogewicht der Pakete beträgt 150 kg.

30,5 kg + 35 kg + 42 kg + 50 kg = 157,5 kg

$$\text{Grundwert} = \frac{\text{Prozentwert} \times 100}{\text{Prozentsatz}}$$

$$\text{Grundwert} = \frac{157{,}5\,\text{kg} \times 100}{105\%} = 150\,\text{kg}$$

Zu 84) **D.** 100 %

Herr Wagner müsste seinen Umsatz verdoppeln, das heißt um 100 % steigern.

Gesamtumsatz der Konkurrenz:
6.642.000 € + 3.358.000 €
= 10.000.000 €

10.000.000 € ÷ 5.000.000 € = 2

Zu 85) **C.** 600 €

Der Anteil von Person A beträgt 600 €.

2 × 300 € = 600 €

Zu 86) **C.** 40 km

Die Strecke beträgt 40 Kilometer.

30 min = 0,5 h

0,5 h × 80 km/h = 40 km

Zu 87) **A.** 1,25 Stunden

Herr Gruber würde 75 Minuten benötigen.

200 km ÷ 160 km/h = 1,25 h = 75 Minuten

Zu 88) **B.** 210 €

Auszubildende Miriam hat einen Mietanteil von 210 € zu zahlen.

$21\ m^2 + 24\ m^2 + 25\ m^2 = 70\ m^2$

$700\ € \div 70\ m^2 \div = 10\ €$ pro m^2

$21\ m^2 \times 10\ €/m^2 = 210\ €$

Zu 89) **C.** $3/3\ m^2$

Eine Bodenplatte hat eine Fläche von einem Quadratmeter.

$25\ m \times 30\ m = 750\ m^2$

$750\ m^2 \div 750$ (Platten) $= 1\ m^2 = 3/3\ m^2$

Zu 90) **C.** $84.175\ cm^3$

Das Volumen beträgt $84.175\ cm^3$.

Um das Volumen eines Quaders zu berechnen, benötigt man dessen Länge, Breite und Höhe. Das Volumen ergibt sich aus der Multiplikation der drei Werte.

Volumen = l × b × h = 650 mm × 350 mm × 370 mm = 65 cm × 35 cm × 37 cm = $84.175\ cm^3$

Prozent- und Zinsrechnen (Aufgaben 91–100)

Zu 91) **C.** 6 €

Herr Gruber kann 6 € sparen.

$$\text{Prozentwert} = \frac{\text{Grundwert} \times \text{Prozentsatz}}{100}$$

$$\text{Prozentwert} = \frac{200€ \times 3\%}{100} = 6€$$

Zu 92) **C.** 920 €

Der Kaufpreis betrug 920 €.

$$\text{Grundwert} = \frac{\text{Prozentwert} \times 100}{\text{Prozentsatz}}$$

$$\text{Grundwert} = \frac{80€ \times 100}{8\%} = 1.000€$$

1.000 € – 80 € = 920 €

Zu 93) C. 30.000 €

Der Anschaffungswert betrug 30.000 €.

$$\text{Grundwert} = \frac{\text{Prozentwert} \times 100}{\text{Prozentsatz}}$$

$$\text{Grundwert} = \frac{25.500\,€ \times 100}{85\,\%} = 30.000\,€$$

Zu 94) B. 20 %

Herr Gruber hat 20 Prozent einsparen können.

Ersparnis = 18.000 € – 14.400 € = 3.600 €

$$\text{Prozentsatz} = \frac{\text{Prozentwert} \times 100}{\text{Grundwert}}$$

$$\text{Prozentsatz} = \frac{3.600\,€ \times 100}{18.000\,€} = 20\,\%$$

Zu 95) D. 75 wahlberechtigte Beschäftigte

Die Firma hat 75 wahlberechtigte Beschäftigte.

$$\text{Grundwert} = \frac{\text{Prozentwert} \times 100}{\text{Prozentsatz}}$$

$$\text{Grundwert} = \frac{72 \times 100}{96\,\%} = 75$$

Zu 96) C. 500 €

Herr Gruber würde Zinsen in Höhe von 500 € erhalten.

$$\text{Zinsen} = \frac{\text{Kapital} \times \text{Zinssatz} \times \text{Tage}}{100 \times 360\,d}$$

$$\text{Zinsen} = \frac{20.000\,€ \times 5\,\% \times 180\,d}{100 \times 360\,d} = 500\,€$$

Zu 97) C. 60.000 €

Herr Gruber hat einen Betrag von 60.000 € fest angelegt.

$$\text{Kapital} = \frac{\text{Zinsen} \times 100 \times 360\,d}{\text{Zinssatz} \times \text{Tage}}$$

$$\text{Kapital} = \frac{1.200\,€ \times 100 \times 360\,d}{6\,\% \times 120\,d} = 60.000\,€$$

Zu 98) C. 151.500 €

Nach drei Monaten erhält man einen Gesamtbetrag inklusive Zinsen von 151.500 € zurück.

$$\text{Zinsen} = \frac{\text{Kapital} \times \text{Zinssatz} \times \text{Tage}}{100 \times 360\,d}$$

$$\text{Zinsen} = \frac{150.000\,€ \times 4\,\% \times 90\,d}{100 \times 360\,d} = 1.500\,€$$

Betrag = 150.000 € + 1.500 € = 151.500 €

Zu 99) B. 7 %

Der durchschnittliche Jahreszins beträgt sieben Prozent.

Zinsen = 54.450 € – 45.000 € = 9.450 €

$$\text{Zinssatz} = \frac{\text{Zinsen} \times 100 \times 360\,d}{\text{Kapital} \times \text{Tage}}$$

$$\text{Zinssatz} = \frac{9.450\,€ \times 100 \times 360\,d}{45.000\,€ \times 1080\,d} = 7\,\%$$

Zu 100) C. 5,00 %

Herr Gruber hat einen Jahreszins von fünf Prozent erhalten.

$$\text{Zinssatz} = \frac{\text{Zinsen} \times 100 \times 360\,\text{d}}{\text{Kapital} \times \text{Tage}}$$

$$\text{Zinssatz} = \frac{600\,€ \times 100 \times 360\,\text{d}}{24.000\,€ \times 180\,\text{d}} = 5\,\%$$

Mathematische Kniffeleien (Aufgaben 101–110)

Zu 101) A. 0,25

$1 \div 4 = 0{,}25$

Zu 102) B. 6

Das Ergebnis wäre 6.

„4" ist 3 und „1" ist 0,5:

$4 \div 1 = 3 \div 0{,}5 = 6$

Zu 103) C. Jede Zahl ist möglich.

Tatsächlich funktioniert diese Rechnung mit jeder Zahl. Was dabei passiert, kann man erkennen, wenn man aus den Angaben der Aufgabenstellung die entsprechende Gleichung erstellt:

$(y + 1) \times 3 - 3y = 3$

$3y + 3 - 3y = 3$

Man erkennt, dass diese Gleichung für jeden beliebigen Wert der unbekannten Zahl y stimmt. Durch die anfängliche Addition mit 1 ist der Wert, der sich aus der anschließenden Multiplikation mit 3 ergibt, immer um 3 größer als der lediglich mit 3 multiplizierte Wert. Da dieser zweite Wert zum Schluss vom ersten Wert abgezogen wird, lautet das Ergebnis immer 3.

Zu 104) B. 18 m

Das kurze Seil hat eine Länge von 18 Metern.

Langes Seil = 4 Teile

Kurzes Seil = 1 Teil

Insgesamt = 5 Teile

$90\,\text{m} \div 5 = 18\,\text{m}$

Zu 105) D. 22 Jahre

John ist 22 Jahre alt. Setzt man für Johns Alter die Variable x, kann man die Textangaben in folgender Gleichung zusammenfassen:

$x + (x - 4) = 40$

Nun kann man nach x auflösen:

$x + x - 4 = 40 \quad | +4$

$2x = 44 \quad | \div 2$

$x = 22$

Zu 106) B. Ein Viertel

Ein Viertel der Prüfungsaufgaben ist weder sehr schwer noch sehr leicht.

$\frac{1}{4}$ = sehr schwer

$\frac{1}{2}$ = leicht

$1 - \frac{1}{4} - \frac{1}{2} = \frac{4}{4} - \frac{1}{4} - \frac{2}{4} = \frac{1}{4}$

Zu 107) B. 12 €

Herr Wagner muss seiner Frau zwölf Euro geben, damit beide gleich viel Geld im Portemonnaie haben.

62 € + 38 € = 100 €

100 € ÷ 2 = 50 €

62 € – 50 € = 12 €

Zu 108) C. 20 Minuten

Da nur eine Person am Computer arbeiten kann, würden auch vier Freunde 20 Minuten benötigen.

Zu 109) C. 40 Tage

Die Fertigstellung der Schienenstrecke wird 40 Tage dauern.

5 m + 10 m = 15 Meter pro Tag

600 m ÷ 15 m/Tag = 40 Tage

Zu 110) C. 60

Die gesuchte Zahl lautet 60.

$$\frac{1}{2}x+\frac{1}{3}x+\frac{1}{4}x=65$$

$$\frac{6}{12}x+\frac{4}{12}x+\frac{3}{12}x=65$$

$$\frac{13}{12}x=65$$

$$x=\frac{65\times 12}{13}=60$$

Diagramme und Tabellen (Aufgaben 111–120)

I. Einwohnerzahl und Bruttonationaleinkommen (BNE)

Zu 111) D. Indien

Platz eins der Bevölkerungs-Rangliste belegte 2015 die Volksrepublik China mit 1,37 Milliarden Einwohnern vor Indien mit 1,31 Milliarden Einwohnern.

Zu 112) C. in Belgien.

In Südkorea ist das BNE/Kopf kleiner als in Belgien.

Südkorea = 34.810 US-$ < Belgien = 45.770 US-$

Zu 113) C. vervierfachen.

Um das BNE/Kopf Russlands zu erreichen, müsste sich der indische Wert im Vergleich zu 2015 mehr als vervierfachen.

Russland = 24.510 US-$; Indien = 6.030 US-$

24.510 ÷ 6.030 = 4,06

Zu 114) A. zwei der Tabelle stehen.

Die Schweiz würde mit einem um 20 % verminderten BNE/Kopf auf Platz 2 der Tabelle landen.

Schweiz – 20 %:

$$\text{Prozentwert} = \frac{\text{Grundwert} \times \text{Prozentsatz}}{100}$$

$$\text{Prozentwert} = \frac{63.990\$ \times 80\,\%}{100} = 51.192\$$$

Zu 115) B. drei der Tabelle stehen.

Wenn das französische BNE/Kopf um 20 % wächst, während es in den anderen Ländern stagniert, würde Frankreich mit einem BNE/Kopf von 50.016 US-$ auf Platz drei der Tabelle landen.

Frankreich + 20 %:

$$\text{Prozentwert} = \frac{\text{Grundwert} \times \text{Prozentsatz}}{100}$$

$$\text{Prozentwert} = \frac{41.680\$ \times 120\,\%}{100} = 50.016\$$$

II. Europäisches Parlament

Zu 116) A. 854.167 Menschen

Ein deutscher Europaabgeordneter vertrat nach der Wahl 2014 im Schnitt etwa 854.167 Menschen: 82.000.000 ÷ 96 = 854.166,67.

Zu 117) C. 6,79 Prozent

Nach der Wahl 2014 stellte Polen 6,79 % der Abgeordneten im Europäischen Parlament.

$$\text{Prozentsatz} = \frac{\text{Prozentwert} \times 100}{\text{Grundwert}}$$

$$\text{Prozentsatz} = \frac{51 \times 100}{751} = 6{,}79\,\%$$

Zu 118) D. 0,80 Prozent

Als kleinstes EU-Mitgliedsland war Malta nach der Wahl 2014 mit 0,8 Prozent der Sitze im europäischen Parlament vertreten.

$$\text{Prozentsatz} = \frac{\text{Prozentwert} \times 100}{\text{Grundwert}}$$

$$\text{Prozentsatz} = \frac{6 \times 100}{751} = 0{,}8\,\%$$

Zu 119) D. 2,04 Prozent

Nach der Wahl 2014 gab es 751 – 736 = 15 Abgeordnete mehr als fünf Jahre zuvor. Das entspricht einer Steigerung um gut 2 %:

$$\text{Prozentsatz} = \frac{\text{Prozentwert} \times 100}{\text{Grundwert}}$$

$$\text{Prozentsatz} = \frac{15 \times 100}{736} = 2{,}04\,\%$$

Zu 120) A. Rund 69 Sitze

Nach der Wahl 2014 stellte Frankreich 74 der insgesamt 751 EU-Abgeordneten. Das entspricht einem Anteil von 9,85 %:

$$\text{Prozentsatz} = \frac{\text{Prozentwert} \times 100}{\text{Grundwert}}$$

$$\text{Prozentsatz} = \frac{73 \times 100}{751} = 9{,}85\,\%$$

Bei insgesamt 700 Sitzen beläuft sich dieser Anteil auf rund 69 Sitze:

$$\text{Prozentwert} = \frac{\text{Grundwert} \times \text{Prozentsatz}}{100}$$

$$\text{Prozentwert} = \frac{700 \times 9{,}85\%}{100} = 68{,}95\%$$

Logisches Denken

Zahlenreihen

Bearbeitungszeit 7½ Minuten

Jede Zahlenreihe ist sinnvoll nach einer bestimmten Bildungsregel aufgebaut. Welche Zahl setzt die Reihe logisch fort?

Hierzu ein Beispiel

Aufgabe

1)

1	2	3	4	5	?

A. 6
B. 7
C. 8
D. 9
E. Keine Antwort ist richtig.

Antwort

(A.) 6

Gesucht ist die 6: Jede Zahl ist um 1 größer als ihre Vorgängerin.

Bitte bearbeiten Sie nun die Aufgaben: Setzen Sie die Zahlenreihen sinnvoll fort, indem Sie jeweils den richtigen Lösungsbuchstaben markieren.

1)

8	9	10	12	14	17	?

A. 24
B. 28
C. 20
D. 31
E. Keine Antwort ist richtig.

2)

2	4	12	24	72	?

A. 18
B. 216
C. 144
D. 15
E. Keine Antwort ist richtig.

3)

20	16	20	17	20	?

A. 20
B. 22
C. 18
D. 12
E. Keine Antwort ist richtig.

4)

4	7	12	19	?

A. 26
B. 27
C. 28
D. 32
E. Keine Antwort ist richtig.

5)

80	8	70	16	60	24	?

A. –12
B. 60
C. 50
D. 40
E. Keine Antwort ist richtig.

6)

4	12	36	5	15	45	6	?

A. 39
B. 18
C. 19
D. 24
E. Keine Antwort ist richtig.

7)

24	28	25	27	26	26	?

A. 26
B. 25
C. 27
D. 28
E. Keine Antwort ist richtig.

8)

20	30	21	30	22	30	?

A. 32
B. 38
C. 23
D. 13
E. Keine Antwort ist richtig.

9)

3	4	7	12	19	?

A. 28
B. 12
C. 32
D. 16
E. Keine Antwort ist richtig.

10)

10	4	20	14	70	?

A. 130
B. 350
C. 126
D. 64
E. Keine Antwort ist richtig.

11)

10	5	3	6	3	1	?

A. 2
B. –2
C. 4
D. –1
E. Keine Antwort ist richtig.

12)

126	1260	140	1120	160	?

A. 32
B. 800
C. 960
D. 1020
E. Keine Antwort ist richtig.

13)

10	20	80	40	10	20	?

A. 10
B. 40
C. 30
D. 80
E. Keine Antwort ist richtig.

14)

13	17	19	23	?

A. 21
B. 29
C. 31
D. 33
E. Keine Antwort ist richtig.

15)

2240	1120	1125	375	380	?

A. 25
B. 95
C. 23
D. 520
E. Keine Antwort ist richtig.

Buchstabenreihen

Bearbeitungszeit 7½ Minuten

Jede Buchstabenreihe in diesem Abschnitt folgt einer bestimmten logischen Bildungsregel. Ihre Aufgabe besteht darin, die Regel herauszufinden und die Reihe korrekt fortzusetzen.

Hierzu ein Beispiel

Aufgabe

1)

A	B	C	D	E	F	?

A. G
B. H
C. I
D. J
E. K

Antwort

(A.) G

Es handelt sich um eine alphabetisch fortlaufende Reihe. Auf das „F" muss daher das „G" folgen – der richtige Lösungsbuchstabe lautet A.

Bitte bearbeiten Sie nun die Aufgaben: Setzen Sie die Buchstabenreihen sinnvoll fort, indem Sie jeweils den richtigen Lösungsbuchstaben markieren.

16)

B	X	C	Y	D	?

A. E
B. F
C. V
D. Z
E. Keine Antwort ist richtig.

17)

A	Z	B	Y	C	?

A. D
B. X
C. F
D. W
E. Keine Antwort ist richtig.

18)

K	K	L	M	M	N	O	?

A. P
B. O
C. Q
D. J
E. Keine Antwort ist richtig.

19)

E	F	C	D	I	J	G	?

A. C
B. D
C. E
D. H
E. Keine Antwort ist richtig.

20)

C	F	I	L	O	?

A. N
B. M
C. Q
D. R
E. Keine Antwort ist richtig.

21)

F	E	D	I	H	G	L	K	J	?

A. M
B. N
C. O
D. P
E. Keine Antwort ist richtig.

22)

C	D	X	W	E	F	V	U	G	?

A. H
B. S
C. T
D. G
E. Keine Antwort ist richtig.

23)

F	G	O	P	I	J	O	P	L	?

A. O
B. P
C. M
D. K
E. Keine Antwort ist richtig.

24)

Q	O	M	K	I	G	E	?

A. D
B. H
C. C
D. F
E. Keine Antwort ist richtig.

25)

D	E	F	W	V	?

A. T
B. S
C. G
D. U
E. Keine Antwort ist richtig.

26)

T	P	K	E	F	B	W	Q	?

A. M
B. L
C. K
D. R
E. Keine Antwort ist richtig.

27)

M	N	O	O	N	M	P	Q	R	?

A. M
B. R
C. N
D. O
E. Keine Antwort ist richtig.

28)

C	E	H	L	?

A. D
B. Q
C. M
D. U
E. Keine Antwort ist richtig.

29)

F	K	H	M	J	O	?

A. Q
B. L
C. J
D. K
E. Keine Antwort ist richtig.

30)

E	F	D	G	H	F	?

A. I
B. G
C. H
D. B
E. Keine Antwort ist richtig.

Zahlenmatrizen

Bearbeitungszeit 10 Minuten

Die Zahlenmatrizen in diesem Abschnitt sind nach festen Regeln gebildet. Bitte stellen Sie sicher, dass jede Matrix richtig aufgestellt ist.

Hierzu ein Beispiel

Aufgabe

1) Welche Zahl fehlt?

1	2	2
3	2	**?**
3	4	12

A. 4
B. 2
C. 8
D. 6
E. Keine Antwort ist richtig.

Antwort

(D.) 6

In jeder Reihe ergeben die zwei linken Zahlen multipliziert die rechte Zahl. In jeder Spalte ergeben die zwei oberen Zahlen multipliziert die untere Zahl.

Bearbeitungstipp

Konzentrieren Sie sich zuerst auf eine einzige Reihe oder Spalte. Wie hängen die Zahlen darin rechnerisch zusammen, wird addiert, subtrahiert, multipliziert, dividiert? Wenn Sie eine Regel gefunden haben, versuchen Sie diese auf alle übrigen Reihen bzw. Spalten zu übertragen. Bei pyramidenförmigen Matrizen ist jede Zahl meist mit den beiden Zahlen unmittelbar darunter verknüpft.

Bitte bearbeiten Sie nun die Aufgaben: Markieren Sie jeweils den Lösungsbuchstaben des richtigen Antwortvorschlags. Sie haben dafür **5 Minuten** Zeit.

31) Welche Zahl fehlt?

168	42	50	100
?	21	29	58
48	12	20	40
24	6	14	28

A. 96
B. 58
C. 63
D. 84
E. Keine Antwort ist richtig.

32) Welche Zahl fehlt?

24	30	36
18	?	30
12	18	24

A. 12
B. 14
C. 20
D. 24
E. Keine Antwort ist richtig.

33) Welche Zahl fehlt?

2			
4	2		
12	3	6	
2	24	?	48

A. 3
B. 4
C. 8
D. 6
E. Keine Antwort ist richtig.

34) Welche Zahl fehlt?

29			
19	23		
17	?	11	
2	3	5	7

A. 9
B. 21
C. 17
D. 13
E. Keine Antwort ist richtig.

35) Welche Zahl fehlt?

48	39	47
40	?	41
45	42	44

A. 54
B. 46
C. 36
D. 26
E. Keine Antwort ist richtig.

36) Die weißen Zahlen in den dunkelgrauen Feldern müssen addiert jeweils von oben nach unten, diagonal und von links nach rechts die schwarzen Zahlen in den hellgrauen Feldern ergeben. Welche Zahl im Quadrat ist falsch?

38	54	92
42	24	66
80	88	62

A. 80
B. 88
C. 66
D. 92
E. 62

37) In jeder Reihe und Spalte sind Zahlen durch bestimmte Rechenoperationen verknüpft. Prüfen Sie bitte alle Werte: Welche Zahl im Quadrat ist falsch?

64	32	16
16	8	4
5	2	1

A. 16
B. 4
C. 1
D. 2
E. 5

38) Welche Zahl fehlt?

2	5	2	5
1	5	10	?
5	4	1	5
10	1	5	2

A. 2
B. 4
C. 5
D. 10
E. Keine Antwort ist richtig.

39) Welche Zahl fehlt?

30	1	10	8
10	3	10	8
4	16	0,5	75
2	**?**	48	0,5

A. 24
B. 15
C. 50
D. 8
E. Keine Antwort ist richtig.

40) Welche Zahl fehlt?

15	4	9	12
3	−11	5	3
0	−14	**?**	−2
2	−14	30	−18

A. 16
B. −6
C. −16
D. 6
E. Keine Antwort ist richtig.

Wortanalogien *Bearbeitungszeit 7½ Minuten*

In diesem Abschnitt wird Ihre Fähigkeit zu logischem Denken im sprachlichen Bereich geprüft.

Pro Aufgabe erhalten Sie zwei Wörter, die in einer bestimmten Beziehung zueinander stehen. Eine ähnliche Beziehung besteht zwischen einem dritten und vierten Wort. Das dritte Wort wird Ihnen vorgegeben, das vierte sollen Sie in den Antworten A bis E selbst ermitteln.

Hierzu ein Beispiel

Aufgabe

1) **dick** : **dünn** wie **lang** : ?

A. hell
B. dunkel
C. schmal
D. kurz
E. schlank

Antwort

(D.) kurz

Gesucht wird ein Begriff, zu dem sich „lang" genauso verhält wie „dick" zu „dünn". Da „dick" das Gegenteil von „dünn" ist, muss nun ein Gegenbegriff zu „lang" gefunden werden. Von den Wahlwörtern kommt dafür nur „kurz" infrage; Lösungsbuchstabe ist daher das D.

Bitte bearbeiten Sie nun die Aufgaben: Vervollständigen Sie die Wortgleichung, indem Sie den richtigen Lösungsbuchstaben markieren.

41) **Skala** : **Thermometer** wie **Ziffernblatt** : ?

A. Bild
B. Skizze
C. Uhr
D. Bildschirm
E. Tableau

42) **Mehl** : **Teig** wie **Traube** : ?

A. Bier
B. Limonade
C. Whisky
D. Wein
E. Rebstock

43) **Schule : Lehrer** wie **Universität : ?**

A. Magister
B. Rektor
C. Student
D. Doktor
E. Dozent

44) **schrill : Ohr** wie **scharf : ?**

A. süß
B. sauer
C. Auge
D. Zunge
E. Messer

45) **viel : wenig** wie **alles : ?**

A. nichts
B. etwas
C. ein wenig
D. ausreichend
E. kaum

46) **Autor : Text** wie **Komponist : ?**

A. Instrument
B. Heft
C. Buch
D. Literatur
E. Melodie

47) **Neffe : Tante** wie **Enkel : ?**

A. Mutter
B. Großmutter
C. Onkel
D. Neffe
E. Opa

48) **Getreide : Silo** wie **Öl : ?**

A. Raffinerie
B. Motor
C. Heizung
D. Tank
E. Schiff

49) **Kegel : Raum** wie **Rechteck : ?**

A. Dimension
B. Fläche
C. Linie
D. Punkt
E. Gerade

50) **Entfernung : Meter** wie **Stromstärke : ?**

A. Watt
B. Ampere
C. Ohm
D. Widerstand
E. Kabel

Oberbegriffe

Bearbeitungszeit 10 Minuten

Zu jeder Aufgabe erhalten Sie sechs Begriffe. Zwei davon können einem gemeinsamen Oberbegriff zugeordnet werden – bitte kreuzen Sie dieses Paar an. **Doch Vorsicht:** Wenn drei oder mehr Wörter zu einem Oberbegriff passen, dürfen Sie diese Gruppe nicht markieren.

Hierzu ein Beispiel

Aufgabe

1)

- ☐ Koffer
- ☐ Auge
- ☐ Rucksack
- ☐ Ohr
- ☐ Nase
- ☐ Wasser

Antwort

1)

- ☒ Koffer
- ☐ Auge
- ☒ Rucksack
- ☐ Ohr
- ☐ Nase
- ☐ Wasser

Der Koffer und der Rucksack lassen sich dem Oberbegriff „Gepäckstücke" zuordnen. Theoretisch könnten auch die Sinnesorgane Auge, Ohr und Nase eine Gruppe bilden; diese wäre jedoch zu umfangreich.

Bitte bearbeiten Sie nun die Aufgaben: Kreuzen Sie das Wortpaar an, das einem gemeinsamen Oberbegriff zugeordnet werden kann.

51)

- ☐ Norden
- ☐ Weihnachten
- ☐ Autobahn
- ☐ Blatt
- ☐ Löffel
- ☐ Osten

52)

- ☐ Würfel
- ☐ Messer
- ☐ Veilchen
- ☐ Niere
- ☐ Rock
- ☐ Leber

53)

- [ ] Nähmaschine
- [ ] Stuhl
- [ ] Glas
- [ ] Bleistift
- [ ] Brot
- [ ] Schrank

54)

- [ ] Wind
- [ ] Regen
- [ ] Wetter
- [ ] Hagel
- [ ] Herbst
- [ ] Wolke

55)

- [ ] Amsel
- [ ] Rotkehlchen
- [ ] Adler
- [ ] Fink
- [ ] Habicht
- [ ] Schwalbe

56)

- [ ] Busch
- [ ] Tanne
- [ ] Blume
- [ ] Schwammerl
- [ ] Erle
- [ ] Wiese

57)

- [ ] Tornado
- [ ] Polarlicht
- [ ] Blitz
- [ ] Kerze
- [ ] Merkur
- [ ] Sonne

58)

- [ ] Subjekt
- [ ] Prädikat
- [ ] Objekt
- [ ] Titel
- [ ] Präsens
- [ ] Grammatik

59)

- [ ] Namen
- [ ] Zahlen
- [ ] Bojen
- [ ] Welten
- [ ] Rasen
- [ ] Morgen

60)

- [ ] Haut
- [ ] Ohr
- [ ] Auge
- [ ] Nase
- [ ] Lupe
- [ ] Tasche

Schlussfolgerungen *Bearbeitungszeit 10 Minuten*

Jede Aufgabe konfrontiert Sie mit mehreren Aussagen. Welche Schlussfolgerung lässt sich daraus ziehen? Ob die Aussagen in einem sinnvollen Bezug zur Realität stehen, ist hierbei unerheblich.

61) Welches Auto ist das langsamste?

- ¬ Auto D ist langsamer als Auto C, aber schneller als Auto B.
- ¬ Auto A ist mindestens so schnell wie Auto C.

A. Auto A
B. Auto B
C. Auto C
D. Auto D
E. Keine Antwort ist richtig.

62) Welche Schlussfolgerung ist logisch richtig, wenn die folgende Behauptung zugrunde gelegt wird? „Manche Sportler sind Fußballer oder Tennisspieler. Fußballer sind häufiger verletzt als Tennisspieler."

A. Manche Sportler sind seltener verletzt als andere.
B. Verletzte Sportler sind Fußballer.
C. Alle verletzten Sportler sind Fußballer oder Tennisspieler.
D. Fußballer sind häufig verletzt.
E. Keine Antwort ist richtig.

63) Welche Schlussfolgerung ist logisch richtig, wenn die folgende Behauptung zugrunde gelegt wird? „Kühe können fliegen, weil sie Flügel haben. Vögel haben keine Flügel. Also …"

A. ist Fliegen ohne Flügel nicht möglich.
B. können alle Vögel nicht fliegen.
C. können alle Kühe auch ohne Flügel fliegen.
D. können Kühe fliegen.
E. Keine Antwort ist richtig.

64) Welche Schlussfolgerung ist logisch richtig, wenn die folgende Behauptung zugrunde gelegt wird? „Wenn Rosen rot sind, dann blühen sie. Wenn Rosen blühen, ist es Herbst. Rosen sind rot. Also …"

A. ist es nicht Herbst, wenn Rosen nicht rot sind.
B. ist es nicht Herbst.
C. ist es Frühling.
D. ist es Herbst, wenn Rosen rot sind.
E. Keine Antwort ist richtig.

65) Wer ist am jüngsten?

- Klaus ist älter als Angela.
- Stefan ist jünger als Klaus und Angela.
- Stefan ist älter als Petra.
- Maria ist nicht die Jüngste und fast genauso alt wie Stefan.

A. Klaus
B. Maria
C. Petra
D. Stefan
E. Keine Antwort ist richtig.

66) Welche Schlussfolgerung ist logisch richtig, wenn die folgende Behauptung zugrunde gelegt wird? „Nur schlechte Schüler bekommen Strafarbeiten. Gute Schüler bekommen keine schlechten Noten. Klaus ist ein guter Schüler."

A. Klaus bekommt eine Strafarbeit.
B. Klaus bekommt schlechte Noten.
C. Klaus bekommt keine Strafarbeit.
D. Schlechte Schüler bekommen Strafarbeiten und schlechte Noten.
E. Keine Antwort ist richtig.

67) Welche Person ist am größten?

- Bernd ist größer als Silke.
- Klaus ist kleiner als Alfred.
- Klaus ist größer als Silke.
- Bernd ist größer als Alfred.

A. Alfred
B. Bernd
C. Klaus
D. Silke
E. Keine Antwort ist richtig.

68) Welche Schlussfolgerung ist logisch richtig, wenn die folgende Behauptung zugrunde gelegt wird? „Peter möchte heute entweder fernsehen oder Alex besuchen. Peter besucht Alex. Also …"

A. sieht Peter fern.
B. sieht Peter mit Alex fern.
C. sieht Peter nicht fern.
D. sieht Alex nicht fern.
E. Keine Antwort ist richtig.

69) Welche Lampe leuchtet am hellsten?

- Lampe Mega ist heller als Lampe Solar.
- Lampe Beta ist etwas dunkler als Lampe Delta.
- Lampe Delta wird auch als Lampe Gamma bezeichnet.
- Lampe Gamma ist genauso hell wie Lampe Xenon.
- Lampe Xenon ist dunkler als Lampe Solar.

A. Lampe Delta
B. Lampe Gamma
C. Lampe Mega
D. Lampe Solar
E. Keine Antwort ist richtig.

70) Welche Schlussfolgerung ist logisch richtig, wenn die folgende Behauptung zugrunde gelegt wird? „Alle Gläser sind voll. Was voll ist, wurde aufgefüllt. Was aufgefüllt wurde, ist passiv."

A. Gläser sind passiv.
B. Was passiv ist, ist ein Glas.
C. Was aufgefüllt wurde, ist ein Glas.
D. Gläser sind nicht passiv.
E. Keine Antwort ist richtig.

Lösungen: Logisches Denkvermögen

1) C	25) D	49) B
2) C	26) D	50) B
3) C	27) B	51) Norden, Osten
4) C	28) B	52) Niere, Leber
5) C	29) B	53) Stuhl, Schrank
6) B	30) A	54) Regen, Hagel
7) C	31) D	55) Adler, Habicht
8) C	32) D	56) Tanne, Erle
9) A	33) C	57) Merkur, Sonne
10) D	34) D	58) Prädikat, Titel
11) A	35) B	59) Zahlen, Rasen
12) C	36) B	60) Auge, Lupe
13) D	37) E	61) B
14) B	38) A	62) A
15) B	39) C	63) D
16) D	40) A	64) D
17) B	41) C	65) C
18) B	42) D	66) C
19) D	43) E	67) B
20) D	44) D	68) E
21) C	45) A	69) C
22) A	46) E	70) A
23) C	47) B	
24) C	48) D	

Zahlenreihen (Aufgaben 1–15)

Zu 1) C. 20

+1 | +1 | +2 | +2 | +3 | +3

Zu 2) C. 144

×2 | ×3 | ×2 | ×3 | ×2

Zu 3) C. 18

−4 | +4 | −3 | +3 | −2

Zu 4) C. 28

+3 | +5 | +7 | +9

Zu 5) C. 50

x | y | x – 10 | y × 2 | x – 10 – 10 | y × 3 | x – 10 – 10 – 10

Zu 6) B. 18

x | x × 3 | x × 3 × 3 | y | y × 3 | y × 3 × 3 | z | z × 3

Zu 7) C. 27

x | y | x + 1 | y – 1 | x + 1 + 1 | y – 1 – 1 | x + 1 + 1 + 1

Zu 8) C. 23

+10 | –9 | +9 | –8 | +8 | –7

Zu 9) A. 28

+1 | +3 | +5 | +7 | +9

Zu 10) D. 64

–6 | ×5 | –6 | ×5 | –6

Zu 11) A. 2

÷2 | –2 | ×2 | ÷2 | –2 | ×2

Zu 12) C. 960

×10 | ÷9 | ×8 | ÷7 | ×6

Zu 13) D. 80

×2 | ×4 | ÷2 | ÷4 | ×2 | ×4

Zu 14) B. 29

Es handelt sich um Primzahlen in aufsteigender Folge. Primzahlen sind nur durch sich selbst und 1 teilbar.

Zu 15) B. 95

÷2 | +5 | ÷3 | +5 | ÷4

Buchstabenreihen (Aufgaben 16–30)

Zu 16) D. Z

Hier sind zwei Buchstabenreihen miteinander verschachtelt, die bei B bzw. X beginnen und in Einerschritten vorwärtslaufen.

Zu 17) B. X

Eine von A voranschreitende Buchstabenreihe ist mit einer von Z aus rückwärtslaufenden Buchstabenreihe verschachtelt.

Zu 18) B. O

Ausgehend vom K wird alphabetisch vorangeschritten. Dabei wird jeder zweite Buchstabe (begonnen mit K) doppelt aufgeführt.

Zu 19) D. H

Jeder zweite Buchstabe folgt im Alphabet dem vorherigen Buchstaben.

Bewegung in alphabetischer Folge:

+1 | –3 | +1 | +5 | +1 | –3 | +1

Zu 20) D. R

Die Reihe beginnt bei C und läuft in Dreierschritten voran.

Zu 21) C. O

Die Reihe beginnt bei F und läuft zweimal je einen Schritt im Alphabet rückwärts, um dann fünf Schritte vorwärts zu gehen. Diese Abfolge wiederholt sich anschließend.

Bewegung in alphabetischer Folge:

–1 | –1 | +5 | –1 | –1 | +5 | –1 | –1 | +5

Zu 22) A. H

Eine von C ausgehende, voranschreitende Buchstabenreihe ist im Zweierschritt mit einer von X aus rückwärtslaufenden Reihe verschachtelt.

Bewegung in alphabetischer Folge:

C | C + 1 | X | X – 1 | C + 2 | C + 3 | X – 2 | X – 3 | C + 4 | C + 5

Zu 23) C. M

Die Buchstaben O und P sind mit einer von F ausgehenden, im Alphabet vorwärtslaufenden Buchstabenreihe verschachtelt. Die sich wiederholende Grundregel lautet: Gehe einen Buchstaben im Alphabet weiter, füge O und P ein und gehe zwei Buchstaben weiter.

Bewegung in alphabetischer Folge:

+1 | O | P | +2 | +1 | O | P | +2 | +1

Zu 24) C. C

Die Reihe beginnt bei Q und läuft in Zweierschritten rückwärts.

Bewegung in alphabetischer Folge:

–2 | –2 | –2 | –2 | –2 | –2 | –2

Zu 25) D. U

Auf eine in Einerschritten vorwärtslaufende Buchstabenreihe mit drei Elementen (D, E, F) folgt eine in Einerschritten rückwärtslaufende Buchstabenreihe mit drei Elementen (W, V, U).

Bewegung in alphabetischer Folge:

D | D + 1 | D + 1 + 1 | W | W – 1 | W – 1 – 1

Zu 26) D. R

Starten Sie beim Buchstaben T und gehen Sie zuerst vier Buchstaben zurück, dann fünf Buchstaben zurück, daraufhin sechs Buchstaben zurück und schließlich einen Schritt vorwärts. Bei A angekommen, setzen Sie die Bewegung bei Z fort.

Bewegung in alphabetischer Folge:

–4 | –5 | –6 | +1 | –4 | –5 | –6 | +1

Zu 27) B. R

Ausgehend von M geht man alphabetisch zweimal einen Schritt vorwärts, wiederholt den erreichten Buchstaben, schreitet dann zweimal in Einerschritten rückwärts und schließlich drei Schritte nach vorne. Dies ist die Grundabfolge, die sich wiederholt.

Bewegung in alphabetischer Folge:

+1 | +1 | 0 | −1 | −1 | +3 | +1 | +1 | 0

Zu 28) B. Q

Starten Sie beim Buchstaben C und gehen Sie in alphabetischer Folge erst zwei, dann drei, daraufhin vier usw. Buchstaben voran.

Bewegung in alphabetischer Folge:

+2 | +3 | +4 | +5

Zu 29) B. L

Die Reihe beginnt bei F und läuft abwechselnd fünf Buchstaben alphabetisch vorwärts und drei zurück.

Bewegung in alphabetischer Folge:

+5 | −3 | +5 | −3 | +5 | −3

Zu 30) A. I

Die Reihe startet bei E und läuft zuerst einen Schritt alphabetisch vorwärts, dann zwei zurück und schließlich drei vorwärts. Diese Abfolge wiederholt sich.

Bewegung in alphabetischer Folge:

+1 | −2 | +3 | +1 | −2 | +3

Zahlenmatrizen (Aufgaben 31–40)

Zu 31) D. 84

Das Fragezeichen wird durch die Zahl 84 sinnvoll ersetzt. Die Reihen werden waagerecht nach folgendem Prinzip gebildet:

Die jeweils linke Zahl einer Reihe wird durch 4 geteilt, anschließend wird 8 addiert und der erhaltene Wert schließlich verdoppelt.

÷4 | +8 | ×2

Zu 32) D. 24

Das Fragezeichen wird durch die Zahl 24 sinnvoll ersetzt.

Waagerecht, senkrecht und diagonal werden Reihen in 6er-Schritten gebildet (aufsteigend von links nach rechts sowie von unten nach oben).

Zu 33) C. 8

Das Fragezeichen wird durch die Zahl 8 sinnvoll ersetzt. Die Pyramide ist nach folgendem Prinzip aufgebaut:

Der Wert einer Zelle ergibt sich, indem der größere von beiden Werten der darunter liegenden Zellen durch den kleineren geteilt wird.

1. Reihe: $2 = 4 \div 2$

2. Reihe: $4 = 12 \div 3$; $2 = 6 \div 3$

3. Reihe: $12 = 24 \div 2$; $3 = 24 \div 8$; $6 = 48 \div 8$

Zu 34) D. 13

Das Fragezeichen wird durch die Zahl 13 sinnvoll ersetzt. Die Pyramide besteht aus der Aufzählung der Primzahlen, die unten links beginnt und sich in aufsteigender Folge s-förmig durch das Raster schlängelt: 2, 3, 5, 7, 11, 13, 17, 19, 23, 29.

Zu 35) B. 46

Das Fragezeichen wird durch die Zahl 46 sinnvoll ersetzt. Die Reihen werden nach folgendem Prinzip gebildet:

Es wird abwechselnd subtrahiert und addiert, wobei die zu addierende bzw. subtrahierende Zahl stets um 1 geringer ist als die zuvor addierte bzw. subtrahierte Zahl. Begonnen wird links oben mit der Subtraktion von 9, die Schritte laufen über die Zeilengrenzen hinweg.

−9 | +8

−7 | +6 | −5

+4 | −3 | +2

Zu 36) B. 88

Anstelle der 88 müsste die 78 stehen. Richtige Rechnung: 54 + 24 = 78

38	+	54	=	92
+	+	+		
42	+	24	=	66
=		=	=	
80		88		62

Zu 37) E. 5

In jeder Spalte wird von oben nach unten bei jedem Schritt durch 4 geteilt. In jeder Reihe wird von links nach rechts bei jedem Schritt durch 2 geteilt. Anstelle der 5 müsste links unten eine 4 stehen.

Zu 38) A. 2

Das Fragezeichen wird durch die Zahl 2 sinnvoll ersetzt. Die Multiplikation der Zahlen einer Reihe oder Spalte führt immer zum Ergebnis 100.

Zu 39) C. 50

Das Fragezeichen wird durch die Zahl 50 sinnvoll ersetzt. Die Multiplikation der Zahlen einer Reihe oder Spalte führt immer zum Ergebnis 2.400.

Zu 40) A. 16

Das Fragezeichen wird durch die Zahl 16 sinnvoll ersetzt. Die obere Reihe und die linke Spalte sind vorgegeben. Jede weitere Zahl erhalten Sie, indem Sie von der jeweils darüber stehenden Zahl deren linke Nachbarzahl abziehen. So berechnet sich die gesuchte Zahl aus 5 – (–11) = 16.

Wortanalogien (Aufgaben 41–50)

Zu 41) C. Uhr

Auf der Skala eines Thermometers liest man die Temperatur ab, auf dem Ziffernblatt einer Uhr die Uhrzeit.

Zu 42) D. Wein

Mehl ist die Grundzutat von Teigen, Wein wird aus Trauben hergestellt.

Zu 43) E. Dozent

Lehrer unterrichten in der Schule, Dozenten in der Universität.

Zu 44) D. Zunge

Geräusche werden über das Ohr wahrgenommen, Geschmacksrichtungen über die Zunge.

Zu 45) A. nichts

Das erste Wortpaar stellt eine große Menge (viel) einer kleinen Menge (wenig) gegenüber. Das zweite Paar korreliert die größtmögliche Menge (alles) mit der kleinstmöglichen Menge (nichts).

Zu 46) E. Melodie

Ein Autor produziert Texte, ein Komponist schafft Melodien.

Zu 47) B. Großmutter

Beide Begriffspaare beschreiben eine Verwandtschaftsbeziehung zwischen einer männlichen und einer weiblichen Person, jeweils von beiden Standpunkten aus: Die Schwester der Mutter bzw. des Vaters heißt Tante, umgekehrt ist der Sohn des Bruders bzw. der Schwester der Neffe. Der Sohn der Tochter bzw. des Sohnes ist der Enkel, die Mutter des Vaters bzw. der Mutter die Großmutter.

Zu 48) D. Tank

Der Silo ist ein Getreidespeicher, Öl wird in Tanks gelagert.

Zu 49) B. Fläche

Ein Kegel ist ein Körper im Raum, das zweidimensionale geometrische Gebilde Rechteck befindet sich in der Fläche.

Zu 50) B. Ampere

Meter ist die Einheit zur Messung von Entfernungen, die Maßeinheit zur Bestimmung der Stromstärke ist Ampere.

Oberbegriffe (Aufgaben 51–60)

Zu 51) Norden, Osten

Der Norden und der Osten lassen sich dem Oberbegriff „Himmelsrichtungen" zuordnen.

Zu 52) Niere, Leber

Die Niere und die Leber lassen sich dem Oberbegriff „innere Organe" zuordnen.

Zu 53) Stuhl, Schrank

Der Stuhl und der Schrank lassen sich dem Oberbegriff „Möbelstücke" zuordnen.

Zu 54) Regen, Hagel

Der Regen und der Hagel lassen sich dem Oberbegriff „Niederschläge" zuordnen.

Zu 55) Adler, Habicht

Der Adler und der Habicht lassen sich dem Oberbegriff „Greifvögel" zuordnen. Amsel, Rotkehlchen, Fink und Schwalbe könnten als Singvögel eine Gruppe bilden – diese wäre jedoch zu umfangreich.

Zu 56) Tanne, Erle

Die Tanne und die Erle lassen sich dem Oberbegriff „Bäume" zuordnen.

Zu 57) Merkur, Sonne

Der Planet Merkur und die Sonne lassen sich dem Oberbegriff „Himmelskörper" zuordnen. Theoretisch könnten auch die Lichtquellen Sonne, Blitz, Kerze und Polarlicht oder die Wetterphänomene Tornado, Blitz und Polarlicht Gruppen bilden – beide wären jedoch zu umfangreich.

Zu 58) Prädikat, Titel

Das Prädikat und der Titel lassen sich dem Oberbegriff „Auszeichnungen" zuordnen. Der Begriff „Prädikat" könnte in anderer Bedeutung auch für einen Satzbaustein stehen und mit dem Subjekt und dem Objekt eine Gruppe bilden – diese wäre jedoch zu umfangreich.

Zu 59) Zahlen, Rasen

Nur die Begriffe „Zahlen" und „Rasen" können hier auch als Verben aufgefasst und dem Oberbegriff „Tätigkeiten" zugeordnet werden.

Zu 60) Auge, Lupe

Das Auge und die Lupe lassen sich dem Oberbegriff „Sehen" zuordnen. Theoretisch könnten auch die Sinnesorgane Auge, Ohr, Nase und Haut eine Gruppe bilden – diese wäre jedoch zu umfangreich.

Schlussfolgerungen (Aufgaben 61–70)

Zu 61) B. Auto B

Auto B ist am langsamsten, da die Autos C und D schneller sind und Auto A mindestens genauso schnell wie Auto C ist.

Zu 62) A. Manche Sportler sind seltener verletzt als andere.

Die Antworten B und C scheiden aus: Nicht zwingend sind es nur Fußballer oder Tennisspieler, die sich Blessuren zuziehen. Wie das Signalwort „manche" mitteilt, gibt es auch in anderen Disziplinen Sportler, die sich verletzen könnten. Möglichkeit D fällt weg, da die Aussage „Fußballer sind häufiger verletzt als Tennisspieler" keinen Rückschluss darauf zulässt, ob Fußballer auch im Vergleich zu anderen Sportlern häufig verletzt sind.

Zu 63) D. können Kühe fliegen.

Die Vorschläge A, B und C sind falsch: Es wird nicht festgestellt, dass Fliegen nur mit Flügeln möglich ist – vielleicht gibt es dafür noch andere Hilfsmittel und Techniken. Somit bleibt nur Antwort D übrig, die den Inhalt der ersten Aussage wiedergibt.

Zu 64) D. ist es Herbst, wenn Rosen rot sind.

Wenn X gilt („Rosen sind rot"), dann gilt auch Y („Rosen blühen"). Wenn Y gilt („Rosen blühen"), dann gilt auch Z („es ist Herbst"). Man kann also auch direkt von X auf Z schließen – das heißt: Wenn Rosen rot sind, dann ist Herbst. Demnach stimmt Antwort D, und Vorschlag B, der das Gegenteil behauptet, geht fehl. Antwort A liegt ebenfalls falsch: Vorausgesetzt wird nämlich kein ausschließlicher Zusammenhang. Es könnte auch Herbst sein, wenn keine Rosen blühen, und Rosen könnten auch dann blühen, wenn sie nicht rot sind. Vom Frühling (Antwort C) ist in den Prämissen überhaupt keine Rede.

Zu 65) C. Petra

Petra ist die jüngste der genannten Personen. Klaus und Angela sind älter als Stefan und somit nicht die Jüngsten. Maria und Petra sind wiederum jünger als Stefan; da Maria aber laut Prämisse nicht die Jüngste ist, kommt dafür nur Petra in Betracht. Die Reihenfolge der Personen nach Alter lautet: Klaus, Angela, Stefan, Maria, Petra.

Zu 66) C. Klaus bekommt keine Strafarbeit.

Die Antworten A und B sind falsch. Klaus ist ein guter Schüler und bekommt weder Strafarbeiten noch schlechte Noten, da diese nur für schlechte Schüler gedacht sind. Antwort D ist falsch, da in den Prämissen nicht gesagt wird, dass schlechte Schüler schlechte Noten bekommen. Antwort C ist korrekt – da ausschließlich schlechte Schüler Strafarbeiten bekommen, ist Klaus davon nicht betroffen.

Zu 67) B. Bernd

Die richtige Reihenfolge von groß nach klein: Bernd, Alfred, Klaus, Silke.

Zu 68) E. Keine Antwort ist richtig.

Kein Antwortvorschlag stimmt. „Jemand möchte etwas tun" ist nicht dasselbe wie „jemand tut etwas". Wenn Peter Alex besucht, kann man laut Aufgabenstellung zwar davon ausgehen, dass er keine Lust auf Fernsehen hat. Das bedeutet aber nicht zwingend, dass er auch tatsächlich nicht fernsieht. Er könnte es ja zum Beispiel Alex zuliebe trotzdem tun.

Zu 69) C. Lampe Mega

Lampe Mega leuchtet am hellsten. Da Lampe Solar dunkler als Lampe Mega ist, kann sie nicht die hellste sein. Lampe Xenon scheidet aus, da sie dunkler als Lampe Solar ist, und Lampe Delta bzw. Gamma ist genauso hell wie Lampe Xenon. Lampe Beta ist noch dunkler als Lampe Delta und kommt nicht als hellste Lampe infrage. Absteigend nach Helligkeit sortiert: Mega, Solar, Gamma/Delta, Xenon, Beta.

Zu 70) A. Gläser sind passiv.

Antwort A ist korrekt: Die Gläser sind voll, wurden also aufgefüllt und sind somit auch passiv. Antwort D besagt fälschlicherweise das Gegenteil („Gläser sind nicht passiv"). Antwort C ist falsch, da sich zum einen aus der Prämisse „Was voll ist, wurde aufgefüllt" nicht der Umkehrschluss „Was aufgefüllt wurde, ist voll" ziehen lässt. Zum anderen müsste irrigerweise angenommen werden, dass alles, was voll ist, ein Glas ist. Auch Vorschlag B entfällt: Er nimmt neben den besprochenen Fehlschlüssen zu Antwort C auch noch an, dass alles Passive aufgefüllt wurde.

Visuelles Denkvermögen

Figurenreihen

Bearbeitungszeit 10 Minuten

Jede Figurenreihe ist so aufgebaut, dass sich ein logischer Zusammenhang zwischen den einzelnen Abbildungen ergibt. Welche der zur Auswahl gestellten Figuren setzt die Reihe fort?

Hierzu ein Beispiel

Aufgabe

1)

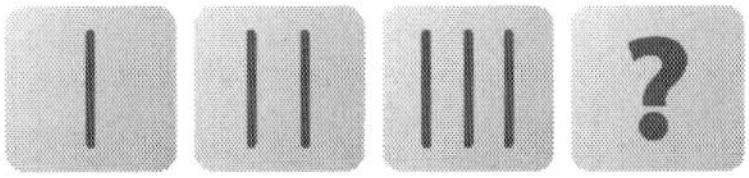

Welche Figur setzt die Reihe logisch fort?

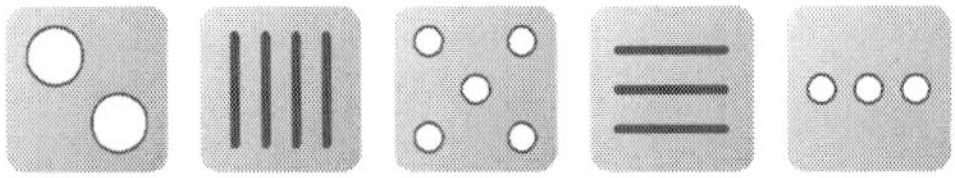

A B C D E

Antwort

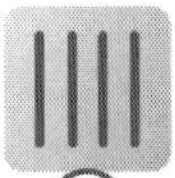

(B)

Die Abbildungen zeigen eine steigende Anzahl senkrechter Striche – Figur B setzt diese Reihe logisch fort.

Bitte bearbeiten Sie nun die Aufgaben: Markieren Sie jeweils den Lösungsbuchstaben des richtigen Antwortvorschlags. Sie haben dafür **10 Minuten** Zeit.

1)

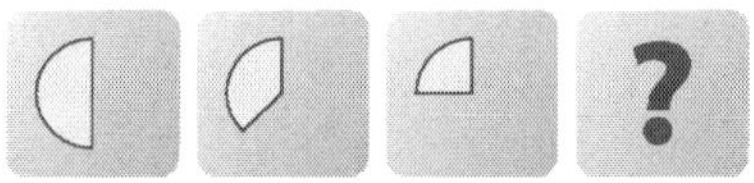

Welche Figur setzt die Reihe logisch fort?

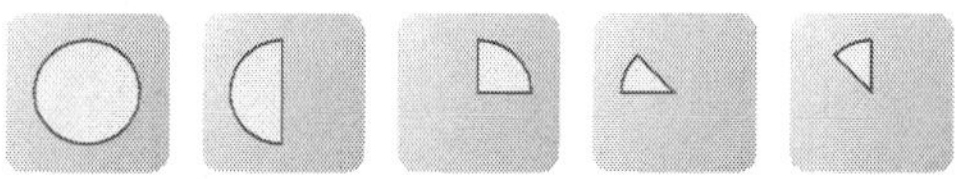

A B C D E

2)

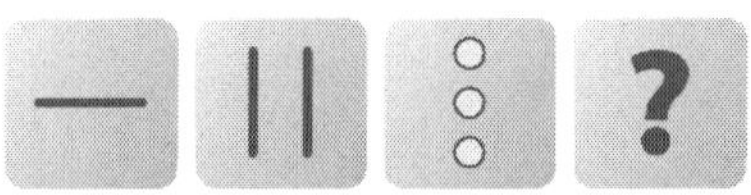

Welche Figur setzt die Reihe logisch fort?

A B C D E

3)

Welche Figur setzt die Reihe logisch fort?

A B C D E

4)

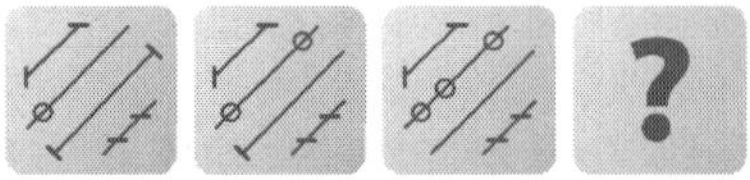

Welche Figur setzt die Reihe logisch fort?

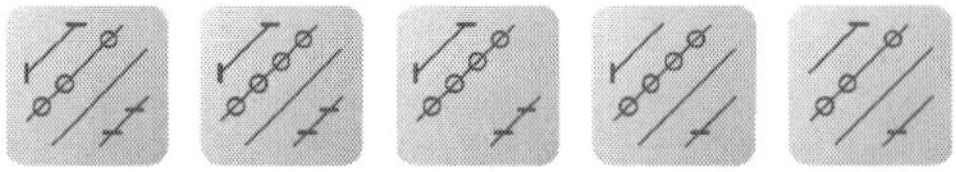

A B C D E

5)

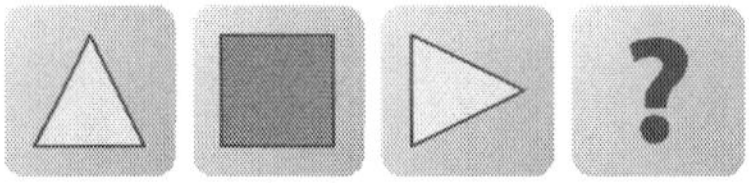

Welche Figur setzt die Reihe logisch fort?

A B C D E

6)

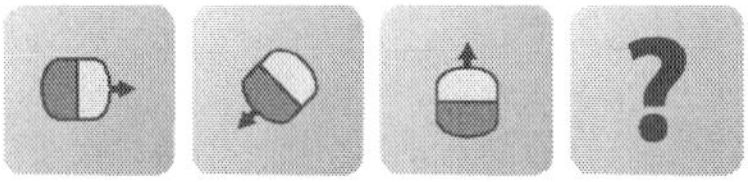

Welche Figur setzt die Reihe logisch fort?

A B C D E

7)

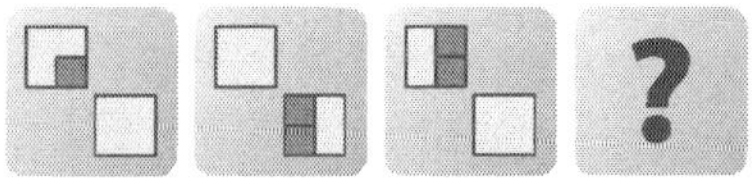

Welche Figur setzt die Reihe logisch fort?

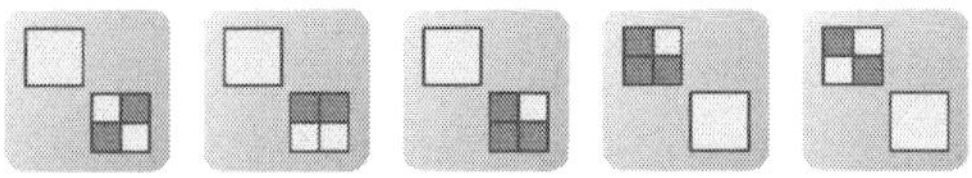

A B C D E

8)

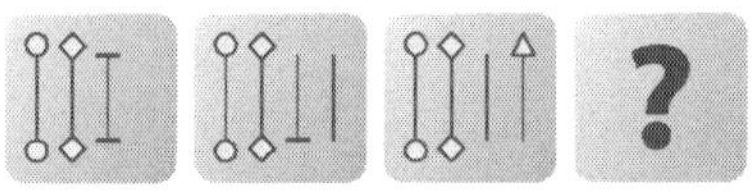

Welche Figur setzt die Reihe logisch fort?

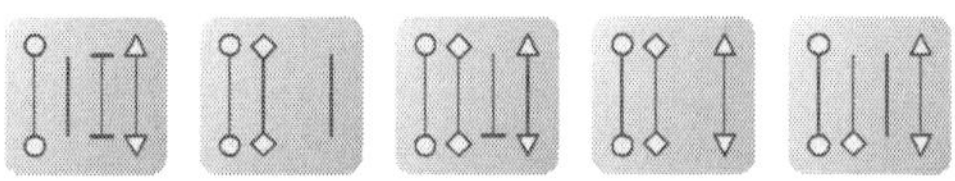

A B C D E

9)

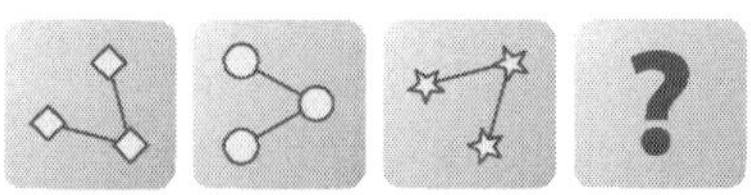

Welche Figur setzt die Reihe logisch fort?

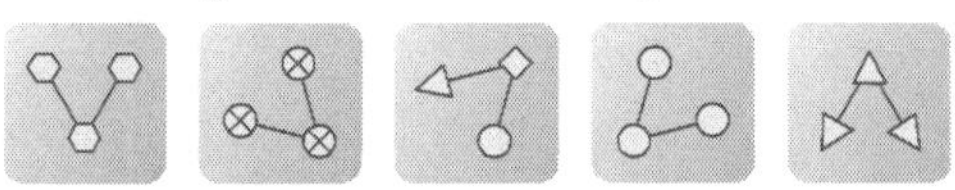

A B C D E

10)

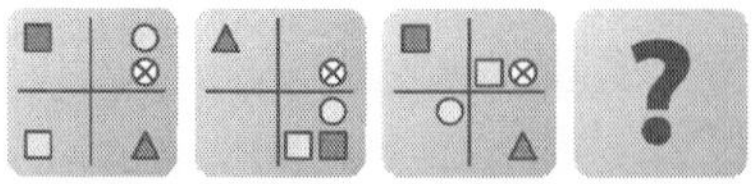

Welche Figur setzt die Reihe logisch fort?

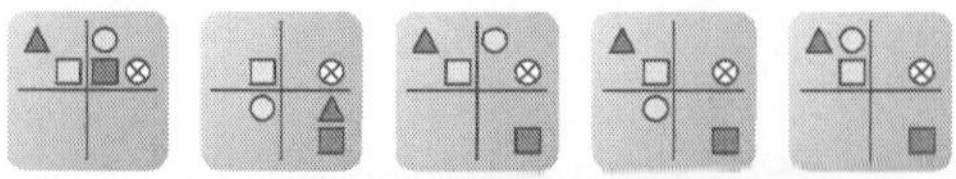

A B C D E

Figurenmatrizen *Bearbeitungszeit 10 Minuten*

Finden Sie heraus, nach welcher Regel die Figurenmatrix aufgebaut ist, und ergänzen Sie die fehlende Figur.

Hierzu ein Beispiel

Aufgabe

1)

Welche Figur ersetzt das Fragezeichen logisch?

A B C D E

Antwort

(A)

Die beiden linken Figuren einer Reihe überlagern sich rechts, wobei sie ihre Farben tauschen.

Bearbeitungstipp

Um die Bildungsregel einer Matrix herauszufinden, erforschen Sie am besten zuerst eine einzelne Reihe oder Spalte: Welche Zusammenhänge gibt es, wie unterscheiden sich die Figuren – und darin enthaltene Objekte – in ihrer Form, Farbe, Größe und Ausrichtung?

Wenn Sie in einer Reihe oder Spalte ein Schema erkannt haben, dann probieren Sie, ob es für die gesamte Matrix gilt.

Bitte bearbeiten Sie nun die Aufgaben: Markieren Sie den Lösungsbuchstaben der fehlenden Figur. Sie haben dafür **10 Minuten** Zeit.

11)

Welche Figur ersetzt das Fragezeichen logisch?

A B C D E

12)

Welche Figur ersetzt das Fragezeichen logisch?

A B C D E

13)

Welche Figur ersetzt das Fragezeichen logisch?

A B C D E

14)

Welche Figur ersetzt das Fragezeichen logisch?

A B C D E

15)

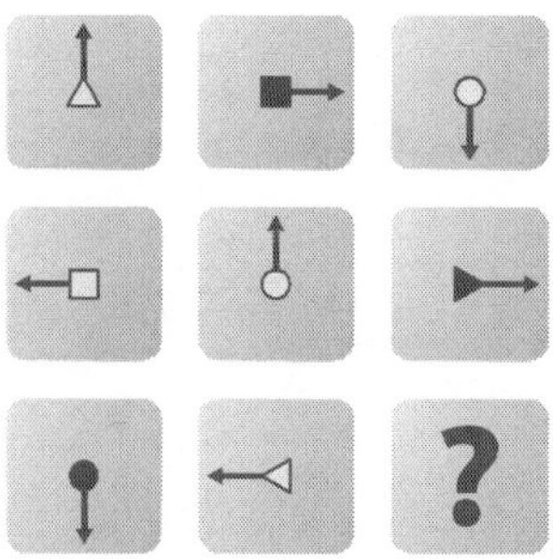

Welche Figur ersetzt das Fragezeichen logisch?

A B C D E

16)

Welche Figur ersetzt das Fragezeichen logisch?

A B C D E

17)

Welche Figur ersetzt das Fragezeichen logisch?

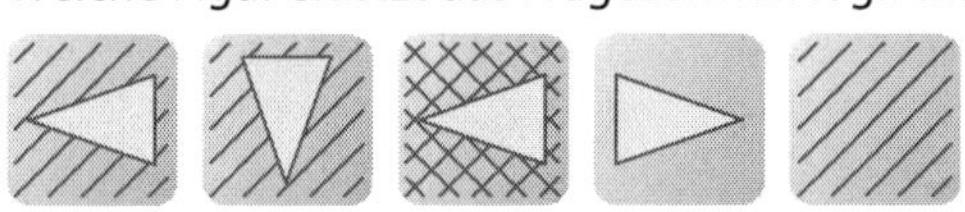

A B C D E

18)

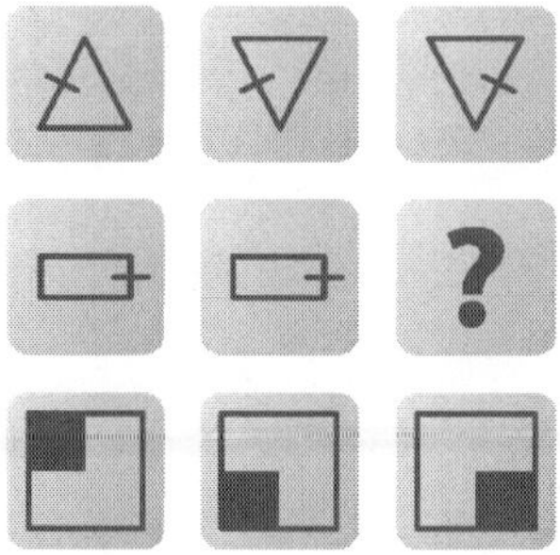

Welche Figur ersetzt das Fragezeichen logisch?

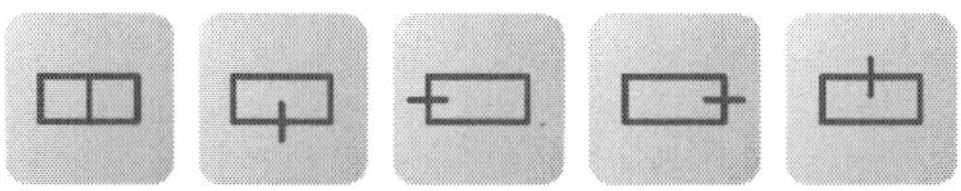

A B C D E

19)

Welche Figur ersetzt das Fragezeichen logisch?

A B C D E

20)

Welcome Figur ersetzt das Fragezeichen logisch?

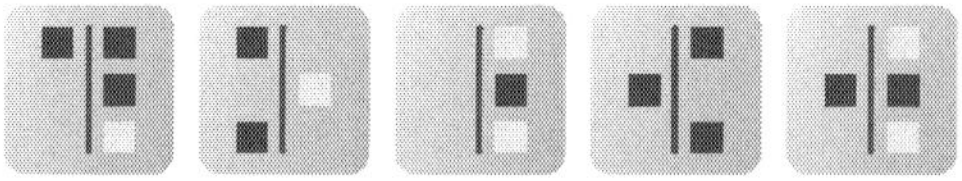

A B C D E

Visuelle Analogien

Bearbeitungszeit 10 Minuten

In diesem Abschnitt wird Ihre Fähigkeit zu logischem Denken im visuellen Bereich geprüft.

Jede folgende Aufgabe konfrontiert Sie mit zwei Figuren, die in einer bestimmten Beziehung zueinander stehen. Durch eine ähnliche Beziehung ist auch eine dritte mit einer vierten Figur verknüpft – diese müssen Sie jedoch aus einer Menge mehrerer Antwortmöglichkeiten selbst ermitteln.

Hierzu ein Beispiel

Aufgabe

1)

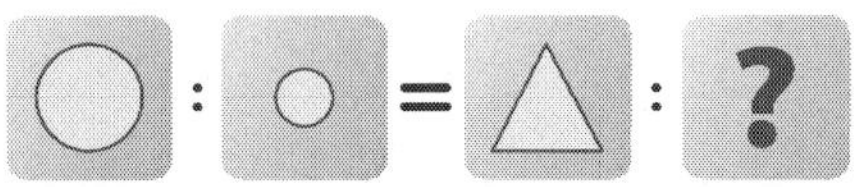

Welche Figur ersetzt das Fragezeichen logisch?

A B C D E

Antwort

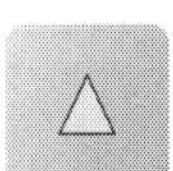

(C)

Das Objekt wird in verkleinerter Form wiederholt.

Bitte bearbeiten Sie nun die Aufgaben: Markieren Sie den Lösungsbuchstaben der gesuchten Figur. Sie haben dafür **10 Minuten** Zeit.

21)

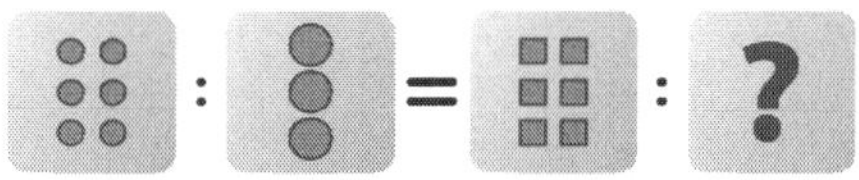

Welche Figur ersetzt das Fragezeichen logisch?

A B C D E

22)

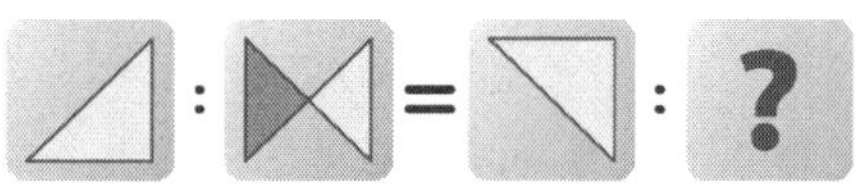

Welche Figur ersetzt das Fragezeichen logisch?

A B C D E

23)

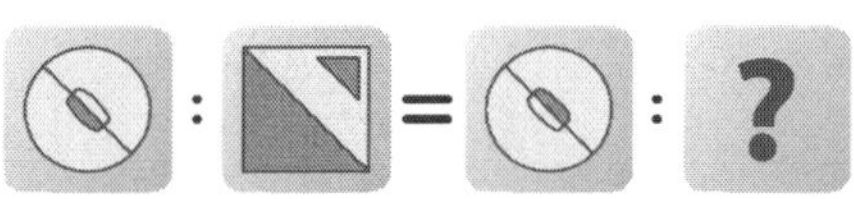

Welche Figur ersetzt das Fragezeichen logisch?

A B C D E

24)

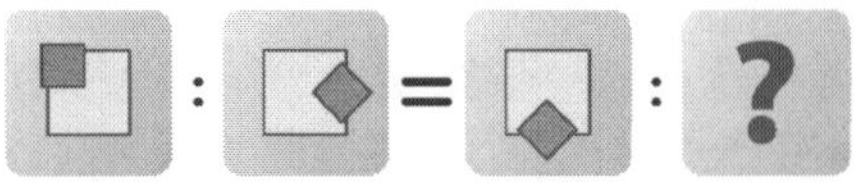

Welche Figur ersetzt das Fragezeichen logisch?

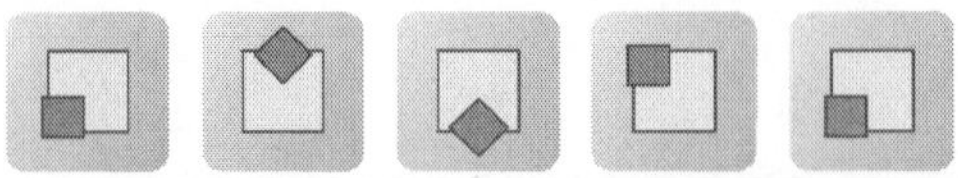

A B C D E

25)

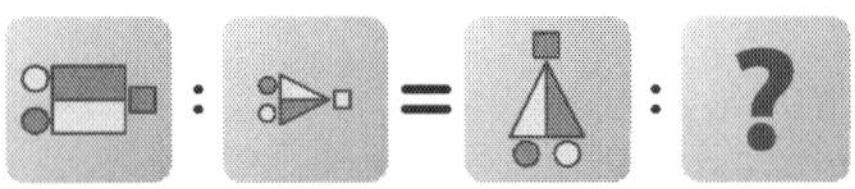

Welche Figur ersetzt das Fragezeichen logisch?

A B C D E

26)

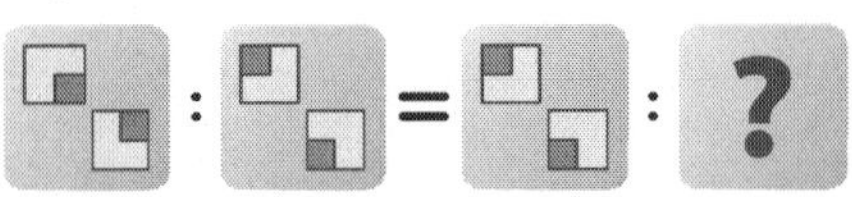

Welche Figur ersetzt das Fragezeichen logisch?

A B C D E

27)

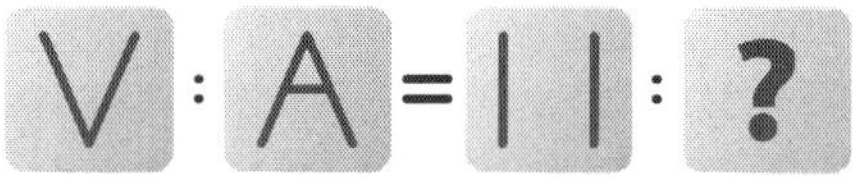

Welche Figur ersetzt das Fragezeichen logisch?

A B C D E

28)

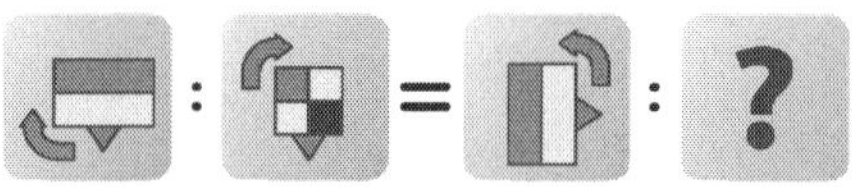

Welche Figur ersetzt das Fragezeichen logisch?

A B C D E

29)

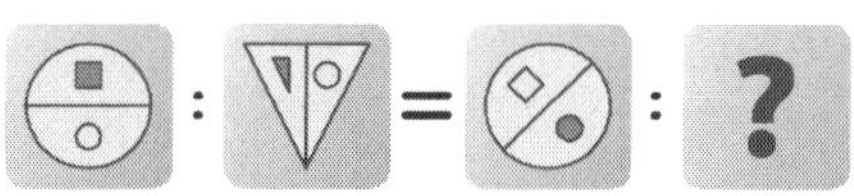

Welche Figur ersetzt das Fragezeichen logisch?

A B C D E

30)

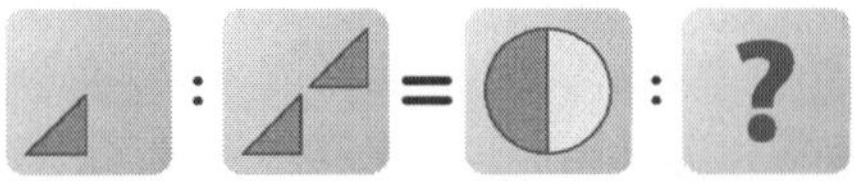

Welche Figur ersetzt das Fragezeichen logisch?

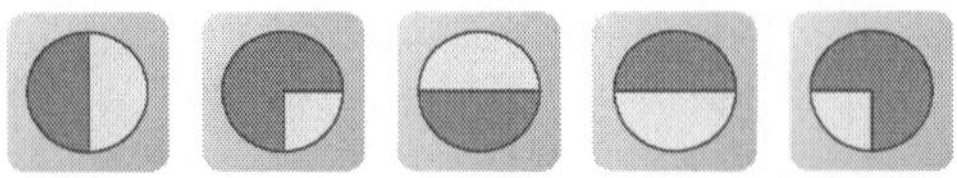

A B C D E

Spielwürfel drehen *Bearbeitungszeit 10 Minuten*

Die gegenüberliegenden Seiten eines Spielwürfels ergeben in der Summe immer die Augenzahl Sieben: Zeigt beispielsweise die Vorderseite eine „6", muss auf der Rückseite die „1" stehen. Daher können Sie von drei sichtbaren Würfelflächen auf die Lage aller anderen Flächen schließen.

Bitte führen Sie bei jeder Aufgabe die vorgegebenen Operationen durch und markieren Sie den Antwortbuchstaben der korrekten Lösung.

Hierzu ein Beispiel

Aufgabe

1) Der abgebildete Spielwürfel wird 90 Grad im Uhrzeigersinn gedreht.

Welche Vorderansicht zeigt der Würfel nun?

A B C D E

Antwort

(A)

Gegenprobe: Drehen Sie Lösungswürfel A 90 Grad gegen den Uhrzeigersinn.

Bitte bearbeiten Sie nun die Aufgaben: Markieren Sie jeweils den Lösungsbuchstaben des richtigen Antwortvorschlags. Sie haben dafür **10 Minuten** Zeit.

31) Der abgebildete Spielwürfel wird nach links gekippt und 90 Grad gegen den Uhrzeigersinn gedreht.

Welche Vorderansicht zeigt der Würfel nun?

A B C D E

32) Der abgebildete Spielwürfel wird nach links gekippt und 90 Grad gegen den Uhrzeigersinn gedreht.

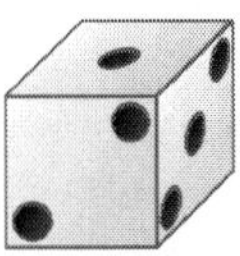

Welche Vorderansicht zeigt der Würfel nun?

A B C D E

33) Der abgebildete Spielwürfel wird nach links gekippt und 90 Grad gegen den Uhrzeigersinn gedreht.

Welche Vorderansicht zeigt der Würfel nun?

A B C D E

34) Der abgebildete Spielwürfel wird nach hinten gekippt und 90 Grad im Uhrzeigersinn gedreht.

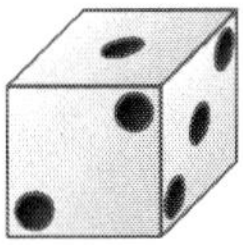

Welche Vorderansicht zeigt der Würfel nun?

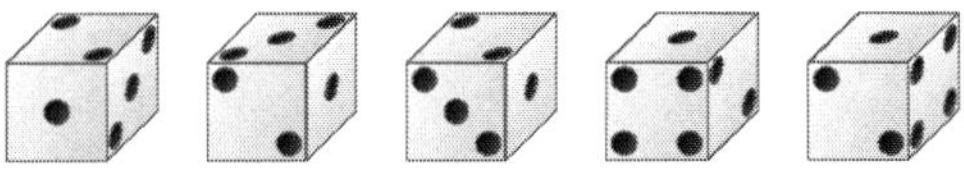

A B C D E

35) Der abgebildete Spielwürfel wird nach hinten gekippt und 90 Grad im Uhrzeigersinn gedreht.

Welche Vorderansicht zeigt der Würfel nun?

A B C D E

36) Der abgebildete Spielwürfel wird nach rechts gekippt und 90 Grad im Uhrzeigersinn gedreht.

Welche Vorderansicht zeigt der Würfel nun?

A B C D E

37) Der abgebildete Spielwürfel wird nach links gekippt und 90 Grad im Uhrzeigersinn gedreht.

Welche Vorderansicht zeigt der Würfel nun?

A B C D E

38) Der abgebildete Spielwürfel wird nach links gekippt, danach 90 Grad im Uhrzeigersinn gedreht und nach rechts gekippt.

Welche Vorderansicht zeigt der Würfel nun?

A B C D E

39) Der abgebildete Spielwürfel wird zweimal nach hinten gekippt, danach nach links gekippt und 90 Grad im Uhrzeigersinn gedreht.

Welche Vorderansicht zeigt der Würfel nun?

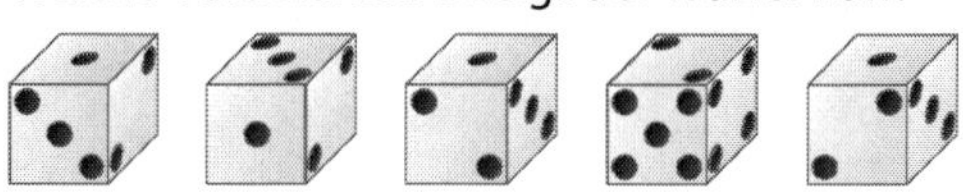

A B C D E

40) Der abgebildete Spielwürfel wird zweimal nach rechts gekippt und 90 Grad im Uhrzeigersinn gedreht.

Welche Vorderansicht zeigt der Würfel nun?

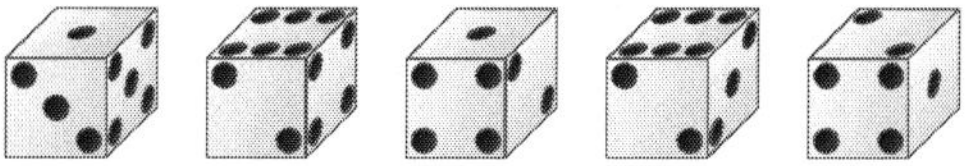

A B C D E

Faltvorlagen

Bearbeitungszeit 10 Minuten

In diesem Abschnitt wird Ihr visuelles Denkvermögen getestet.

Sie sehen jeweils eine Faltvorlage. Finden Sie heraus, welcher der fünf Körper A bis E daraus hergestellt werden kann.

Hierzu ein Beispiel

Aufgabe

1) Diese Faltvorlage ist die Außenseite eines Körpers.

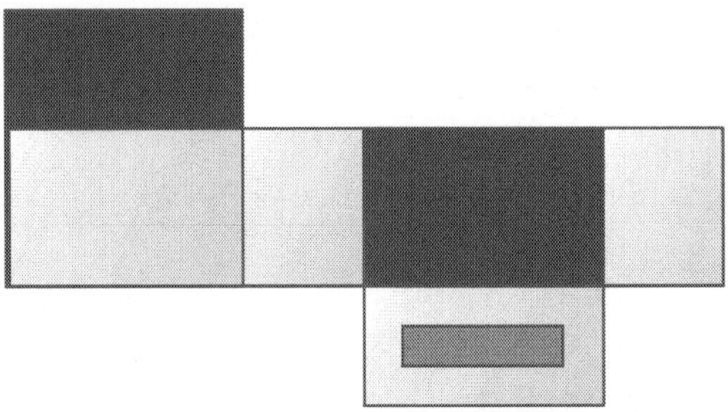

Welcher der Körper A bis E kann aus der Faltvorlage gebildet werden?

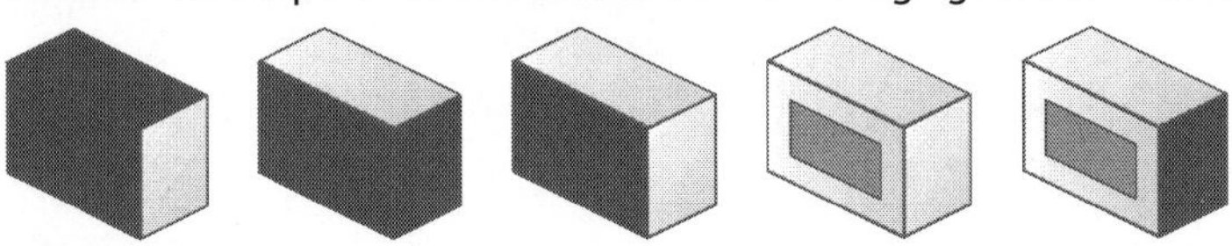

A B C D E

Antwort

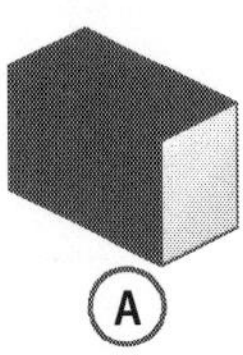

(A)

Schwarze Seitenfläche im Fokus behalten, Quader zusammenfalten und 45 Grad im Uhrzeigersinn drehen.

Bitte bearbeiten Sie nun die Aufgaben: Markieren Sie jeweils den Lösungsbuchstaben des richtigen Antwortvorschlags. Sie haben dafür **10 Minuten** Zeit.

41) Diese Faltvorlage ist die Außenseite eines Körpers.

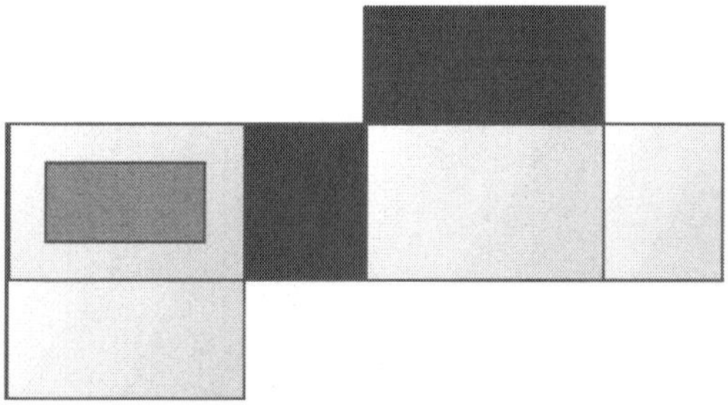

Welcher der Körper A bis E kann aus der Faltvorlage gebildet werden?

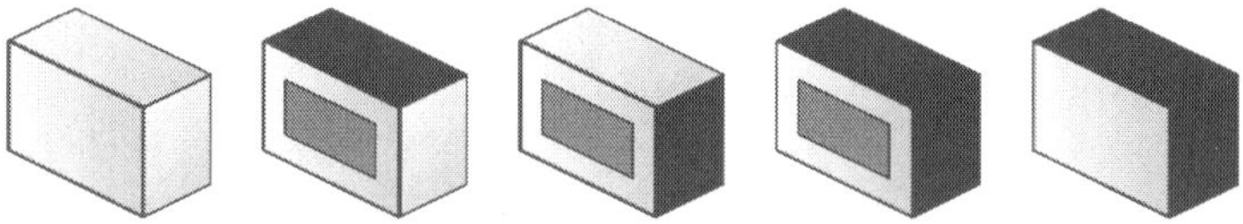

A B C D E

42) Diese Faltvorlage ist die Außenseite eines Körpers.

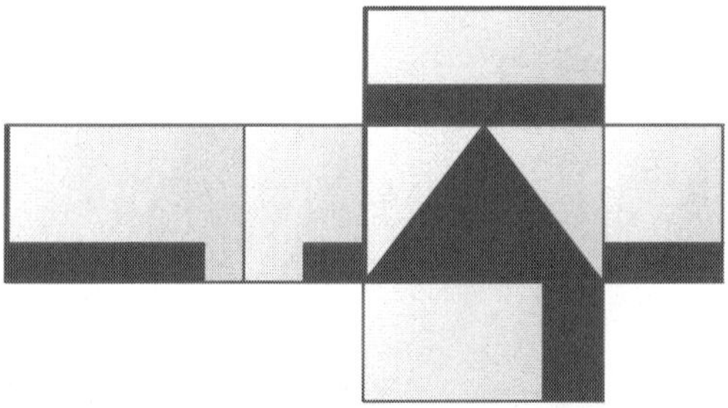

Welcher der Körper A bis E kann aus der Faltvorlage gebildet werden?

A B C D E

43) Diese Faltvorlage ist die Außenseite eines Körpers.

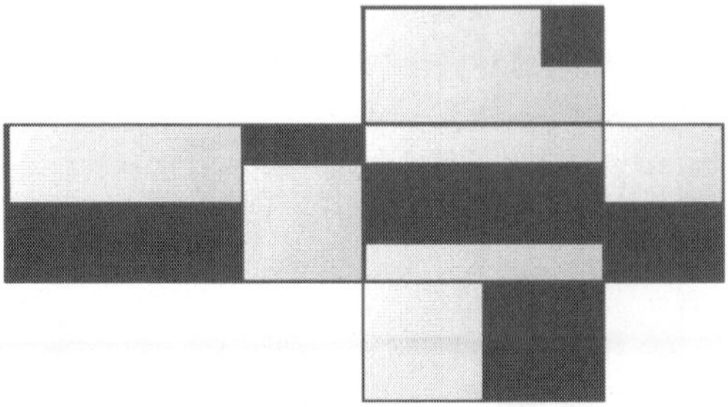

Welcher der Körper A bis E kann aus der Faltvorlage gebildet werden?

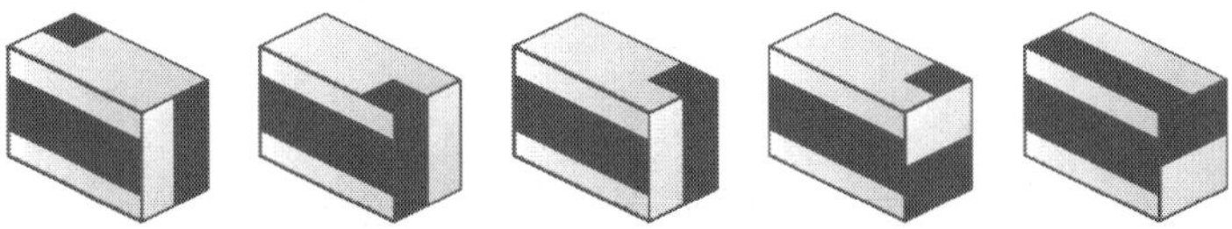

A B C D E

44) Diese Faltvorlage ist die Außenseite eines Körpers.

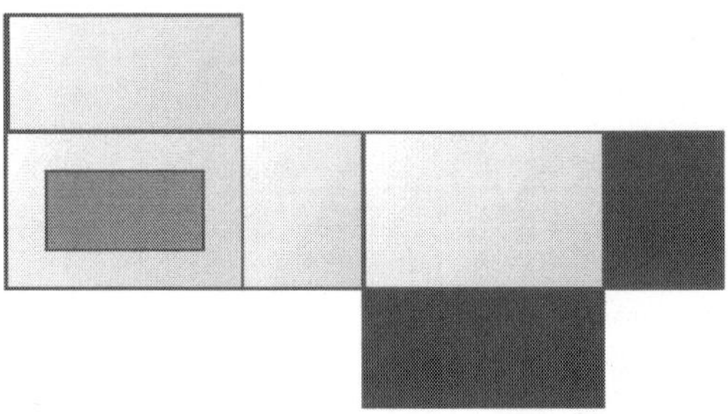

Welcher der Körper A bis E kann aus der Faltvorlage gebildet werden?

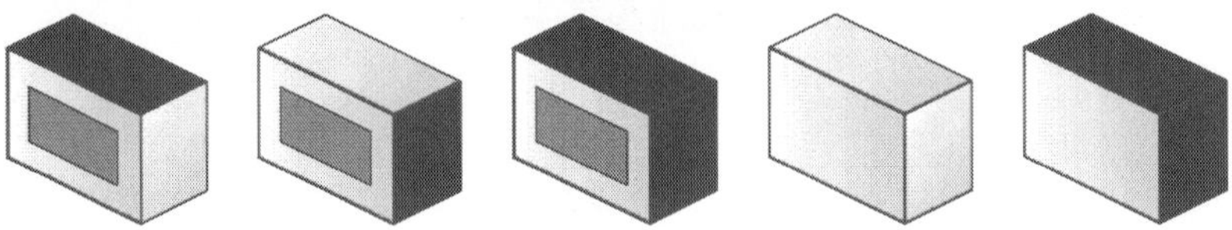

A B C D E

45) Diese Faltvorlage ist die Außenseite eines Körpers.

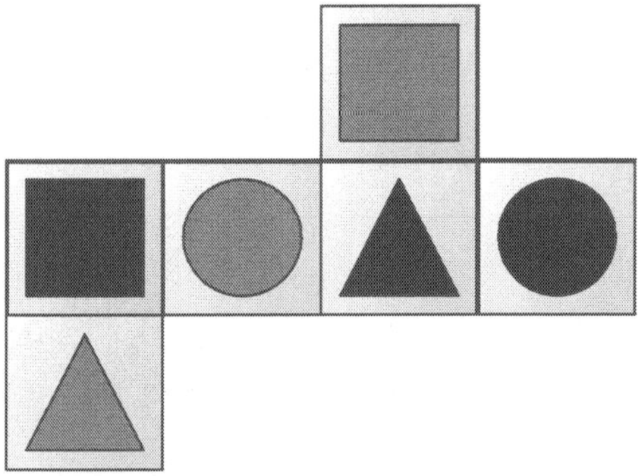

Welcher der Körper A bis E kann aus der Faltvorlage gebildet werden?

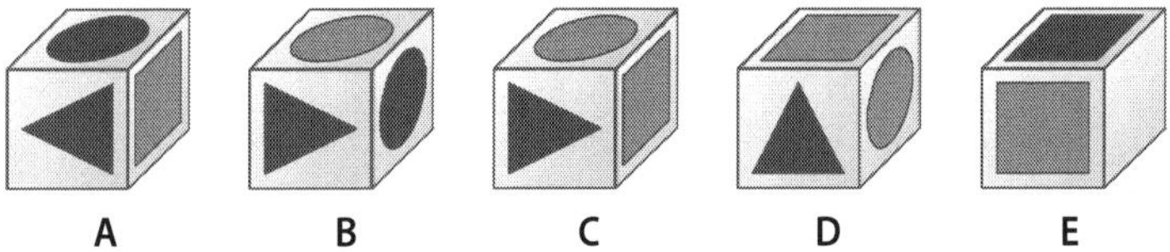

46) Diese Faltvorlage ist die Außenseite eines Körpers.

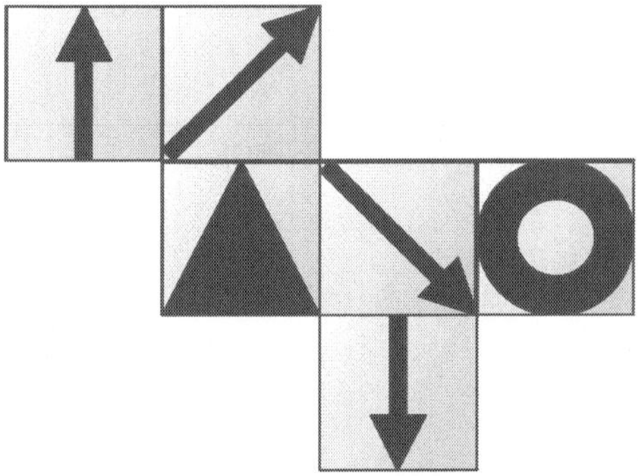

Welcher der Körper A bis E kann aus der Faltvorlage gebildet werden?

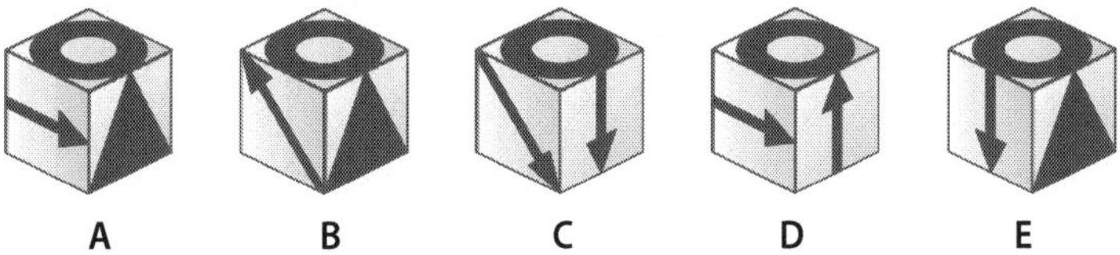

47) Diese Faltvorlage ist die Außenseite eines Körpers.

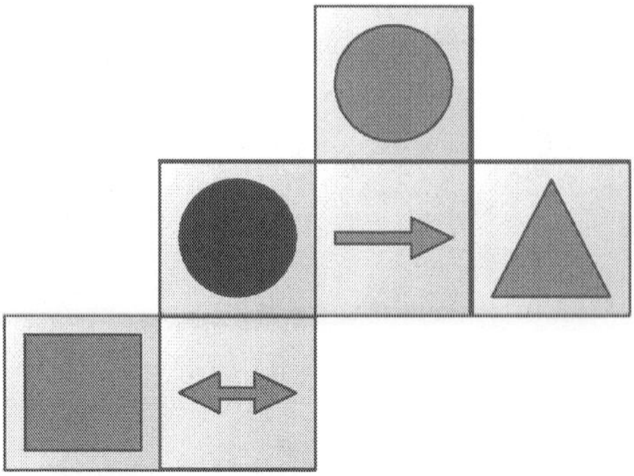

Welcher der Körper A bis E kann aus der Faltvorlage gebildet werden?

A **B** **C** **D** **E**

48) Diese Faltvorlage ist die Außenseite eines Körpers.

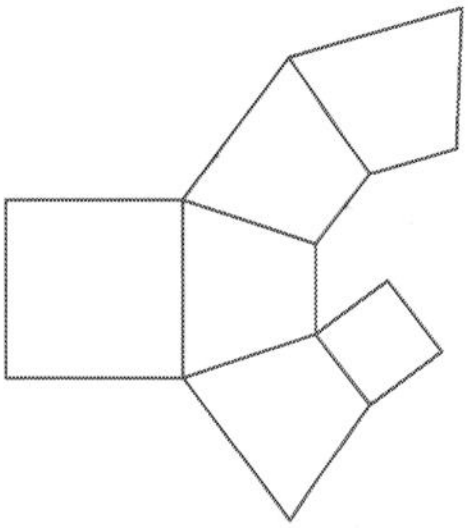

Welcher der Körper A bis E kann aus der Faltvorlage gebildet werden?

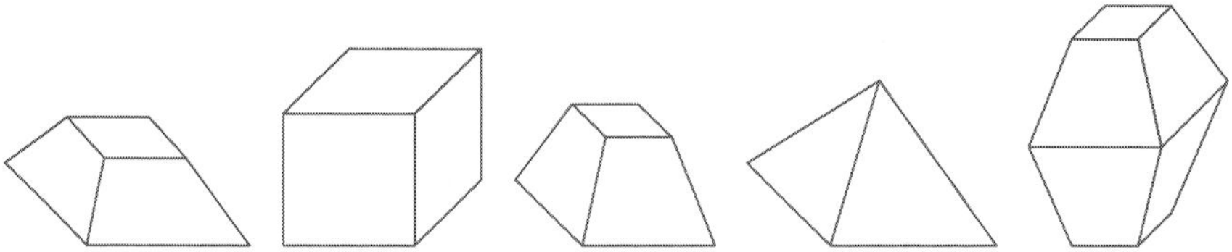

A **B** **C** **D** **E**

49) Diese Faltvorlage ist die Außenseite eines Körpers.

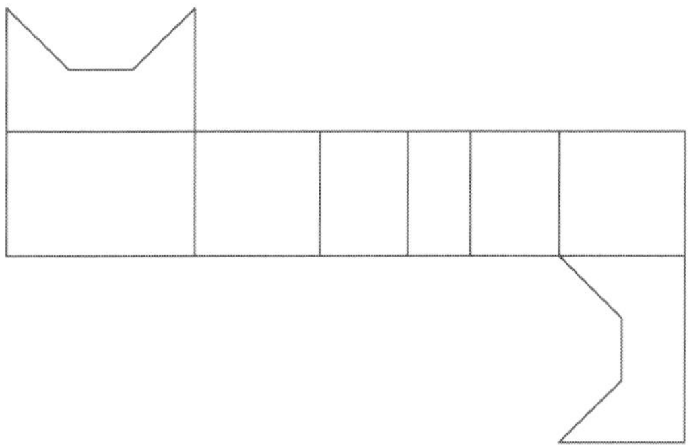

Welcher der Körper A bis E kann aus der Faltvorlage gebildet werden?

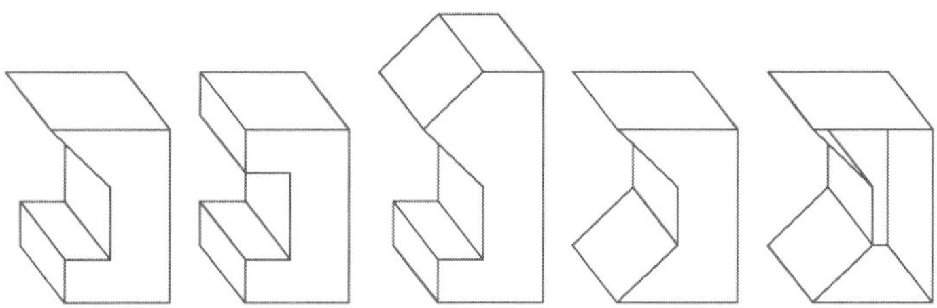

A B C D E

50) Diese Faltvorlage ist die Außenseite eines Körpers.

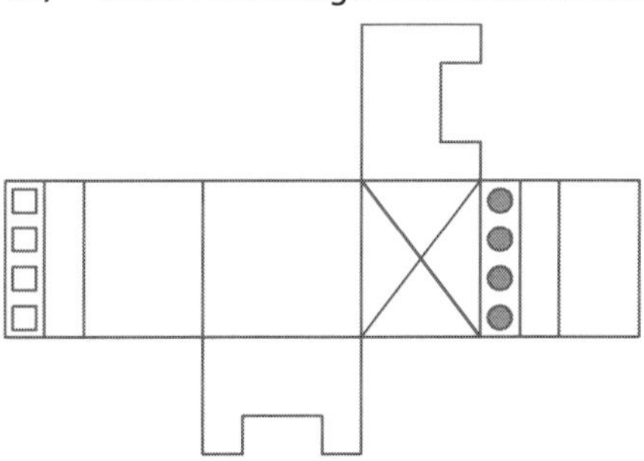

Welcher der Körper A bis E kann aus der Faltvorlage gebildet werden?

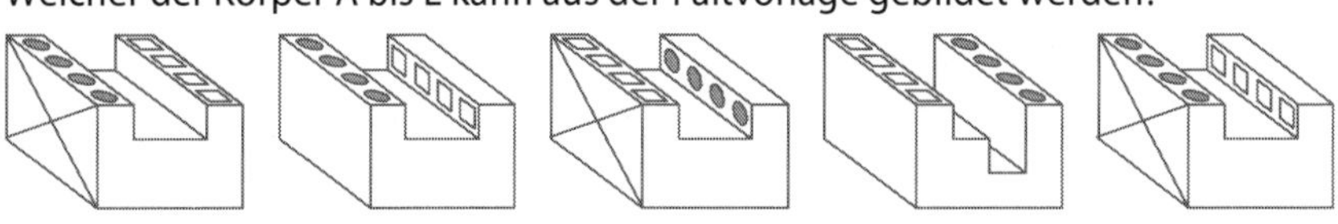

A B C D E

Fehlerhafte Figur erkennen *Bearbeitungszeit 2×1½ Minuten*

Mit diesen Aufgaben wird Ihre Fähigkeit zur Erkennung visueller Details geprüft.

Sie erhalten eine Reihe mit scheinbar identischen Figuren. Aber eine Figur unterscheidet sich geringfügig von den anderen.

Beantworten Sie bitte die folgenden Aufgaben, indem Sie in jeder Reihe die fehlerhafte Figur erkennen und markieren.

Block A: Abstrakt

Für diesen Aufgabenblock haben Sie **1½ Minuten** Zeit.

Welche der fünf Figuren unterscheidet sich von den anderen in der Reihe?

51)

A B C D E

52)

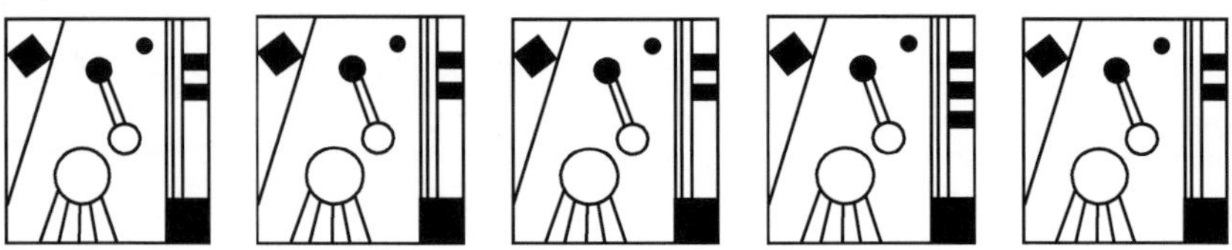

A B C D E

53)

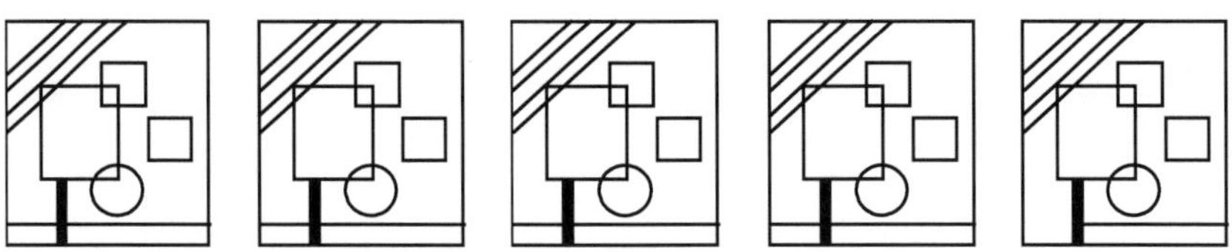

A B C D E

54)

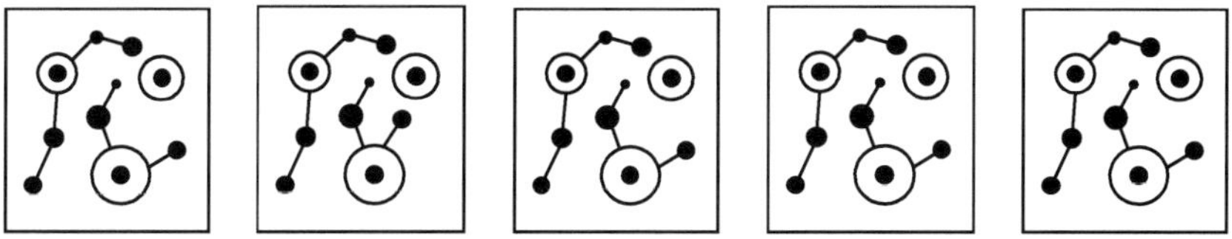

A B C D E

55)

A B C D E

Block B: Segelboote

Für diesen Aufgabenblock haben Sie **1½ Minuten** Zeit.

Welche der fünf Figuren unterscheidet sich von den anderen in der Reihe?

56)

A B C D E

57)

A B C D E

58)

A B C D E

59)

A B C D E

60)

A B C D E

Gespiegelte Figuren *Bearbeitungszeit 2 Minuten*

Jede Reihe enthält eine Figur in fünf Variationen – viermal unterschiedlich weit gedreht, einmal jedoch gespiegelt.

Beantworten Sie bitte die folgenden Aufgaben, indem Sie den Antwortbuchstaben der gespiegelten Figur markieren.

61)

A B C D E

62)

A B C D E

63)

A B C D E

64)

A B C D E

65)

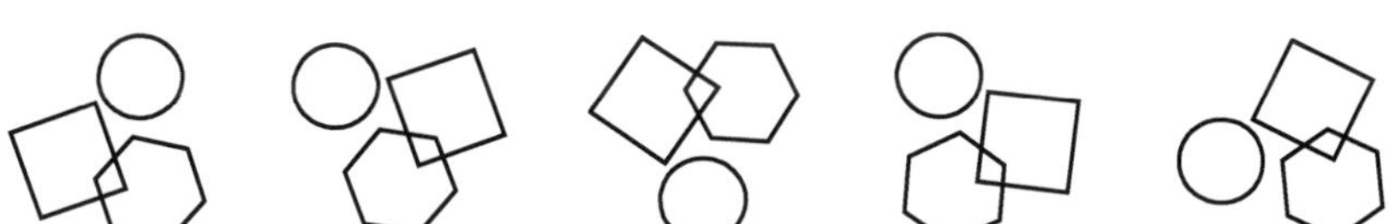

A B C D E

66)

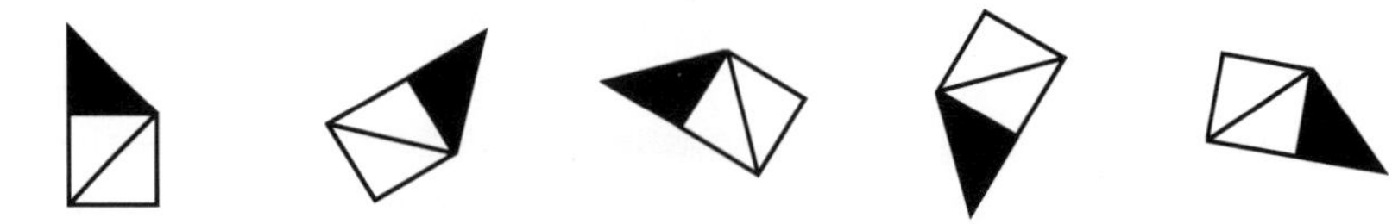

A B C D E

67)

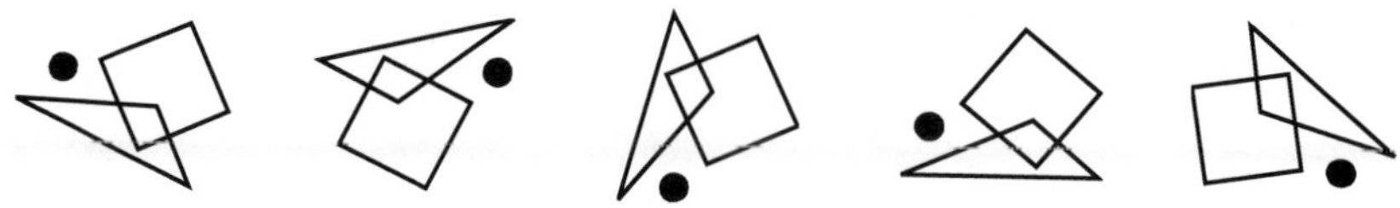

A B C D E

68)

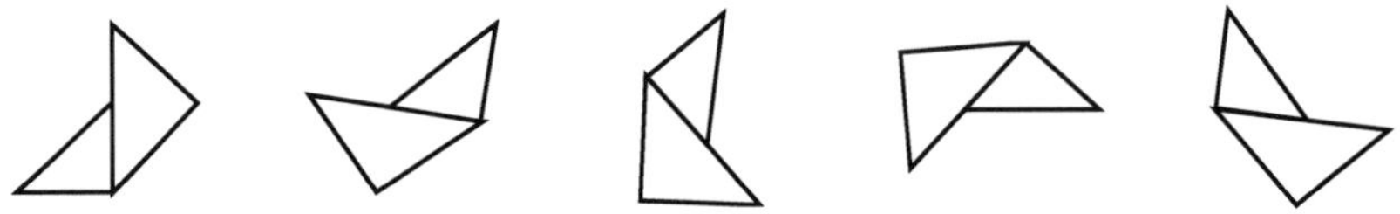

A B C D E

69)

A B C D E

70)

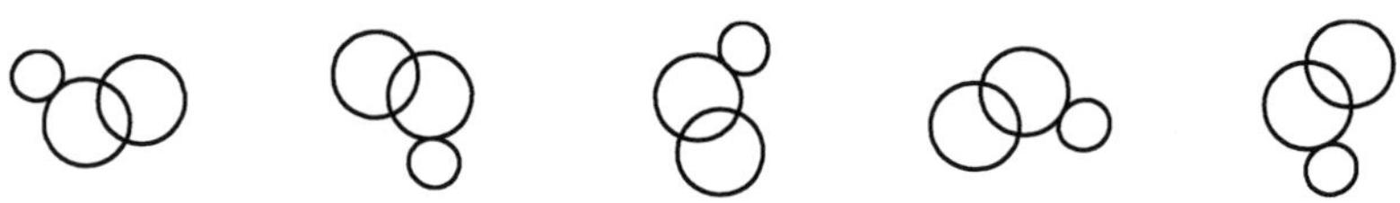

A B C D E

Lösungen: Visuelles Denkvermögen

1) E	25) B	49) D
2) D	26) C	50) E
3) C	27) C	51) A
4) C	28) C	52) D
5) C	29) D	53) E
6) C	30) B	54) B
7) C	31) B	55) B
8) D	32) D	56) B
9) E	33) C	57) D
10) E	34) C	58) A
11) C	35) A	59) C
12) B	36) C	60) B
13) D	37) D	61) B
14) B	38) B	62) B
15) E	39) C	63) C
16) A	40) B	64) D
17) C	41) D	65) A
18) C	42) D	66) E
19) B	43) D	67) C
20) D	44) C	68) B
21) D	45) C	69) A
22) B	46) D	70) E
23) C	47) D	
24) D	48) C	

Figurenreihen (Aufgaben 1–10)

Zu 1) E.

Mit jeder folgenden Figur schrumpft der Halbkreis um 45 Grad im Uhrzeigersinn.

Zu 2) D.

Jede folgende Figur enthält ein Element mehr als ihr Vorgänger.

Zu 3) C.

In jeder Figur wird eine von zwei längeren Linien von zwei parallel laufenden kurzen Linien gekreuzt.

Zu 4) C.

Die Zahl der kleinen Kreise an der dritten diagonalen Linie von rechts nimmt kontinuierlich zu. Die Zahl der Striche der zweiten diagonalen Linie von rechts nimmt stetig ab, bis diese schließlich ganz verschwindet. Alle übrigen Linien verändern sich nicht.

Zu 5) C.

Die Reihe besteht aus Dreiecken und Vierecken, die sich abwechseln, wobei alle Vierecke grau eingefärbt sind.

Zu 6) C.

Jede Figur ist im Vergleich zu ihrem Vorgänger um 135 Grad im Uhrzeigersinn gedreht, wobei die Lage der grauen Fläche stets wechselt.

Zu 7) C.

Das kleine dunkle Quadrat springt zwischen den weißen Quadraten hin und her und ändert darin mit jedem Sprung seine horizontale Ausrichtung. Darüber hinaus wird bei jedem Sprung in das untere mittelgroße Quadrat ein weiteres graues Quadrat hinzugefügt.

Zu 8) D.

Die beiden linken Objekte bleiben unverändert. Das dritte Objekt von links – die senkrechte Linie mit zwei Querbalken an ihren Enden – verliert von Schritt zu Schritt einen Strich und verschwindet schließlich ganz. Dafür kommt ein neues Objekt am rechten Rand hinzu, das stetig um ein Element erweitert wird.

Zu 9) E.

Von Schritt zu Schritt dreht sich die Dreiecksform um 45 Grad gegen den Uhrzeigersinn. An den Eckpunkten sitzt innerhalb eines Felds stets das gleiche Element, das jedoch in keinem anderen Feld auftaucht.

Zu 10) E.

Von Schritt zu Schritt wechseln die dunklen Figuren (Viereck und Dreieck) ins jeweils diagonal gegenüberliegende Feld. Der Kreis mit dem Kreuz behält seine Position bei. Der weiße Kreis wandert im, das weiße Viereck gegen den Uhrzeigersinn durch die einzelnen Felder.

Figurenmatrizen (Aufgaben 11–20)

Zu 11) C.

Gehen Sie von oben nach unten vor: Die beiden oberen Figuren einer Spalte ergeben aufeinandergelegt das jeweils untere Objekt.

Zu 12) B.

Gehen Sie in den einzelnen Reihen von links nach rechts vor. In jeder Reihe kommt nur ein Objekttyp (Viereck, Raute, Kreis) vor. In den Objekten befinden sich zwei Punkte, die mit verschiedenen Geschwindigkeiten innerhalb des Objekts umlaufen: Ein Punkt wandert um 90° im Uhrzeigersinn, der andere um 180°.

Zu 13) D.

Die Objekte unterscheiden sich in ihrer Form (Kreis, Quadrat, Dreieck) und in der Anzahl ihrer Mäntel. In jeder Reihe und jeder Spalte haben alle Objekte eine unterschiedliche Form und Mantelzahl. Das fehlende Objekt ist ein Dreieck mit nur einem Mantel.

Zu 14) B.

Gehen Sie von oben nach unten vor: Die beiden oberen Figuren einer Spalte ergeben aufeinandergelegt das jeweils untere Objekt, wobei die Pfeilspitzen entfernt werden müssen.

Zu 15) E.

Gehen Sie von oben nach unten vor. Der Pfeil wird mit jedem Schritt nach unten um 90° gegen den Uhrzeigersinn gedreht. So kommen nur die Antworten A und E in Betracht. Zudem darf in jeder Spalte nur ein schwarzes Objekt sein, sodass nur Antwort E als Lösung bleibt.

Zu 16) A.

Betrachten Sie jede Spalte für sich: Dreht man das jeweils obere Objekt um 90° gegen den Uhrzeigersinn, erhält man das mittlere Objekt. Wird dieses wiederum an einer waagerechten Achse gespiegelt, ergibt sich das jeweils untere Objekt.

Zu 17) C.

Gehen Sie in den einzelnen Spalten von oben nach unten vor. Jedes Feld zeigt ein keilförmiges Objekt vor einem Hintergrund. Von Feld zu Feld werden die Keile nun um 90° im Uhrzeigersinn gedreht. Der Hintergrund des jeweils untersten Feldes ergibt sich aus der „Addition" der beiden oberen Felder, die übereinandergelegt werden.

Zu 18) C.

Gehen Sie in den Reihen von links nach rechts vor: Zuerst wird das Objekt vertikal gespiegelt, anschließend horizontal.

Zu 19) B.

Gehen Sie in jeder Spalte von oben nach unten vor. Das jeweils oberste Objekt wird mit dem Objekt darunter „addiert", d. h. beide Objekte werden aufeinandergelegt, wobei jedoch das in der 2. Reihe stehende Objekt zuvor an seiner Schrägachse von links oben nach rechts unten imaginär zu spiegeln ist. Durch diese Spiegelung wird das Objekt über dem Fragezeichen identisch mit dem obersten Objekt der Spalte. Daher entspricht – wie auch in der linken Spalte – das Objekt des untersten Felds dem Objekt des obersten Felds.

Zu 20) D.

Betrachten Sie jede Spalte für sich von oben nach unten: Die weißen und schwarzen Quadrate laufen im Uhrzeigersinn um den mittleren Balken, wobei sie auf jeder Seite drei Positionen einnehmen können. Die weißen Quadrate legen von Feld zu Feld zwei Positionen zurück, die schwarzen gehen in Einerschritten voran. Wenn sich auf einer Position Quadrate beider Farben befinden, ist nur das schwarze sichtbar.

Visuelle Analogien (Aufgaben 21–30)

Zu 21) D.

Die Objekte (Kreise bzw. Vierecke) werden größer, ihre Anzahl halbiert sich, und sie werden mittig abgebildet.

Zu 22) B.

Die Figuren werden 90 Grad gegen den Uhrzeigersinn gedreht.

Zu 23) C.

Spiegelt man die erste Figur an der Diagonalen von links oben nach rechts unten, erhält man die dritte Figur. Wendet man dieses Prinzip auf die zweite Figur an, erhält man die vierte Figur.

Zu 24) D.

Das kleine graue Quadrat dreht sich um den Mittelpunkt des weißen Quadrats um 135 Grad im Uhrzeigersinn.

Zu 25) B.

So wie sich das große Viereck zum kleinen Dreieck verhält, verhält sich das große Dreieck zum kleinen Viereck: Das Hauptobjekt schrumpft, die Innenflächen und angehängten Objekte wechseln ihre Farbe von hell zu dunkel bzw. umgekehrt.

Zu 26) C.

Von der ersten Figur zur zweiten werden die kleinen grauen Quadrate innerhalb der weißen Rechtecke diagonal gespiegelt. Dementsprechend müssen die kleinen Quadrate auch von der dritten zur vierten Figur diagonal gespiegelt werden.

Zu 27) C.

Da die beiden Diagonalen des „V" in die Senkrechte gebracht werden, müssen auch die beiden Diagonalen des „A" in die senkrechte Position verschoben werden.

Zu 28) C.

Die Figuren werden 90 Grad im Uhrzeigersinn gedreht und anschließend horizontal gespiegelt.

Zu 29) D.

Die Kreisfigur dreht sich 45 Grad gegen den Uhrzeigersinn, wobei die kleinen Objekte innerhalb dieser Figur die Farben tauschen. Gleiches geschieht nun mit dem Dreieck.

Zu 30) B.

Die ursprüngliche Figur bleibt bestehen und wird mit ihrer diagonalen Spiegelung überlagert. Die Spiegelachse verläuft von der linken oberen zur rechten unteren Ecke des Hintergrund-Quadrats.

Spielwürfel drehen (Aufgaben 31–40)

Zu 31) B.

Gegenprobe: Drehen Sie Lösungswürfel B 90 Grad im Uhrzeigersinn und kippen Sie ihn nach rechts.

Zu 32) D.

Gegenprobe: Drehen Sie Lösungswürfel D 90 Grad im Uhrzeigersinn und kippen Sie ihn nach rechts.

Zu 33) C.

Gegenprobe: Drehen Sie Lösungswürfel C 90 Grad im Uhrzeigersinn und kippen Sie ihn nach rechts.

Zu 34) C.

Drehen Sie Lösungswürfel C 90 Grad gegen den Uhrzeigersinn und kippen Sie ihn nach vorne.

Zu 35) A.

Gegenprobe: Drehen Sie Lösungswürfel A 90 Grad gegen den Uhrzeigersinn und kippen Sie ihn nach vorne.

Zu 36) C.

Gegenprobe: Drehen Sie Lösungswürfel C 90 Grad gegen den Uhrzeigersinn und kippen Sie ihn nach links.

Zu 37) D.

Gegenprobe: Drehen Sie Lösungswürfel D 90 Grad gegen den Uhrzeigersinn und kippen Sie ihn nach rechts.

Zu 38) B.

Gegenprobe: Kippen Sie Lösungswürfel B nach links, drehen Sie ihn 90 Grad gegen den Uhrzeigersinn und kippen Sie ihn dann nach rechts.

Zu 39) C.

Gegenprobe: Drehen Sie Lösungswürfel C 90 Grad gegen den Uhrzeigersinn, kippen Sie ihn nach rechts und anschließend zweimal nach vorne.

Zu 40) B.

Gegenprobe: Drehen Sie Lösungswürfel B 90 Grad gegen den Uhrzeigersinn und kippen Sie ihn zweimal nach links.

Faltvorlagen (Aufgaben 41–50)

Zu 41) D.

Doppelviereck im Fokus behalten, Quader zusammenfalten und 45 Grad im Uhrzeigersinn drehen.

Zu 42) D.

Dreieck im Fokus behalten, Quader zusammenfalten und 45 Grad im Uhrzeigersinn drehen.

Zu 43) D.

Schwarzen Querbalken im Fokus behalten, Quader zusammenfalten und 45 Grad im Uhrzeigersinn drehen.

Zu 44) C.

Doppelviereck im Fokus behalten, Quader zusammenfalten, zweimal nach rechts kippen und 45 Grad im Uhrzeigersinn drehen.

Zu 45) C.

Schwarzes Dreieck im Fokus behalten, Würfel zusammenfalten und nach rechts kippen.

Zu 46) D.

Kreis im Fokus behalten, Würfel zusammenfalten, nach hinten kippen und 45 Grad im Uhrzeigersinn drehen.

Zu 47) D.

Schwarzen Kreis im Fokus behalten, Würfel zusammenfalten und nach rechts kippen.

Zu 48) C.

Zu 49) D.

Zu 50) E.

Fehlerhafte Figur erkennen (Aufgaben 51–60)

Block A: Abstrakt

Zu 51) A.

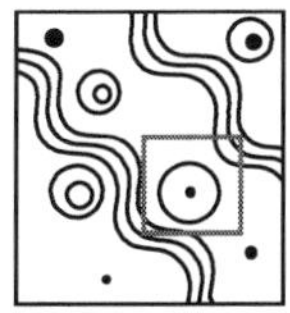

Zu 52) D.

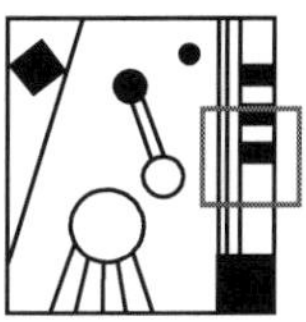

Zu 53) E.

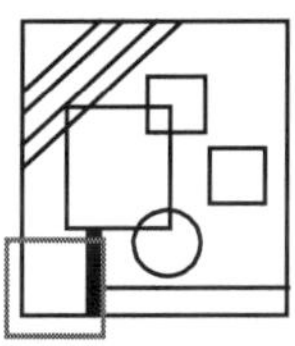

Zu 54) B.

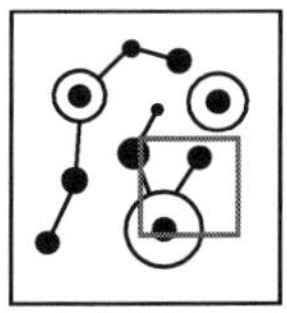

Zu 55) B.

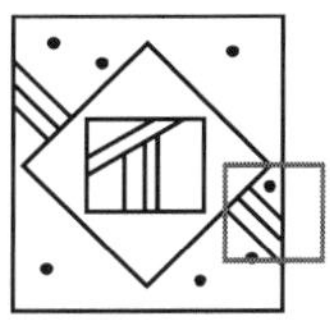

Block B: Segelboote

Zu 56) B.

Zu 57) D.

Zu 58) A.

Zu 59) C.

Zu 60) B.

Gespiegelte Figuren (Aufgaben 61–70)

Zu 61) B.

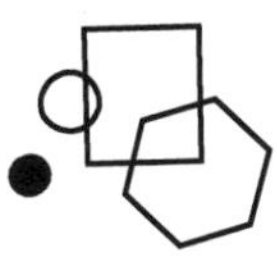

Zu 62) B.

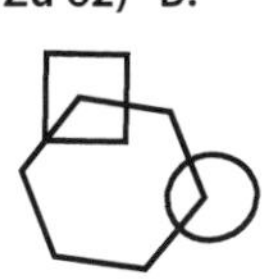

Zu 63) C.

Zu 64) D.

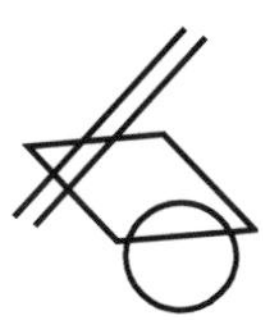

Zu 65) A.

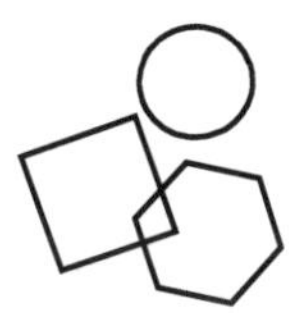

Zu 66) E.

Zu 67) C.

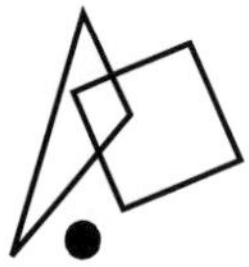

Zu 68) B.

Zu 69) A.

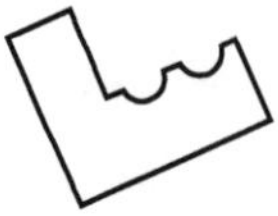

Zu 70) E.

Konzentration und Merkfähigkeit

b/d/p-Strich-Test

Bearbeitungszeit 3 Minuten

Jede Aufgabenzeile enthält die Buchstaben „b“, „d“ und „p“.

Über und unter einem Buchstaben können sich bis zu vier Striche befinden.

Bitte finden Sie in jeder Zeile alle „b“s mit genau zwei Strichen und schreiben Sie die ermittelte Anzahl ans Zeilenende.

Hierzu ein Beispiel

Aufgabe

1) d b d b p b p b d b b d p d d p p d b b p p b p d d p b d b ____

2) b p b b d b b p p b d p d d d p p b d b b p b d b b d p d b ____

Antwort

1) d b d b p b p b d b b d p d d p p d b b p p b p d d p b d b 6

2) b p b b d b b p p b d p d d d p p b d b b p b d b b d p d b 2

Bitte beginnen Sie nun mit der Bearbeitung: Schreiben Sie neben jede Zeile die Zahl der gefundenen „b“s mit genau zwei Strichen.

1) d d b d b b d p d b d b d p b d b d b p b p b d b b d p d d ____

2) d p d b p p b b d b d p d b d d b b p b d p d b d b b d b p ____

3) p d d p d b p p b b d p b d d p d b p b p d p d p b d d b b ____

4) b d b p b d d b b p b b d p d b d d p b p b d p p b b d b p ____

5) b b p b d p d b d p p b d p d b d b d p p b b b d b d p d p ____

6) p d b p d d p b b d p d b b p d d p b b b d p d d d p d b b ____

7) d d p p b d b b d p b b d b p d b d p b d b d p d d b p p b ____

8) b d p b b d p d p b d d p d b p p b b d b d p b p b p d d p ____

9) b p p d b b p d p d p d b d b b p d p d b p b b d p b d p d ____

10) d b d p d d p d d b b p b p b d p d d b p b d b b p d d p b ____

11) b b d p d p d b d p d p b b d p d p b d b d p p d b b b p d ____

12) b p b b p b b d d b p b d p b d b d b d p p b b d b d p d b ____

13) p b p b b d p b b d b d p d p d b d p d d p b b d b p b d d ____

14) p p p d b d b d b p b d b p b b d p d d b d b p d p b b d d ____

15) b b d p d d b p p d b d b p d d b b d b p d p d p d p d d p ____

16) d b p d p b b d p d d b b p p d p b d b b p b d p b d d p d ____

17) d b p b d b b d p b d p d p b d p b d b d p d d p p b d b p ____

18) b b d p d b b b d p p d b b d p d b b p p d b d b d p b b d ____

19) p b d b b d b b p b d b d b p p b d p b d b p b p b p d b p ____

20) b b p d p b b d p p b b d p b b b p d p d b d b d p b d b p ____

21) b p d d d p b b p d b d b b d p p b d b d d p b d b b d p d ____

22) b b d d p b b p d d b b p d d p b d b d p d b b d p d p p b ______

23) d d p p b d d b b p b d b d p b d d p b b d p d p d b d d b ______

24) p d p d b p b b p b d d p b d b d p d b b d p d p b d p d d ______

25) d p b p b b p d b b p b d p d p b d p b b d d p b d b d b p ______

26) d b p p d b b d p d p b d p b d b d d p b d b b d d p d d p ______

27) d p b d p b b b d p d p b d b d p d d p b d b b p b d d d b ______

28) p b b d p b p b b b d p d p b p b p d d p b b p d b b d b d ______

29) p d d b p d d p d p b b b d p d p d b p b d p b b d p d d b ______

30) b b d p d d p d d b b d p b b d p b d b d p b b d p p b d b ______

Ein Buchstabe fehlt *Bearbeitungszeit 1 Minute*

Im Folgenden wird Ihre Arbeitsgeschwindigkeit geprüft.

Jedem Wort fehlt ein Buchstabe – bitte tragen Sie ihn ein. Das Zeitlimit ist ziemlich knapp bemessen, arbeiten Sie daher so schnell wie möglich.

Hierzu ein Beispiel

Aufgabe		*Antwort*	
1)	Ber___f	1)	Ber_u_f
2)	N___me	2)	N_a_me

Bitte beginnen Sie mit der Bearbeitung: Vervollständigen Sie die Wörter korrekt.

31) Pap___e
32) S___adt
33) Mil___h
34) F___uer
35) Tech___ik
36) Ge___irge
37) Ausd___uck
38) K___mel
39) Tann___
40) Fur___ht
41) R___ifen
42) Ga___el
43) La___erne

44) A___walt
45) D___kument
46) B___ief
47) Ph___sik
48) Te___efon
49) P___astik
50) Er___nnerung
51) P___pier
52) Bret___
53) Fuß___oden
54) P___licht
55) ___uswahl
56) Gedan___e

57) Pa___ifik
58) Asi___n
59) ___trom
60) Re___orm
61) Fi___anzen
62) Gest___lt
63) N___chmittag
64) Sü___en
65) Dec___el
66) Ge___chenk
67) St___rke
68) W___rbung
69) Z___ang

70) Au___sage

71) F___age

72) ___irkung

73) S___hrift

74) Hant___l

75) Doch___

76) T___eppe

77) ___tuhl

78) Auss___cht

79) W___tter

80) ___erät

81) Se___fe

82) G___ns

83) Gart___n

84) Gem___se

85) Pr___fung

86) Tor___ado

87) Wür___el

88) Me___sch

89) Beri___ht

90) Si___nal

91) Ve___trauen

92) B___ndnis

93) Erg___bnis

94) Kabe___

95) B___and

96) K___mpf

97) K___rte

98) O___dnung

99) P___otest

100) Zw___rg

Muster vergleichen *Bearbeitungszeit 1½ Minuten*

Jede Aufgabenreihe enthält verschieden gemusterte Objekte.

Bitte finden und markieren Sie:

¬ alle Kreise mit vier Punkten

¬ alle Vierecke mit genau drei Punkten

Es spielt keine Rolle, wie die Punkte im Objekt angeordnet sind.

Hierzu ein Beispiel

Aufgabe

1) 

Antwort

1) 

Bitte beginnen Sie nun mit der Bearbeitung: Markieren Sie die gesuchten Objekte.

101) 

102) 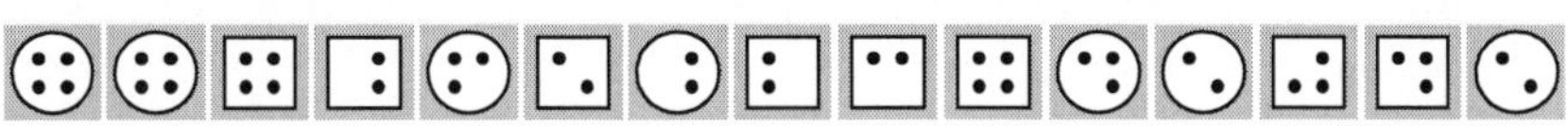

103) 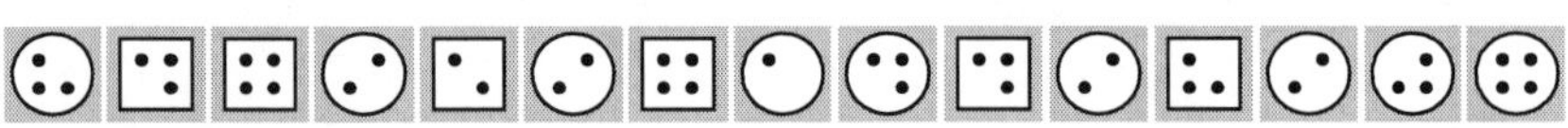

104) 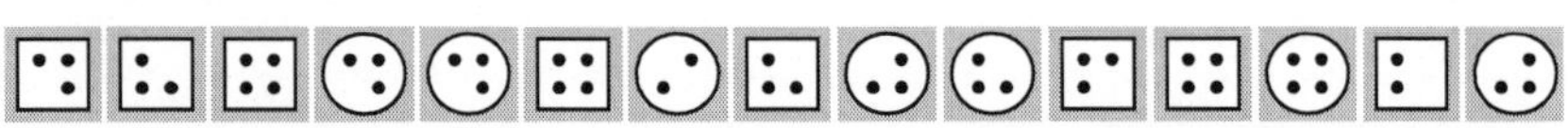

105) 

106) 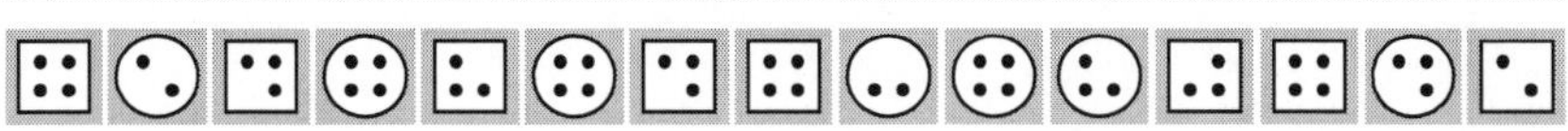

107) 

108) 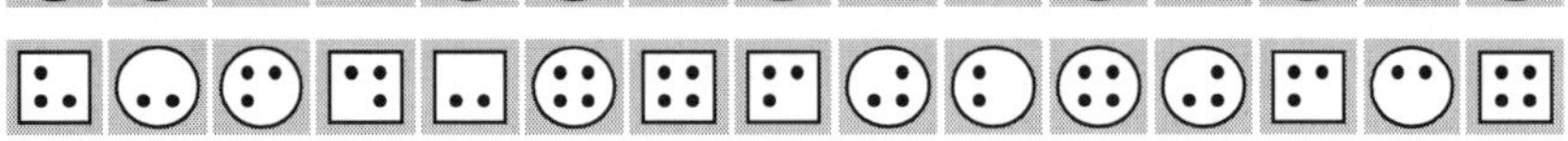

109) 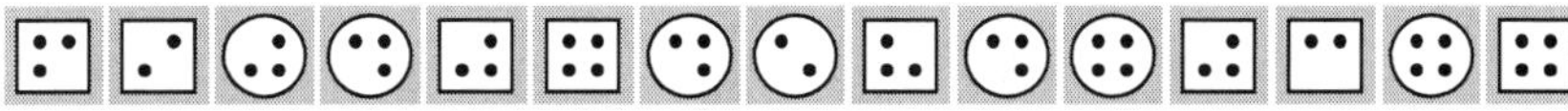

110) 

111) 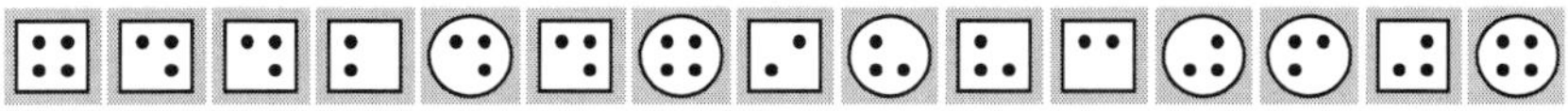

112) 

113) 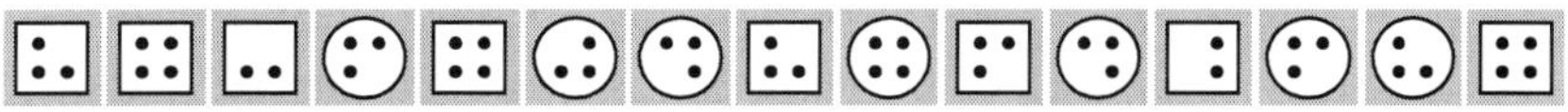

114) 

115) 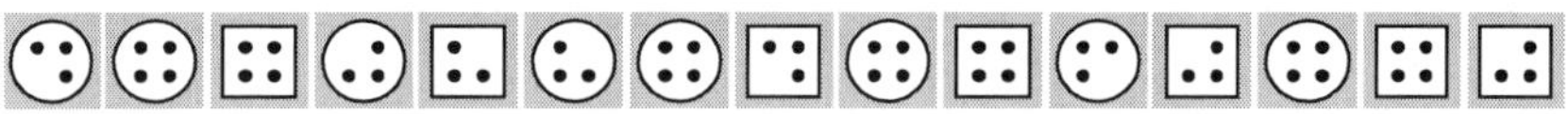

Personendatei einprägen *Einprägezeit 10 Minuten*

Auf der übernächsten Seite finden Sie eine Datei mit zehn Fotos und personenbezogenen Angaben (darunter Vorname, Nachname und Beruf).

Prägen Sie sich die Porträts und die zugehörigen Informationen gut ein.

Hierzu ein Beispiel

Personendatei

IP: 84.173.232.212	IP: 84.215.136.121	IP: 96.172.137.182	IP: 96.190.166.158	IP: 84.110.151.238
Dekorateurin	Köchin	Handelsvertreter	Schauspieler	Kosmetikerin
Ute Ackermann	Eveline Fritsch	Peter Reinken	Tim Lorenz	Silke Männing

Alle Personendaten sind frei erfunden.

Aufgabe	***Antwort***
1) Wie lautet der vollständige Name dieser Person?	(A.) Ute Ackermann

A. Ute Ackermann
B. Eveline Fritsch
C. Silke Männing
D. Simone Klein
E. Doris Mader

Merkhilfe:

- Merken Sie sich zu jeder Person sowohl den vollständigen Namen als auch die Berufsbezeichnung.
- Die IP-Adresse kann unberücksichtigt bleiben.
- Versuchen Sie, die Personen zu typisieren. Beispielsweise ist ein älterer Herr im Anzug mit Krawatte wahrscheinlich eher Anwalt oder Bankangestellter als Automechaniker.
- Suchen Sie nach auffälligen Personenmerkmalen wie Haarschnitt, Glatze, Hakennase, Segelohren, Hornbrille, dichte Augenbrauen usw.
- Versuchen Sie, Assoziationsketten zu bilden und so etwa den Vornamen, Namen und/oder Beruf mit dem Aussehen zu verknüpfen.

Zum Einprägen haben Sie **10 Minuten** Zeit. Hierbei dürfen Sie sich keine Notizen machen.

Personendatei

IP: 96.232.235.112
Bauingenieur
Pierre Frey

IP: 84.166.176.251
Verlagskauffrau
Henrike Otter

IP: 96.222.237.242
Rechtsanwalt
Raimund Breit

IP: 84.171.196.185
Tierpflegerin
Margot Ebert

IP: 96.210.251.108
Musiker
Enrico Felici

IP: 84.208.108.128
Medienkauffrau
Bella Fontanella

IP: 96.234.173.231
Fachinformatiker
Ernst Kirsch

IP: 84.172.237.182
Journalistin
Helena König

IP: 96.143.225.239
Personalberater
Martin Ecker

IP: 84.110.151.238
Arzthelferin
Olivia Adam

! *Hinweis*

Nachdem Sie sich die Personendatei eingeprägt haben, sollten Sie sich 5 Minuten mit etwas anderem beschäftigen, bevor Sie die dazugehörigen Fragen aus dem Gedächtnis beantworten.

Decken Sie dafür diese Seite ab.

Personendatei einprägen *Bearbeitungszeit 5 Minuten*

Soeben lag Ihnen eine Personendatei vor, die Sie sich einprägen sollten.

Bitte bearbeiten Sie nun die Aufgaben: Markieren Sie jeweils den Lösungsbuchstaben des richtigen Antwortvorschlags.

116) Wie lautet der vollständige Name dieser Person?

A. Pierre Frey
B. Raimund Breit
C. Enrico Felici
D. Martin Ecker
E. Ernst Kirsch

117) Wie lautet der vollständige Name dieser Person?

A. Henrike Otter
B. Margot Ebert
C. Bella Fontanella
D. Helena König
E. Olivia Adam

118) Wie lautet der vollständige Name dieser Person?

A. Pierre Frey
B. Raimund Breit
C. Enrico Felici
D. Ernst Kirsch
E. Martin Ecker

119) Wie lautet der vollständige Name dieser Person?

A. Pierre Frey
B. Raimund Breit
C. Enrico Felici
D. Ernst Kirsch
E. Martin Ecker

120) Welchen Beruf übt diese Person aus?

A. Verlagskauffrau
B. Tierpflegerin
C. Medienkauffrau
D. Journalistin
E. Arzthelferin

121) Welchen Beruf übt diese Person aus?

A. Bauingenieur
B. Rechtsanwalt
C. Musiker
D. Fachinformatiker
E. Personalberater

122) Welchen Beruf übt diese Person aus?

A. Verlagskauffrau
B. Tierpflegerin
C. Medienkauffrau
D. Journalistin
E. Arzthelferin

123) Welchen Beruf übt diese Person aus?

A. Bauingenieur
B. Rechtsanwalt
C. Musiker
D. Fachinformatiker
E. Personalberater

124) Welchen Beruf übt diese Person aus?

A. Verlagskauffrau
B. Tierpflegerin
C. Medienkauffrau
D. Journalistin
E. Arzthelferin

125) Welchen Beruf übt diese Person aus?

A. Bauingenieur
B. Rechtsanwalt
C. Musiker
D. Fachinformatiker
E. Personalberater

Stadtplan: Route merken

Einprägezeit 1 Minute

Im vorliegenden Stadtplan ist eine Route eingezeichnet.

Die Route beginnt am Hotel und endet nach einer kleinen Stadtbesichtigung im Restaurant.

Bitte prägen Sie sich den Wegverlauf (gestrichelte Linie) gut ein.

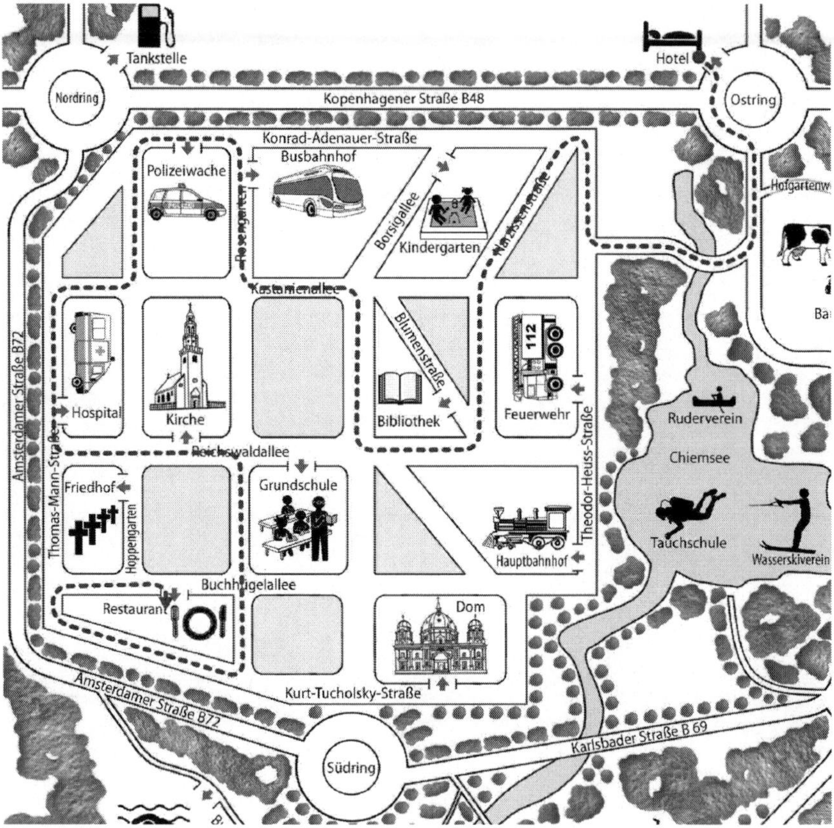

! *Hinweis*

Bei dieser Aufgabe ist keine Unterbrechung notwendig, bitte beginnen Sie direkt mit der Bearbeitung!

Decken Sie dafür diese Seite ab.

Stadtplan: Route merken *Bearbeitungszeit 1 Minute*

Bitte zeichnen Sie den Wegverlauf nun im unten abgebildeten Stadtplan nach.

126)

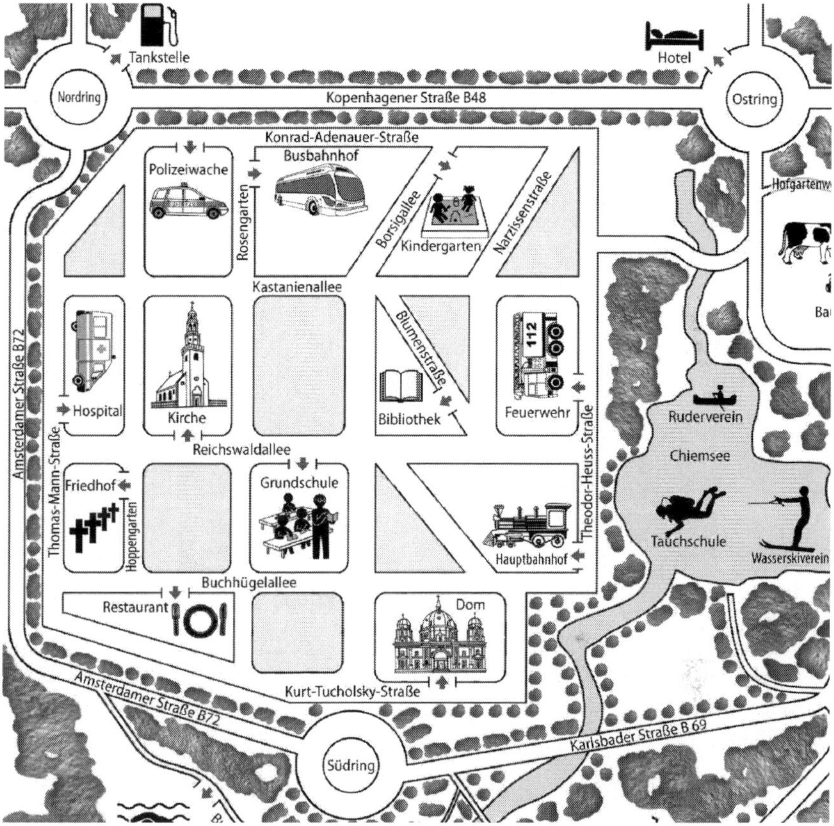

Steckbrief merken *Einprägezeit 1 Minute*

Nun lautet Ihr Auftrag, sich Informationen aus einem Steckbrief zu merken.

Bitte prägen Sie sich diesen Steckbrief innerhalb von **1 Minute** ein. Hierbei dürfen Sie sich keine Notizen machen.

Steckbrief

Familienname:	Steiner
Vorname:	Larissa
Alter:	30
Geburtsdatum:	19.06.1987
Geburtsort:	Bregenz
Wohnort:	Linz
Größe:	175 cm
Haarfarbe:	hellbraun
Augenfarbe:	graublau
Gewicht:	79 kg
Beruf:	Event-Managerin
Herkunftsland:	Österreich
Religion:	katholisch
Familienstand:	verheiratet

! *Hinweis*

Nachdem Sie sich den Steckbrief eingeprägt haben, sollten Sie sich 5 Minuten mit etwas anderem beschäftigen, bevor Sie die dazugehörigen Fragen aus dem Gedächtnis beantworten.

Decken Sie dafür diese Seite ab.

Steckbrief merken *Bearbeitungszeit 3 Minuten*

Soeben lag Ihnen ein Steckbrief vor, den Sie sich einprägen sollten.

Bitte bearbeiten Sie nun die Aufgaben: Markieren Sie jeweils den Lösungsbuchstaben des richtigen Antwortvorschlags.

127) Wo wurde die Person geboren?

A. Innsbruck
B. Linz
C. Steyr
D. Bregenz
E. Washington

128) Welche Haarfarbe hat die Person?

A. dunkelbraun
B. hellbraun
C. schwarz
D. blond
E. rot

129) Welchen Beruf hat die Person?

A. Kauffrau für Büromanagement
B. Event-Managerin
C. Bankangestellte
D. Lehrerin
E. Standesbeamtin

130) Wie lautet das Geburtsdatum der Person?

A. 19.05.1980
B. 09.06.1978
C. 19.06.1978
D. 19.06.1987
E. 21.06.1987

Straßenfoto einprägen *Einprägezeit 2 Minuten*

Nun wird geprüft, wie gut Sie sich Bildinformationen merken können.

Bitte prägen Sie sich dieses Straßenfoto innerhalb von **2 Minuten** ein. Hierbei dürfen Sie sich keine Notizen machen.

! *Hinweis*

Nachdem Sie sich das Bild eingeprägt haben, sollten Sie sich 5 Minuten mit etwas anderem beschäftigen, bevor Sie die dazugehörigen Fragen aus dem Gedächtnis beantworten.

Decken Sie dafür diese Seite ab.

Straßenfoto einprägen *Bearbeitungszeit 3 Minuten*

Soeben lag Ihnen ein Straßenfoto vor, das Sie sich einprägen sollten.

Bitte beginnen Sie nun mit der Bearbeitung: Markieren Sie jeweils den Lösungsbuchstaben des richtigen Antwortvorschlags.

131) Wie viele Markisen hat das Café zum Gehweg hin ausgefahren?

A. 0
B. 1
C. 3
D. 2
E. 5

132) Was trägt die Frau mit den Gehstützen?

A. Gemusterte Stiefel
B. Einen dunklen Hut
C. Es ist keine solche Frau abgebildet.
D. Einen hellen Rock
E. Einen hellen Schal

133) Welches Verkehrszeichen ist zu sehen?

A. Vorrangstraße
B. Grüner Pfeil
C. Getrennter Rad- und Gehweg
D. Taxi frei
E. Eingeschränktes Halteverbot

134) Ist auf dem Foto ein Regenschirm zu sehen?

A. Nein, auf dem Foto ist kein Regenschirm zu erkennen.
B. Auf dem Foto sind zwei Menschen zu sehen, die jeweils einen Regenschirm besitzen.
C. Ein Mann im Hintergrund hält einen geschlossenen Regenschirm.
D. Ja, im Vordergrund ist ein verwischter Regenschirm zu erkennen.
E. Deutlich erkennbar ist nur der Sonnenschirm des Cafés.

135) An einer Hauswand hängt ein Plakat. Darauf steht in Großbuchstaben der Vorname …?

A. Marion.
B. Michael.
C. Marilyn.
D. Michaela.
E. Mike.

Textinformationen merken *Einprägezeit 5 Minuten*

Nun liegt Ihnen eine Pressemeldung der Polizei vor. Bitte merken Sie sich die wesentlichen Informationen.

Zum Einprägen haben Sie **5 Minuten** Zeit. Hierbei dürfen Sie sich keine Notizen machen.

Wien – 30.04.2018

Verkehrsunfall mit Sachschaden, Personenschaden und Unfallflucht
Wien, Lindenbauergasse 12, Parkplatz Ramba-Supermarkt

Montag, den 30.04.2018, 13:45 Uhr

Heute Morgen gegen 9:15 Uhr befuhr ein 78-jähriger Kleinwagenfahrer den Parkplatz des Ramba-Supermarkts im Bezirk Simmering. Dort schrammte er die vordere Stoßstange und den linken Kotflügel einer geparkten blauen Limousine, wodurch ein Sachschaden in Höhe von 4.600 Euro entstand. Ohne sich darum zu kümmern, verließ der Lenker den Unfallort. Dabei kollidierte er mit einem 34-jährigen Fahrradfahrer, der infolgedessen stürzte und schwere Verletzungen erlitt. Der Radfahrer zog sich eine schwere Gehirnerschütterung, zwei Rippenbrüche und eine große Platzwunde am Hinterkopf zu, er musste mit dem Rettungsdienst in das Franziskus-Spital im 5. Bezirk gebracht werden. Der Kleinwagenfahrer beging auch diesmal Unfallflucht. Dank der Aufmerksamkeit von drei Zeugen, allesamt Schüler einer nahegelegenen Realschule, konnte er jedoch inzwischen ermittelt werden. Den Aussagen der Zeugen zufolge erhöhte der Kleinwagenfahrer sein Tempo nach dem Zusammenprall mit der Limousine deutlich. Beim Verlassen des Parkplatzes rammte er den Radfahrer, sodass dieser zu Boden fiel und mit dem Kopf auf den Asphalt stieß. Die sofort eingeleiteten polizeilichen Untersuchungen haben ergeben, dass es sich bei dem Unfallverursacher um einen Pensionisten aus Mödling handelt.

Der Pressebericht ist frei erfunden.

! *Hinweis*

Nachdem Sie sich die Pressemeldung eingeprägt haben, sollten Sie sich 5 Minuten mit etwas anderem beschäftigen, bevor Sie die dazugehörigen Fragen aus dem Gedächtnis beantworten!

Tipps zur Bearbeitung

- Versuchen Sie besser nicht, den vorliegenden Text komplett auswendig zu lernen: Gehen Sie vom Wichtigen zum Unwichtigen und prägen Sie sich erst dann weitere Details ein, wenn Ihnen das Handlungsgerüst klar ist (wer hat wann was warum und wie gemacht?).
- Konzentrieren Sie sich besonders auf Schlüsselbegriffe sowie Orts- oder Zeitangaben.

Textinformationen merken *Bearbeitungszeit 5 Minuten*

Soeben lag Ihnen eine Pressemeldung vor, die Sie sich einprägen sollten.

Beantworten Sie nun bitte die folgenden Aufgaben, indem Sie jeweils die richtige Antwort ankreuzen.

136) Am Montag, dem 30.04.2018, verursachte ein Kleinwagenfahrer einen Unfall.

☐ stimmt ☐ stimmt nicht

137) Der Unfall ereignete sich auf dem Parkplatz des Lambo-Supermarkts im Wiener Bezirk Simmering.

☐ stimmt ☐ stimmt nicht

138) Bei dem beschädigten Pkw handelt es sich um eine schwarze Limousine.

☐ stimmt ☐ stimmt nicht

139) Bei dem Unfall wurden der linke Kotflügel und der linke Außenspiegel der Limousine beschädigt.

☐ stimmt ☐ stimmt nicht

140) Laut den Zeugenaussagen hat der Kleinwagenfahrer nach der Kollision mit der Limousine kurz angehalten, bevor er langsam weiterfuhr.

☐ stimmt ☐ stimmt nicht

141) Es gab zwei Unfallzeugen, nämlich zwei Schüler einer nahegelegenen Realschule.

☐ stimmt ☐ stimmt nicht

142) Bei dem Täter handelt es sich um einen 78-jährigen Pensionisten aus Klosterneuburg.

☐ stimmt ☐ stimmt nicht

143) Auf der Flucht verletzte der Pensionist einen 34-jährigen Radfahrer schwer.

☐ stimmt ☐ stimmt nicht

144) Der Radfahrer wurde schwer verletzt in das Franziskus-Spital im 7. Bezirk gebracht.

☐ stimmt ☐ stimmt nicht

145) Der Radfahrer zog sich eine schwere Gehirnerschütterung, zwei Rippenbrüche und eine große Platzwunde an der Stirn zu.

☐ stimmt ☐ stimmt nicht

Warenliste einprägen *Einprägezeit 5 Minuten*

Im Folgenden müssen Sie sich Angaben aus einer Warenliste einprägen.

Auf der nächsten Seite finden Sie eine Liste mit zwölf Artikeln: Aufgeführt sind jeweils der Lieferantenname, die Artikelbezeichnung, die Bestellmenge und das Lieferdatum. Prägen Sie sich diese Informationen möglichst gut ein.

Hierzu ein Beispiel

Warenliste

Lieferantenname	Artikelbezeichnung	Bestellmenge	Lieferdatum
Lambo	Apfel	200 Stück	Mitte März
Subati	Ball	130 Stück	Anfang Juni
Matalis	Eyeliner	350 Stück	Anfang März
Wilko	Schlafsack	600 Stück	Anfang Juli
Fabit	Puppe	40 Stück	Anfang März

Aufgabe

1) Welcher Artikel wird über den Lieferanten Matalis bestellt?

A. Apfel
B. Ball
C. Eyeliner
D. Schlafsack
E. Puppe

Antwort

(C.) Eyeliner

Merkhilfe:

- Die zwölf Artikel der Dispositionsliste lassen sich in vier Warengruppen einordnen: Obst, Spielzeug, Kosmetik und Campingzubehör.
- Innerhalb einer Warengruppe sind die letzten beiden Buchstaben des jeweiligen Lieferantennamens, der Liefermonat sowie die Bestellmenge stets identisch.

Hier nun die Warenliste:

Zum Einprägen haben Sie **5 Minuten** Zeit. Hierbei dürfen Sie sich keine Notizen machen.

Lieferant	Artikelbezeichnung	Bestellmenge	Lieferdatum
Labu	Melone	30 Stück	Anfang August
Ramma	Kuscheltier	50 Stück	Mitte März
Sigu	Zelt	80 Stück	Ende Dezember
Mora	Rouge	10 Stück	Ende Juli
Kabu	Ananas	30 Stück	Mitte August
Mamma	Tretauto	50 Stück	Ende März
Migu	Hering	80 Stück	Anfang Dezember
Fara	Mascara	10 Stück	Mitte Juli
Rabu	Banane	30 Stück	Ende August
Tamma	Puppenhaus	50 Stück	Anfang März
Gigu	Gaskocher	80 Stück	Mitte Dezember
Lara	Lippenstift	10 Stück	Anfang Juli

! *Hinweis*

Nachdem Sie sich die Warenliste eingeprägt haben, sollten Sie sich 5 Minuten mit etwas anderem beschäftigen, bevor Sie die dazugehörigen Fragen aus dem Gedächtnis beantworten.

Decken Sie dafür diese Seite ab.

Warenliste einprägen *Bearbeitungszeit 5 Minuten*

Soeben lag Ihnen eine Warenliste vor, die Sie sich einprägen sollten.

Bitte bearbeiten Sie nun die Aufgaben: Markieren Sie jeweils den Lösungsbuchstaben des richtigen Antwortvorschlags.

146) Wie lautet der Lieferant für die Bananen?

A. Mora
B. Sigu
C. Ramma
D. Rabu
E. Lara

147) Wie lautet der Lieferant für die Tretautos?

A. Kabu
B. Mamma
C. Rabu
D. Fara
E. Migu

148) Wie lautet der Lieferant für die Heringe?

A. Ramma
B. Labu
C. Migu
D. Gigu
E. Tamma

149) Welchen Artikel liefert die Firma Rabu?

A. Gaskocher
B. Banane
C. Zelt
D. Lippenstift
E. Rouge

150) Welchen Artikel liefert die Firma Lara?

A. Banane
B. Puppenhaus
C. Lippenstift
D. Gaskocher
E. Zelt

151) Welchen Artikel liefert die Firma Ramma?

A. Kuscheltier
B. Zelt
C. Rouge
D. Melone
E. Schraubenschlüssel

152) Von welchem Artikel wurden 30 Stück bestellt?

A. Tretauto
B. Zelt
C. Rouge
D. Melone
E. Mascara

153) Von welchem Artikel wurden 80 Stück bestellt?

A. Banane
B. Puppenhaus
C. Lippenstift
D. Gaskocher
E. Tretauto

154) Wie lautet das Lieferdatum für die Melonen?

A. Anfang August
B. Anfang März
C. Ende März
D. Anfang Juli
E. Ende Dezember

155) Wie lautet das Lieferdatum für die Gaskocher?

A. Anfang August
B. Mitte Dezember
C. Ende März
D. Anfang März
E. Ende Juli

Wörterliste wiedergeben *Einprägezeit 10 Minuten*

Prägen Sie sich die vorliegende Wörterliste gut ein. Anschließend müssen Sie die Begriffe aus dem Kopf wiedergeben.

Zum Einprägen haben Sie **10 Minuten** Zeit. Hierbei dürfen Sie sich keine Notizen machen.

Wörterliste

Flugzeug	Dusche	Messer	Einkaufszentrum
Astrologie	Stift	Hose	Universität
Tulpe	Astronaut	Verkühlung	Horoskop
Ingenieur	Mütze	Demokratie	Szene
Sportplatz	Eifersucht	Blockflöte	Boutique
Mitarbeiter	Pronomen	Helium	Handtuch
Hausfrau	Wörterbuch	Berufsschule	Anarchie
Alarmanlage	Prüfung	Lehrkraft	Ärztekammer
Besen	Grippe	Turbinen	Reptil

! *Hinweis*

Bei dieser Aufgabe ist keine Unterbrechung notwendig, bitte beginnen Sie direkt mit der Bearbeitung!

Wörterliste wiedergeben

Bearbeitungszeit 5 Minuten

Tragen Sie bitte alle Wörter der soeben vorgelegten Liste in die Felder ein. Die Reihenfolge der Wörter spielt dabei keine Rolle.

156)

Lösungen: Konzentration und Merkfähigkeit

1) 4	31) p	61) n
2) 1	32) t	62) a
3) 5	33) c	63) a
4) 3	34) e	64) d
5) 3	35) n	65) k
6) 4	36) b	66) s
7) 4	37) r	67) ä
8) 2	38) a	68) e
9) 3	39) e	69) w
10) 2	40) c	70) s
11) 1	41) e	71) r
12) 3	42) b	72) W
13) 2	43) t	73) c
14) 3	44) n	74) e
15) 3	45) o	75) t
16) 3	46) r	76) r
17) 2	47) y	77) S
18) 3	48) l	78) i
19) 6	49) l	79) e
20) 5	50) i	80) G
21) 1	51) a	81) i
22) 2	52) t	82) a
23) 1	53) b	83) e
24) 2	54) f	84) ü
25) 2	55) A	85) ü
26) 3	56) k	86) n
27) 3	57) z	87) f
28) 3	58) e	88) n
29) 2	59) S	89) c
30) 4	60) f	90) g

91) r	113) siehe Erklärung	135) C
92) ü	114) siehe Erklärung	136) stimmt
93) e	115) siehe Erklärung	137) stimmt nicht
94) l	116) C	138) stimmt nicht
95) r	117) B	139) stimmt nicht
96) a	118) B	140) stimmt nicht
97) a	119) E	141) stimmt nicht
98) r	120) E	142) stimmt nicht
99) r	121) E	143) stimmt
100) e	122) D	144) stimmt nicht
101) siehe Erklärung	123) D	145) stimmt nicht
102) siehe Erklärung	124) C	146) D
103) siehe Erklärung	125) C	147) B
104) siehe Erklärung	126) siehe Erklärung	148) C
105) siehe Erklärung	127) D	149) B
106) siehe Erklärung	128) B	150) C
107) siehe Erklärung	129) B	151) A
108) siehe Erklärung	130) D	152) D
109) siehe Erklärung	131) D	153) D
110) siehe Erklärung	132) E	154) A
111) siehe Erklärung	133) A	155) B
112) siehe Erklärung	134) D	156) siehe Erklärung

b/d/p-Strich-Test (Aufgaben 1–30)

Zu 1) d d b d b b d p d b d b d p b d b d b p b p b d b b d p d d — 4

Zu 2) d p d b p p b b d b d p d b d d b b p b d p d b d b b d b p — 1

Zu 3) p d d p d b p p b b d p b d d p d b p b p d p d p b d d b b — 5

Zu 4) b d b p b d d b b p b b d p d b d d p b p b d p p b b d b p — 3

Zu 5)	b b p b d p d b d p p b d p d b d b d p p b b b d b d p d p	3
Zu 6)	p d b p d d p b b d p d b b p d d p b b b d p d d d p d b b	4
Zu 7)	d d p p b d b b d p b b d b p d b d p b d b d p d d b p p b	4
Zu 8)	b d p b b d p d p b d d p d b p p b b d b d p b p b p d d p	2
Zu 9)	b p p d b b p d p d p d b d b b p d p d b p b b d p b d p d	3
Zu 10)	d b d p d d p d d b b p b p b d p d d b p b d b b p d d p b	2
Zu 11)	b b d p d p d b d p d p b b d p d p b d b d p p d b b b p d	1
Zu 12)	b p b b p b b d d b p b d p b d b d b d p p b b d b d p d b	3
Zu 13)	p b p b b d p b b d b d p d p d b d p d d p b b d b p b d d	2
Zu 14)	p p p d b d b d b p b d b p b b d p d d b d b p d p b b d d	3
Zu 15)	b b d p d d b p p d b d b p d d b b d b p d p d p d p d d p	3
Zu 16)	d b p d p b b d p d d b b p p d p b d b b p b d p b d d p d	3
Zu 17)	d b p b d b b d p b d p d p b d p b d b d p d d p p b d b p	2
Zu 18)	b b d p d b b b d p p d b b d p d b b p p d b d b d p b b d	3
Zu 19)	p b d b b d b b p b d b d b p p b d p b d b p b p b p d b p	6
Zu 20)	b b p d p b b d p p b b d p b b b p d p d b d b d p b d b p	5
Zu 21)	b p d d d p b b p d b d b b d p p b d b d d p b d b b d p d	1

Zu 22)	b b d d p b b p d d b b p d d p b d b d p d b b d p d p p b	2
Zu 23)	d d p p b d d b b p b d b d p b d d p b b d p d p d b d d b	1
Zu 24)	p d p d b p b b p b d d p b d b d p d b b d p d p b d p d d	2
Zu 25)	d p b p b b p d b b p b d p d p b d p b b d d p b d b d b p	2
Zu 26)	d b p p d b b d p d p b d p b d b d d p b d b b d d p d d p	3
Zu 27)	d p b d p b b b d p d p b d b d p d d p b d b b p b d d d b	3
Zu 28)	p b b d p b p b b b d p d p b p b p d d p b b p d b b d b d	3
Zu 29)	p d d b p d d p d p b b b d p d p d b p b d p b b d p d d b	2
Zu 30)	b b d p d d p d d b b d p b b d p b d b d p b b d p p b d b	4

Ein Buchstabe fehlt (Aufgaben31–100)

Zu 31) Pap_p_e
Zu 32) S_t_adt
Zu 33) Mil_c_h
Zu 34) F_e_uer
Zu 35) Tech_n_ik
Zu 36) Ge_b_irge
Zu 37) Ausd_r_uck
Zu 38) K_a_mel
Zu 39) Tann_e_
Zu 40) Fur_c_ht

Zu 41) R_e_ifen
Zu 42) Ga_b_el
Zu 43) La_t_erne
Zu 44) A_n_walt
Zu 45) D_o_kument
Zu 46) B_r_ief
Zu 47) Ph_y_sik
Zu 48) Te_l_efon
Zu 49) P_l_astik
Zu 50) Er_i_nnerung

Zu 51) P_a_pier
Zu 52) Bret_t_
Zu 53) Fuß_b_oden
Zu 54) P_f_licht
Zu 55) _A_uswahl
Zu 56) Gedan_k_e
Zu 57) Pa_z_ifik
Zu 58) Asi_e_n
Zu 59) _S_trom
Zu 60) Re_f_orm

Zu 61) Fi_n_anzen
Zu 62) Gest_a_lt
Zu 63) N_a_chmittag
Zu 64) Sü_d_en
Zu 65) Dec_k_el
Zu 66) Ge_s_chenk
Zu 67) St_ä_rke
Zu 68) W_e_rbung
Zu 69) Z_w_ang
Zu 70) Au_s_sage
Zu 71) F_r_age
Zu 72) _W_irkung
Zu 73) S_c_hrift
Zu 74) Hant_e_l

Zu 75) Doch_t_
Zu 76) T_r_eppe
Zu 77) _S_tuhl
Zu 78) Auss_i_cht
Zu 79) W_e_tter
Zu 80) _G_erät
Zu 81) Se_i_fe
Zu 82) G_a_ns
Zu 83) Gart_e_n
Zu 84) Gem_ü_se
Zu 85) Pr_ü_fung
Zu 86) Tor_n_ado
Zu 87) Wür_f_el
Zu 88) Me_n_sch

Zu 89) Beri_c_ht
Zu 90) Si_g_nal
Zu 91) Ve_r_trauen
Zu 92) B_ü_ndnis
Zu 93) Erg_e_bnis
Zu 94) Kabe_l_
Zu 95) B_r_and
Zu 96) K_a_mpf
Zu 97) K_a_rte
Zu 98) O_r_dnung
Zu 99) P_r_otest
Zu 100) Zw_e_rg

Muster vergleichen (Aufgaben 101–115)

Zu 101)

Zu 102)
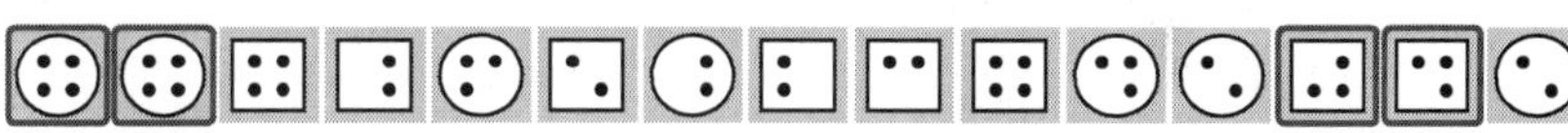

Zu 103)
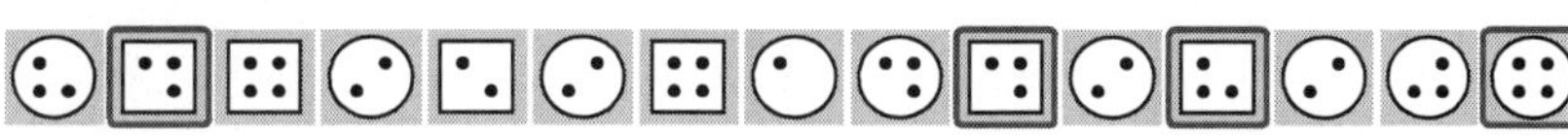

Zu 104)

Zu 105)

Zu 106)

Zu 107) 

Zu 108) 

Zu 109) 

Zu 110) 

Zu 111) 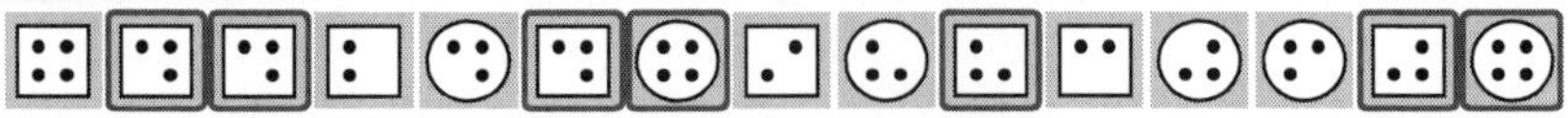

Zu 112) 

Zu 113) 

Zu 114) 

Zu 115) 

Personendatei einprägen (Aufgaben 116–125)

Zu 116) **C.** Enrico Felici

Zu 117) **B.** Margot Ebert

Zu 118) **B.** Raimund Breit

Zu 119) **E.** Martin Ecker

Zu 120) **E.** Arzthelferin

Zu 121) **E.** Personalberater

Zu 122) **D.** Journalistin

Zu 123) **D.** Fachinformatiker

Zu 124) **C.** Medienkauffrau

Zu 125) **C.** Musiker

Stadtplan: Route 126 (Aufgabe 201)

Zu 126)

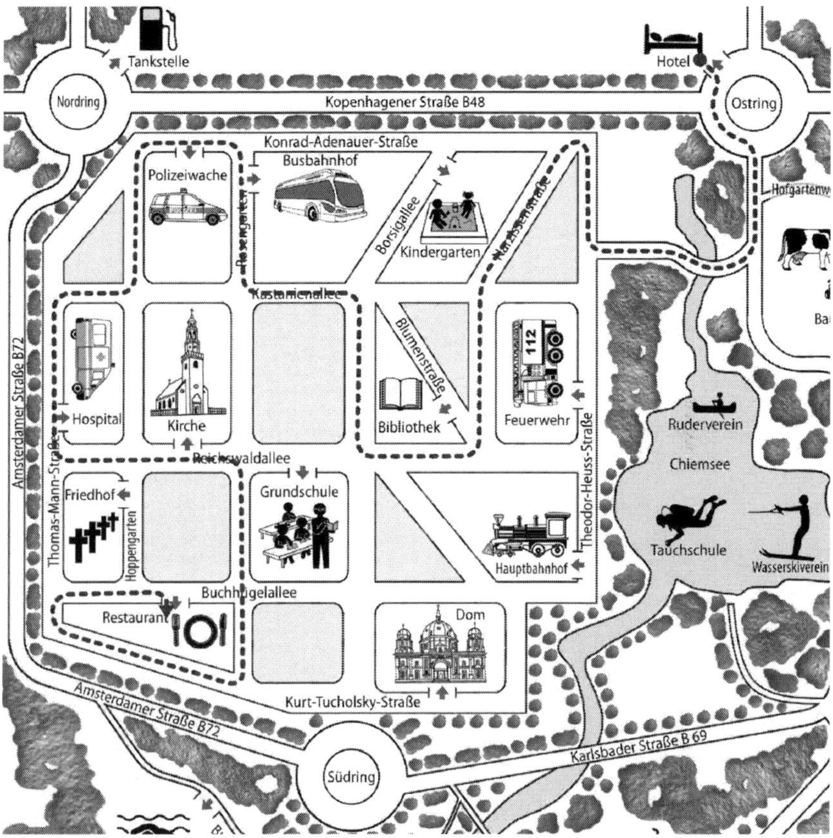

Steckbrief merken (Aufgaben 127–130)

Zu 127) **D.** Bregenz

Zu 128) **B.** hellbraun

Zu 129) **B.** Event-Managerin

Zu 130) **D.** 19.06.1987

Straßenfoto einprägen(Aufgaben 181–190)

Zu 131) **D.** 2

Zu 132) **E.** Einen hellen Schal

Zu 133) **A.** Vorrangstraße

Zu 134) **D.** Ja, im Vordergrund ist ein verwischter Regenschirm zu sehen.

Zu 135) **C.** Marilyn.

Textinformationen merken (Aufgaben 136–145)

Zu 136) **stimmt**

Diese Angaben stimmen: Der in der Pressemeldung bezeichnete Unfall wurde von einem Kleinwagenfahrer verursacht und geschah am Morgen des 30.04.2018 (einem Montag).

Zu 137) **stimmt nicht**

Der Supermarkt, auf dessen Parkplatz sich der Vorfall abspielte, heißt „Ramba" und nicht „Lambo".

Zu 138) **stimmt nicht**

Die beschädigte Limousine war nicht schwarz, sondern blau.

Zu 139) **stimmt nicht**

Beschädigt wurden die vordere Stoßstange und der linke Kotflügel der Limousine.

Zu 140) **stimmt nicht**

Die Zeugen haben ausgesagt, dass der Unfallfahrer nach dem Zusammenstoß mit der parkenden Limousine nicht angehalten, sondern im Gegenteil stark beschleunigt hat.

Zu 141) **stimmt nicht**

Dass es sich bei den Zeugen um Schüler einer nahegelegenen Realschule handelt, stimmt. Sie waren allerdings nicht zu zweit, sondern zu dritt.

Zu 142) **stimmt nicht**

Der Unfallfahrer ist tatsächlich ein 78-jähriger Pensionist; er stammt jedoch aus Mödling.

Zu 143) **stimmt**

Bei seiner rasanten Flucht vom Parkplatz rammte der Kleinwagenfahrer einen 34-jährigen Fahrradfahrer, der daraufhin stürzte und sich schwer verletzte.

Zu 144) **stimmt nicht**

Das Franziskus-Hospital befindet sich nicht im 7. Bezirk, sondern im 5.

Zu 145) **stimmt nicht**

Die Platzwunde befindet sich am Hinterkopf des Radfahrers – alle anderen Angaben stimmen.

Warenliste einprägen (Aufgaben 146–155)

Zu 146) **D.** Rabu

Zu 147) **B.** Mamma

Zu 148) **C.** Migu

Zu 149) **B.** Banane

Zu 150) **C.** Lippenstift

Zu 151) **A.** Kuscheltier

Zu 152) **D.** Melone

Zu 153) **D.** Gaskocher

Zu 154) **A.** Anfang August

Zu 155) **B.** Mitte Dezember

Wörter merken (Aufgabe 156)

Zu 156)

Flugzeug	Dusche	Messer	Einkaufszentrum
Astrologie	Stift	Hose	Universität
Tulpe	Astronaut	Verkühlung	Horoskop
Ingenieur	Mütze	Demokratie	Szene
Sportplatz	Eifersucht	Blockflöte	Boutique
Mitarbeiter	Pronomen	Helium	Handtuch
Hausfrau	Wörterbuch	Berufsschule	Anarchie
Alarmanlage	Prüfung	Lehrkraft	Ärztekammer
Besen	Grippe	Turbinen	Reptil

Der Persönlichkeitstest

Wer ist der Mensch auf dem Bewerbungsfoto wirklich? Was motiviert ihn, wofür begeistert er sich, wovor schreckt er zurück? Um die Persönlichkeiten ihrer Bewerber einschätzen zu können, setzt die österreichische Bundespolizei auf einen speziellen Fragebogen. Anhand der Ergebnisse wollen die Prüfer ein unverwechselbares Bewerberprofil erstellen, das heißt eine Art individuellen charakterlichen Fingerabdruck.

Dass viele Experten derartige Verfahren für fragwürdig halten, steht auf einem anderen Blatt. Wie soll es möglich sein, vielschichtige menschliche Charakterzüge mithilfe standardisierter Fragenkataloge abzubilden? Um den psychologischen Test kommen Sie aber trotzdem nicht herum. Intime Details zum Privatbereich muss dabei jedoch keiner verraten: Es dürfen nur Eigenschaften getestet werden, die für die fragliche Stelle wirklich von Belang sind.

Die Polizei sucht Bewerber, die …

- leistungsbereit und verantwortungsbewusst sind.
- gern und gut im Team arbeiten.
- pragmatisch und flexibel sind.
- Kommunikationsstärke mit Konfliktfähigkeit verbinden.
- gewissenhaft und zuverlässig sind.
- Probleme erkennen und zielgerichtet lösen.

Die Vorbereitung

Da der psychologische Typentest auf individuelle Eigenschaften abzielt, gibt es keine eindeutig guten oder schlechten Lösungen. Zwar liegt die „richtige" Antwort bisweilen ziemlich nahe, etwa wenn es ums Teamverhalten geht: Wer möchte schon gern Kollegen haben, die die Arbeit ständig auf andere abwälzen und bei Kritik gleich eingeschnappt sind? Doch oft muss man sich zwischen zwei positiv besetzten Merkmalen entscheiden, beispielsweise Gewissenhaftigkeit und Flexibilität.

Manche raten, völlig unvorbereitet in den Test zu gehen und sich ganz auf die eigene Spontaneität zu verlassen – eine riskante Empfehlung: Erst die bewusste Auseinandersetzung mit dem Testverfahren ermöglicht differenzierte Antworten, und gerade an die ausgefallenen Fragetechniken sollte man sich erst einmal gewöhnen. Zudem setzt ein überzeugender Auftritt voraus, souverän mit den eigenen Stärken und Schwächen umgehen zu können.

Worauf kommt es im Persönlichkeitstest an?

Machen Sie sich vorher klar, worin die **berufsrelevanten Schlüsselqualifikationen** bestehen: Warum sind gerade Sie für diesen Beruf geeignet?

Zeichnen Sie **kein maßlos positives** Bild von sich: Auf die Fähigkeit zur realistischen Selbstkritik legen die Personalverantwortlichen großen Wert.

Schärfen Sie Ihre Sinne für die **Untertöne einer Frage**: Nicht immer ist auf den ersten Blick klar, welche Eigenschaften gerade im Fokus stehen.

Betonen Sie Ihr Profil mit Bedacht: Wer stets den Mittelweg wählt, verrät zu wenig von sich, zu viele „extreme" Antworten wirken übertrieben und unreflektiert.

Manche Fragen wiederholen sich an verschiedenen Stellen in abgewandelter Formulierung: Auf diese Weise möchte man herausfinden, ob ein Kandidat ehrlich antwortet oder das Testverfahren mit strategischem Kalkül zu manipulieren versucht. Wenn Sie eine Frage nicht richtig einschätzen können, antworten Sie am besten gemäßigt.

Denken Sie daran, dass man Sie eventuell in einem späteren Einzelgespräch mit Ihren Angaben im Persönlichkeitstest konfrontiert. Außerdem können Kompetenzen wie Kommunikationsvermögen, Konfliktfähigkeit oder Teamfähigkeit noch einmal in einem Vorstellungsgespräch geprüft werden. Die Personaler achten dann genau darauf, ob sich Ihr Auftritt mit den Resultaten des Persönlichkeitstests deckt.

Die Testsimulation *Bearbeitungszeit 40 Minuten*

Auf den nächsten Seiten können Sie sich mit einem typischen psychologischen Testverfahren vertraut machen. Dabei bewerten Sie anhand einer Punkteskala, wie sehr Sie sich mit verschiedenen Aussagen identifizieren können.

Die Skala reicht von:

☹ = stimme überhaupt nicht zu (hier Punktwert „1“) bis

☺ = stimme voll und ganz zu (hier Punktwert „5“)

Kreuzen Sie an, an welcher Stelle der Skala Sie sich am ehesten wiederfinden. Tragen Sie die entsprechende Punktzahl rechts unter „Ihr Wert“ ein.

Hierzu ein Beispiel

Aufgabe

☹	1	2	3	4	5	☺	Ihr Wert: ______

Wenn Sie völlig zustimmen:

Ihr Wert: 5

Achtung

Es gibt Aufgaben mit umgekehrter Punkteskala, bei denen „stimme überhaupt nicht zu“ ☹ mit 5 Punkten und „stimme voll und ganz zu“ ☺ mit einem Punkt bewertet wird.

Wir empfehlen, die Aufgaben der Reihe nach zu bearbeiten – Sie können jedoch auch anders vorgehen, wenn Sie möchten. Zählen Sie zum Schluss die Punkte jeder Aufgabengruppe zusammen und lesen Sie in der Auswertung nach, was das Ergebnis über Sie offenbaren soll. Nehmen Sie dies bitte nur bedingt ernst. Nicht vergessen: Solche Tests bieten keine hundertprozentige Treffsicherheit, ihre Aussagekraft ist beschränkt.

Kontaktfähigkeit

Fällt es Ihnen leicht, mit fremden Menschen ins Gespräch zu kommen? Oder halten Sie sich lieber zurück? Können Sie sich einbringen, sich verständlich machen? Auf gute Beziehungen zu Ihren Vorgesetzten und Kollegen sind Sie im Arbeitsalltag immer angewiesen. Im Einsatz sollten Sie obendrein in der Lage sein, sicher und souverän auf Fremde zuzugehen.

1) Ich sitze im Zug mit einem Unbekannten. Da ich neugierig bin, fange ich ein Gespräch an, um mehr über ihn zu erfahren.

☹	1	2	3	4	5	☺	Ihr Wert: ______

2) Manchmal sagen Leute, dass ich arrogant und unnahbar wirke.

☹	5	4	3	2	1	☺	Ihr Wert: ______

3) Ich treffe mich lieber mit Freunden, anstatt nur Mails und Chat-Nachrichten zu schreiben.

☹	1	2	3	4	5	☺	Ihr Wert: ______

4) Mein bester Freund unterstellt mir, dass ich seine Freunde meide und nicht akzeptiere.

☹	5	4	3	2	1	☺	Ihr Wert: ______

5) Ich habe ein großes Netzwerk an Bekannten und bin daher immer über alles informiert.

☹	1	2	3	4	5	☺	Ihr Wert: ______

6) Wenn viele unbekannte Leute um mich sind, fühle ich mich schnell unwohl.

☹	5	4	3	2	1	☺	Ihr Wert: ______

7) Ich verbringe meine Abende gern gemütlich vor dem Fernseher oder dem PC.

☹	5	4	3	2	1	☺	Ihr Wert: ______

8) Auf Partys lerne ich innerhalb kurzer Zeit viele neue Leute kennen, da ich auf andere Menschen zugehe.

☹	1	2	3	4	5	☺	Ihr Wert: ______

9) In einer großen Runde halte ich mich eher zurück.

☹	5	4	3	2	1	☺	Ihr Wert: ______

10) Ich fühle mich nie einsam.

☹	1	2	3	4	5	☺	Ihr Wert: ______

Gesamtwert Kontaktfähigkeit: ______

Teamfähigkeit

Teamfähig zu sein heißt, produktiv mit anderen Menschen zusammenarbeiten zu können. Eine Gruppe ist mehr als nur die Summe ihrer Mitglieder – wenn alle an einem Strang ziehen. Die verschiedenen Temperamente und Fähigkeiten unter einen Hut zu bringen und sie sinnvoll einzubinden, ist die wichtigste Grundlage erfolgreichen Teamworks. Gelingt das nicht, hat man anstelle von Teamplayern am Ende nur einen versprengten Haufen von Einzelgängern.

11) Teamarbeit ist nur dann sinnvoll, wenn man mit guten Leuten zusammenarbeitet.

☹	5	4	3	2	1	☺	Ihr Wert: ______

12) Die Kooperation mit anderen Menschen motiviert mich.

☹	1	2	3	4	5	☺	Ihr Wert: ______

13) Ich arbeite gern alleine, so habe ich die beste Kontrolle über das Ergebnis.

☹	5	4	3	2	1	☺	Ihr Wert: ______

14) Teamarbeit setzt voraus, Kompromisse eingehen zu können.

☹	1	2	3	4	5	☺	Ihr Wert: ______

15) Viele meiner Freunde und Bekannten fragen mich um Unterstützung. Ich helfe oft und gern.

☹	1	2	3	4	5	☺	Ihr Wert: ______

16) Meistens sind meine Vorschläge die besten, da ich gut organisiert bin.

☹	5	4	3	2	1	☺	Ihr Wert: ______

17) Ich ärgere mich nicht, wenn sich andere mit ihren Vorschlägen durchsetzen.

☹	1	2	3	4	5	☺	Ihr Wert: ______

18) In Gruppendiskussionen bringe ich mich besonders stark ein und stehe meist im Mittelpunkt.

☹	5	4	3	2	1	☺	Ihr Wert: ______

19) Die Zusammenarbeit mit anderen ist meist anstrengend.

☹	5	4	3	2	1	☺	Ihr Wert: ______

20) Ich habe keine Angst davor, dass andere mich nicht mögen.

☹	1	2	3	4	5	☺	Ihr Wert: ______

Gesamtwert Teamfähigkeit: ______

Konfliktfähigkeit

Meinungsverschiedenheiten sind im Berufsleben nichts Seltenes. Und auch nichts besonders Schlimmes: Denn nur wenn existierende Probleme offen auf den Tisch kommen, lassen sich tragfähige Lösungen finden. Und ganz abgesehen davon: Die Konflikte anderer Leute stehen im Polizeidienst auf der Tagesordnung – sie gilt es ruhig, aber entschlossen zu schlichten.

21) Wenn ein Team gut funktioniert, gibt es keine Konflikte.

☹	5	4	3	2	1	☺	Ihr Wert: ______

22) Wenn jemand mich kritisiert, dann kritisiere ich ihn auch.

☹	5	4	3	2	1	☺	Ihr Wert: ______

23) Ich gerate selten in Konfliktsituationen.

☹	5	4	3	2	1	☺	Ihr Wert: ______

24) Wenn Bekannte sich in Angelegenheiten einmischen, die sie nichts angehen, ziehe ich mich zurück und meide den Kontakt mit ihnen.

☹	5	4	3	2	1	☺	Ihr Wert: ______

25) Probleme löst man nie dadurch, dass man sie unter den Teppich kehrt.

☹	1	2	3	4	5	☺	Ihr Wert: ______

26) Wenn ich kritisiert werde, überlege ich zuerst, ob das stimmt.

☹	1	2	3	4	5	☺	Ihr Wert: ______

27) Mein Nachbar ist gereizt und schreit mich lautstark an. Ich gehe ruhig in meine Wohnung und denke mir meinen Teil.

☹	5	4	3	2	1	☺	Ihr Wert: ______

28) Wenn mir zu Hause etwas nicht passt, dann mache ich keinen Hehl daraus.

☹	1	2	3	4	5	☺	Ihr Wert: ______

29) „Der Klügere gibt nach“ – diesen Spruch habe ich noch nie verstanden.

☹	1	2	3	4	5	☺	Ihr Wert: ______

30) Meinungsverschiedenheiten können produktiv sein.

☹	1	2	3	4	5	☺	Ihr Wert: ______

Gesamtwert Konfliktfähigkeit: ______

Durchsetzungsfähigkeit

Sturheit, Rücksichtslosigkeit, Ellenbogenmentalität – im Extremfall wird aus Durchsetzungsvermögen blanker Egoismus. Ohne die Fähigkeit, sich zu behaupten, käme man andererseits auch nicht weit; das Resultat wären ziellose Debatten, die niemanden weiterbringen. Und über die vornehme Zurückhaltung der Staatsgewalt würden sich wohl vor allem Kriminelle freuen, weniger die Bürgerinnen und Bürger.

31) Wenn ich mir ein Ziel in den Kopf gesetzt habe, versuche ich es mit allen Mitteln zu erreichen.

☹	1	2	3	4	5	☺	Ihr Wert: ______

32) Wenn mir das Essen im Restaurant nicht schmeckt, reklamiere ich das sofort und frage nach Alternativen.

☹	1	2	3	4	5	☺	Ihr Wert: ______

33) Von gelegentlichen Misserfolgen lasse ich mich nicht entmutigen.

☹	1	2	3	4	5	☺	Ihr Wert: ______

34) Ich habe mir schon oft Ziele gesetzt und sie nicht erreicht.

☹	5	4	3	2	1	☺	Ihr Wert: ______

35) Ich entschuldige mich häufig für Sachen, die gar nicht mein Fehler sind.

☹	5	4	3	2	1	☺	Ihr Wert: ______

36) Mir egal, wie viele Gegenmeinungen es gibt – ich werde die Kritiker überzeugen.

☹	1	2	3	4	5	☺	Ihr Wert: ______

37) Wenn man mit höhergestellten Personen spricht, sollte man Meinungsverschiedenheiten lieber unter den Teppich kehren.

☹	5	4	3	2	1	☺	Ihr Wert: ______

38) Viele behaupten, ich sei ein sturer Dickkopf. Mir macht das nichts aus.

☹	1	2	3	4	5	☺	Ihr Wert: ______

39) Durch Kompromisse kommt man eher ans Ziel als mit der „Kopf durch die Wand"-Methode.

☹	5	4	3	2	1	☺	Ihr Wert: ______

40) Eine gute, harmonische Arbeitsatmosphäre ist sehr wichtig.

☹	5	4	3	2	1	☺	Ihr Wert: ______

Gesamtwert Durchsetzungsfähigkeit: ______

Gewissenhaftigkeit

Gewissenhaftigkeit hat viele Namen: zum Beispiel Ordnung, Disziplin, Pünktlichkeit und Pflichtbewusstsein. Mit zuverlässigen, aufrechten Menschen arbeitet man gern zusammen. Aber auch die Gewissenhaftigkeit hat ihre Schattenseiten: Manchmal ist eben Spontaneität gefragt, das schnelle Umschalten auf andere Methoden, das Ausweichen zu alternativen Lösungswegen. Penible Perfektionisten, die jeden Schritt im Voraus planen, haben es dann schwer.

41) Es kommt oft vor, dass ich eine Sache nicht zu Ende bringe, weil ständig etwas dazwischenkommt.

☹	5	4	3	2	1	☺	Ihr Wert: ______

42) Dinge zu planen und zu organisieren ist die Voraussetzung dafür, dass alles richtig funktioniert.

☹	1	2	3	4	5	☺	Ihr Wert: ______

43) Ich halte meine Termine immer ein, egal was passiert.

☹	1	2	3	4	5	☺	Ihr Wert: ______

44) Wenn ich an einem Problem festhänge, nehme ich eine andere Aufgabe in Angriff.

☹	5	4	3	2	1	☺	Ihr Wert: ______

45) Ich versuche immer, Aufgaben perfekt zu lösen – selbst wenn es etwas länger dauert.

☹	1	2	3	4	5	☺	Ihr Wert: ______

46) Ich denke auch in der Freizeit oft an die Arbeit, kann nur schwer abschalten.

☹	1	2	3	4	5	☺	Ihr Wert: ______

47) In kreativem Durcheinander kann ich gut arbeiten.

☹	5	4	3	2	1	☺	Ihr Wert: ______

48) Meine Freunde schätzen an mir, dass ich so zuverlässig bin.

☹	1	2	3	4	5	☺	Ihr Wert: ______

49) Es kommt öfter vor, dass ich Sachen irgendwo ablege und dann vergesse, wo sie sind.

☹	5	4	3	2	1	☺	Ihr Wert: ______

50) Es macht mir gar nichts aus, von einem Plan abzuweichen.

☹	5	4	3	2	1	☺	Ihr Wert: ______

Gesamtwert Gewissenhaftigkeit: ______

Belastbarkeit

Ohne geistige und körperliche Robustheit lässt sich der Dienstalltag kaum meistern. Fitness und ein stabiles Nervenkostüm sind unentbehrlich, um im Einsatzstress kühlen Kopf zu behalten und gefährliche Situationen sicher zu bewältigen. Nur wer belastbar ist, bleibt langfristig leistungsfähig – ansonsten drohen Ärger und Frustration.

51) Wenn auf der Arbeit viel los ist, schlafe ich immer schlecht ein.

☹	5	4	3	2	1	☺	Ihr Wert: ______

52) Ich treibe regelmäßig Sport.

☹	1	2	3	4	5	☺	Ihr Wert: ______

53) Prüfungssituationen sind mir unangenehm, auch wenn ich das nötige Wissen habe.

☹	5	4	3	2	1	☺	Ihr Wert: ______

54) Wenn es sein musste, habe ich für Klassenarbeiten auch bis spät in die Nacht gelernt.

☹	1	2	3	4	5	☺	Ihr Wert: ______

55) Der Mensch ist nur dann glücklich, wenn er genügend Freizeit hat.

☹	5	4	3	2	1	☺	Ihr Wert: ______

56) Es dauert, so lange es dauert: Für wichtige Dinge muss man seinen persönlichen Kalender entsprechend anpassen.

☹	1	2	3	4	5	☺	Ihr Wert: ______

57) Ich arbeite Aufgaben konzentriert nacheinander ab. Wenn etwas dazwischenkommt, schiebe ich das erst mal auf die lange Bank.

☹	5	4	3	2	1	☺	Ihr Wert: ______

58) Von der Gereiztheit anderer lasse ich mich schnell anstecken.

☹	5	4	3	2	1	☺	Ihr Wert: ______

59) Um meine Zukunft mache ich mir keine Sorgen.

☹	1	2	3	4	5	☺	Ihr Wert: ______

60) Körperliche Anstrengungen stecke ich problemlos weg.

☹	1	2	3	4	5	☺	Ihr Wert: ______

Gesamtwert Belastbarkeit: ______

Flexibilität

Von der Verbrecherjagd zur verwirrten alten Dame, von der Ruhestörung zur Radarkontrolle: Im Polizeidienst ist Abwechslung Programm. Kein Einsatz ist exakt wie der andere, jedes Mal warten neue Herausforderungen – und das erfordert Flexibilität. Gedankliche Beweglichkeit ist unentbehrlich, um sich schnell an verschiedene Umstände anpassen und angemessen handeln zu können.

61) Ich mag es, wenn Arbeitsabläufe sich wiederholen.

☹	5	4	3	2	1	☺	Ihr Wert: ______

62) Mein Büro wird zu klein. Ich rücke meinen Schreibtisch einfach von der Wand in die Mitte des Raums, um dadurch Platz zu gewinnen.

☹	1	2	3	4	5	☺	Ihr Wert: ______

63) Beständigkeit ist wichtiger als immer mit dem Trend zu gehen.

☹	5	4	3	2	1	☺	Ihr Wert: ______

64) Ich überlege häufig, wie ich eine Aufgabe mit neuen Methoden und Techniken besser bewältigen kann.

☹	1	2	3	4	5	☺	Ihr Wert: ______

65) Auf Veränderungen muss man so schnell wie möglich reagieren.

☹	1	2	3	4	5	☺	Ihr Wert: ______

66) Besser eine Sache gut machen statt viele Dinge so lala erledigen.

☹	5	4	3	2	1	☺	Ihr Wert: ______

67) Wenn alles so läuft wie immer, wird mir schnell langweilig.

☹	1	2	3	4	5	☺	Ihr Wert: ______

68) Wer viele unterschiedliche Felder beackert, weiß nicht, was er will.

☹	5	4	3	2	1	☺	Ihr Wert: ______

69) Um böse Überraschungen zu vermeiden, plane ich gern alles bis ins Detail.

☹	5	4	3	2	1	☺	Ihr Wert: ______

70) Mehrere Wege führen zum Ziel. Man muss sich nicht auf einen festlegen.

☹	1	2	3	4	5	☺	Ihr Wert: ______

Gesamtwert Flexibilität: ______

Motivation

Desinteresse, Trägheit, Bequemlichkeit – wo sich der Schlendrian einschleicht, ist an Professionalität nicht zu denken. Das Gegenmittel heißt Motivation: Wer leistungswillig ist, entwickelt neue Ideen, übernimmt Verantwortung, reißt andere mit und bringt sich ein, ohne dass es jemand ausdrücklich verlangen muss. Das sieht jeder Vorgesetzte gern, solange es nicht in hektischen Aktionismus mündet.

71) Bei der Wahl meines Arbeitsplatzes achte ich vor allem auf Sicherheit und eine gute Bezahlung.

☹	5	4	3	2	1	☺	Ihr Wert: ______

72) Ich arbeite nicht gern an Projekten, deren Früchte ich erst im Nachhinein ernte.

☹	5	4	3	2	1	☺	Ihr Wert: ______

73) Durch Fleiß und Einsatzbereitschaft habe ich schon oft andere hinter mir gelassen, die es eigentlich leichter hatten als ich.

☹	1	2	3	4	5	☺	Ihr Wert: ______

74) Ich denke nicht gern über Dinge nach, für die keine Notwendigkeit besteht.

☹	5	4	3	2	1	☺	Ihr Wert: ______

75) In meinem Freundeskreis bin meist ich es, der Treffen organisiert und Partys veranstaltet.

☹	1	2	3	4	5	☺	Ihr Wert: ______

76) Es kommt auf jeden Einzelnen an, wenn eine Gesellschaft funktionieren soll.

☹	1	2	3	4	5	☺	Ihr Wert: ______

77) Ich warte lieber ab, wie sich etwas entwickelt, bevor ich überhastet eingreife.

☹	5	4	3	2	1	☺	Ihr Wert: ______

78) Andere Menschen von etwas zu überzeugen, liegt mir nicht so.

☹	5	4	3	2	1	☺	Ihr Wert: ______

79) Ich übernehme gern Verantwortung, auch bei schwierigen Entscheidungen.

☹	1	2	3	4	5	☺	Ihr Wert: ______

80) Ich bin bekannt dafür, dass ich immer den ersten Schritt mache.

☹	1	2	3	4	5	☺	Ihr Wert: ______

Gesamtwert Motivation: ______

Einfühlungsvermögen

Ein wichtiger Aspekt der sozialen Intelligenz: nachvollziehen zu können, was andere gerade fühlen oder meinen. Denn die gleiche Sprache zu sprechen, heißt noch nicht, einander wirklich zu verstehen. Nur wer sich in die Lage seines Gegenübers hineinversetzen und dessen Stimmung richtig einschätzen kann, ist dazu fähig, situationsgemäß und zielgerichtet zu handeln.

81) Wenn es Freunden schlecht geht, merke ich das sofort, auch wenn sie es nicht sagen.

☹	1	2	3	4	5	☺	Ihr Wert: ______

82) In schwierigen Situationen tappe ich nie in Fettnäpfchen.

☹	1	2	3	4	5	☺	Ihr Wert: ______

83) Man muss nicht das Privatleben seiner Kameraden kennen, um mit ihnen gut arbeiten zu können.

☹	5	4	3	2	1	☺	Ihr Wert: ______

84) Professionalität heißt, auf Emotionen keine Rücksicht zu nehmen.

☹	5	4	3	2	1	☺	Ihr Wert: ______

85) Ich nehme die Dinge, wie sie kommen. Wieso sollte ich lange darüber nachdenken, wer warum wie entschieden hat?

☹	5	4	3	2	1	☺	Ihr Wert: ______

86) Ich ärgere mich oft über Leute, die mich einfach nicht verstehen.

☹	5	4	3	2	1	☺	Ihr Wert: ______

87) Die Sorgen und Probleme anderer gehen mir oft ziemlich nahe.

☹	1	2	3	4	5	☺	Ihr Wert: ______

88) Bevor man sich ein Urteil bildet, sollte man sich immer fragen, was man selbst in so einer Lage getan hätte.

☹	1	2	3	4	5	☺	Ihr Wert: ______

89) Wenn jemand etwas Peinliches sagt, gelingt es mir oft, die Situation zu retten.

☹	1	2	3	4	5	☺	Ihr Wert: ______

90) Häufig weiß ich nicht, welche Erwartungen andere an mich haben.

☹	5	4	3	2	1	☺	Ihr Wert: ______

Gesamtwert Einfühlungsvermögen: ______

Die Auswertung

Im psychologischen Test gibt es keine eindeutig richtigen oder falschen Antworten: Schließlich geht es hier darum, wie Sie Ihre Persönlichkeit, Ihren Charakter einschätzen. Im Folgenden finden Sie einige Stichpunkte, wie Ihre Ergebnisse interpretiert werden könnten.

Kontaktfähigkeit

mehr als 40 Punkte: Sie sind extrem kontaktfreudig und gewinnen die Sympathien schnell für sich. Passen Sie aber auf, nicht zu offen und leutselig zu erscheinen: Die Arbeit im Staatsdienst erfordert auch viel Seriosität und Verantwortungsbewusstsein.

25–40 Punkte: Sie können von sich aus auf andere Menschen zugehen und finden zu ihnen in der Regel einen guten Draht. Dabei sind Sie angenehm unaufdringlich. Bleiben Sie am Ball und lassen Sie sich nicht ins Abseits drängen, so sammeln Sie jede Menge Pluspunkte.

weniger als 25 Punkte: Auch wenn es Überwindung kosten kann, Kontakte zu knüpfen: Mit zu viel Zurückhaltung findet man in neuen Umgebungen nur langsam Anschluss. Die Behörden brauchen Beamte, die souverän auftreten und gut mit Menschen umgehen können.

Teamfähigkeit

mehr als 40 Punkte: Sie sind das Musterbeispiel eines Mannschaftsspielers. In der Kooperation mit anderen blühen Sie auf, nehmen die eigenen Interessen auch gern mal zurück. Solange Ihre Selbstständigkeit nicht darunter leidet, sind Sie auf einem guten Weg.

25–40 Punkte: Eigensinn und Teamgeist halten sich bei Ihnen die Waage. Damit sind Sie im Kollegenkreis grundsätzlich gern gesehen. Es gelingt Ihnen, Teil eines Kollektivs zu sein und die Gruppendynamik zu stärken, ohne dadurch an Profil zu verlieren.

weniger als 25 Punkte: Sie spielen lieber Golf als Fußball, richtig? Die Kooperation mit anderen liegt Ihnen anscheinend nicht so gut. Denken Sie daran: Sie sind Teil eines großen Orchesters, das nur dann gut klingt, wenn alle harmonieren. Nehmen Sie Ihre Kollegen ernst, hören Sie ihnen zu und bringen Sie sich ein – davon profitieren alle.

Konfliktfähigkeit

mehr als 40 Punkte: Sie weichen keinem Konflikt aus und sprechen schonungslos an, was Ihnen nicht gefällt. Gut so – solange Sie das vernünftig, selbstkritisch und zielgerichtet tun. Sonst können Sie eventuell als streitsüchtiger Zeitgenosse gelten, der aus jeder Mücke einen Elefanten macht.

25–40 Punkte: Probleme sind dazu da, um gelöst zu werden – das könnte Ihr Motto sein. Obwohl Ihnen Harmonie wichtig ist, reden Sie auch mal Tacheles und tragen so dazu bei, strittige Situationen konstruktiv und sachlich zu lösen.

weniger als 25 Punkte: Meinungsverschiedenheiten gehen Sie gern aus dem Weg, Ärger schlucken Sie am liebsten herunter. Wenn hinter der heilen Fassade in Wahrheit tiefe Gräben klaffen, hilft das weder der Gesundheit noch Ihrer Arbeitsleistung. Sehen Sie Konflikte als Chance, Sachfragen zu klären und den eigenen Standpunkt weiterzuentwickeln.

Durchsetzungsfähigkeit

mehr als 40 Punkte: Wo ein Wille ist, da ist für Sie auch ein Weg. Sie haben ein stabiles Rückgrat und bleiben sich auch dann treu, wenn es Widerstände gibt. Den schmalen Grat zur Rücksichtslosigkeit sollten Sie dabei nicht überschreiten.

25–40 Punkte: Wenn es nötig ist, sprechen Sie auch mal ein Machtwort. Doch Sie wissen ebenfalls, dass man mit Absprachen und Kompromissen manchmal mehr erreicht. Damit kommen Sie bei anderen im Allgemeinen gut an, ohne sich die Butter vom Brot nehmen zu lassen.

weniger als 25 Punkte: Kooperation und Teambewusstsein müssen niemanden in die Selbstaufgabe treiben. Stellen Sie Ihr Ego nicht hinten an und treten Sie entschlossener für das ein, was Sie für richtig halten. Das fördert nicht nur die Zufriedenheit im Beruf – es ist bei der Polizei schlicht alternativlos.

Gewissenhaftigkeit

mehr als 40 Punkte: Auf Sie kann man sich wirklich verlassen. Wer mit Ihnen etwas abspricht, muss keine Bedenken haben, und Sie wissen genau, welche Vorschrift wann anzuwenden ist. Was aber, wenn plötzliche Veränderungen flexible Reaktionen erfordern?

25–40 Punkte: Sie halten sich an Absprachen und arbeiten verlässlich, ohne gleich ein Erbsenzähler zu sein. Sie haben es gern, wenn alles seinen gewohnten Gang geht, kommen aber nicht ins Straucheln, wenn etwas Unvorhergesehenes geschieht.

weniger als 25 Punkte: Termine, Ordnung, Disziplin – all das steht bei Ihnen eher im Hintergrund. Sie brauchen die Abwechslung und lassen es gern locker angehen. Das erschwert die Zusammenarbeit. Zuverlässigkeit gilt als berufliche Kernkompetenz und setzt nur eines voraus: sich an Vorgaben und Abmachungen zu halten.

Belastbarkeit

mehr als 40 Punkte: Auch unter hohem Druck arbeiten Sie nüchtern und solide. Dass Sie so schnell nichts umhaut, wissen Ihre Kollegen und Vorgesetzten sehr zu schätzen. In einer stürmischen Brandung sind Sie ein fester Fels – aber kennen hoffentlich auch Ihre eigenen Grenzen.

25–40 Punkte: Sie glauben an Ihre Fähigkeiten und erreichen auch unter ungünstigen Bedingungen gute Ergebnisse. Manchen Herausforderungen stellen Sie sich mit Bedenken, weil Sie wissen, was auf Sie zukommt. Mit einem realistischen Blick auf Ihr Leistungsvermögen trauen Sie sich jedoch zu Recht einiges zu.

weniger als 25 Punkte: Dass Sie eine Situation auch unter großer Anspannung im Griff haben, davon hängt im Einsatz womöglich viel ab. Ihre Kollegen verlassen sich auf Sie und Ihre Fähigkeit, den Überblick zu behalten und nicht unbedacht zu reagieren.

Flexibilität

mehr als 40 Punkte: Ihnen macht es nichts aus, wenn sich eine Vorschrift ändert, wenn neue PC-Software eingeführt wird oder wenn man Sie von einer Radarkontrolle plötzlich zu einem Verkehrsunfall beordert. Aber Hand aufs Herz: Können Sie auch stereotype Aufträge zuverlässig und akkurat abarbeiten?

25–40 Punkte: Sie verbinden Disziplin und Ordnungssinn mit der Fähigkeit, sich rasch auf neue Gegebenheiten einzustellen. Das macht Sie zu einem gefragten Mitarbeiter, der sich in schwierigen Situationen meist zu helfen weiß und dabei die einschlägigen Vorgaben beachtet.

weniger als 25 Punkte: Was Sie gewohnt sind, daran halten Sie fest. Sie sind eher der gewissenhafte Typ, der seine Arbeit gern vollständig überblickt und von A bis Z durchorganisiert. Doch es gibt nicht für alles eine perfekte Vorbereitung, hin und wieder ist einfach eine gute Portion Pragmatismus gefragt.

Motivation

mehr als 40 Punkte: Dienst nach Vorschrift ist Ihnen zu wenig. Sie sind bereit, die Initiative zu übernehmen, handeln entschlossen und schrecken vor Verantwortung nicht zurück. Sie haben Ihre Berufswahl aus Überzeugung getroffen, und das merkt man Ihnen an. Behalten Sie in Ihrer Aktivität stets ein klares Ziel vor Augen.

25–40 Punkte: Wenn es etwas zu tun gibt, erledigen Sie es schnell und zuverlässig. Schwerer fällt es Ihnen, aus eigenem Antrieb aktiv zu werden. Trauen Sie sich mehr zu, dann sind Kollegen und Vorgesetzte noch zufriedener.

weniger als 25 Punkte: Wer ohne klare Ansagen schwer auf Trab kommt, sorgt für Verunsicherung: Macht die Arbeit keinen Spaß, werden die Aufgaben und Ziele nicht als sinnvoll angesehen, stimmt die Atmosphäre im Team nicht? Überzeugen Sie Ihre Kritiker durch Leistung.

Einfühlungsvermögen

mehr als 40 Punkte: Sie wissen genau, was in anderen gerade vorgeht. Im Kollegenkreis treffen Sie stets den richtigen Ton, und wer Hilfe sucht, kann sich bei Ihnen glücklich schätzen. Ihr Mitgefühl macht es Ihnen aber manchmal schwer, sich durchzusetzen.

25–40 Punkte: Die Welt mit den Augen eines anderen zu sehen, ist für Sie nicht immer leicht. Trotzdem können Sie nachvollziehen, dass Menschen stimmungsabhängig sind, und nehmen Rücksicht auf individuelle Befindlichkeiten.

weniger als 25 Punkte: Besonders sensibel sind Sie anscheinend nicht – positiv ausgedrückt: Sie sind psychisch ungemein robust. Doch vergessen Sie nicht: Der Ton macht die Musik. Respektieren Sie die persönlichen Stimmungslagen Ihres Umfelds, das erleichtert nicht zuletzt auch Ihnen selbst das Leben.

Persönlichkeitsfragebogen 2: Im Fall der Fälle …

Wie würden Sie als guter Polizist handeln? Im Aufnahmetest der Bundespolizei müssen sich Bewerber in praxisnahe Szenarien hineinversetzen.

Kreuzen Sie bitte im Folgenden an, mit welchem Verhalten Sie sich wie stark identifizieren können. Die Skala reicht von ☹ („kann mich überhaupt nicht identifizieren") bis ☺ („kann mich voll und ganz identifizieren"). Das Gesamtergebnis erhalten Sie, indem Sie positive Zahlen (+) addieren und negative Zahlen (–) subtrahieren. Rechnen Sie die Punktwerte aller drei Fälle zusammen. Die Auswertung finden Sie am Ende dieses Abschnitts.

■ Fall 1: Ihr Kollege möchte mit Ihnen den Dienst tauschen, Sie aber eigentlich nicht.

Wie reagieren Sie?

1) Ich akzeptiere den Vorschlag des Kollegen ohne Widerworte.

☹	+3	+2	+1	0	–1	–2	–3	☺	Ihr Wert: ____

2) Ich überlege mir, wie ich den Vorschlag des Kollegen am besten ablehne, ohne ihn dabei zu kränken.

☹	+3	+2	+1	0	–1	–2	–3	☺	Ihr Wert: ____

3) Ich halte den Kollegen erst einmal hin. Vielleicht findet sich ein anderer, der seinen Dienst übernimmt.

☹	+3	+2	+1	0	–1	–2	–3	☺	Ihr Wert: ____

4) Ich erkläre ihm, warum ich ihn an diesem Tag nicht vertreten kann.

☹	+3	+2	+1	0	–1	–2	–3	☺	Ihr Wert: ____

5) Ich lehne seinen Vorschlag entschieden ab. Wozu gibt es Dienstpläne?

☹	+3	+2	+1	0	–1	–2	–3	☺	Ihr Wert: ____

Gesamtwert Fall 1: ____

■ **Fall 2: Sie halten mit Ihrem Kollegen zusammen ein Fahrzeug an. Es stellt sich heraus, dass es sich bei dem Lenker um Ihren Nachbarn handelt, mit dem Sie sich gar nicht verstehen.**

Wie reagieren Sie?

6) Ich setze mich in den Streifenwagen und lasse meinen Kollegen den Fall klären.

☹	+3	+2	+1	0	–1	–2	–3	☺	Ihr Wert: ____

7) Ich nehme mich der Sache pragmatisch und ruhig selbst an, wohl wissend, dass der Ärger nicht ausbleiben wird.

☹	+3	+2	+1	0	–1	–2	–3	☺	Ihr Wert: ____

8) Ich lasse den Nachbarn lieber weiterfahren, um unnötige Streitigkeiten zu vermeiden.

☹	+3	+2	+1	0	–1	–2	–3	☺	Ihr Wert: ____

9) Ich erkläre meinem Kollegen den Sachverhalt, bitte ihn, die Führungsrolle zu übernehmen und sichere ihn von einer zurückgezogenen Position.

☹	+3	+2	+1	0	–1	–2	–3	☺	Ihr Wert: ____

10) Ich zeige meinem Nachbarn, wer von uns beiden die Staatsgewalt vertritt, und fordere Ihn auf, die Mängel an seinem Fahrzeug unverzüglich zu reparieren.

☹	+3	+2	+1	0	–1	–2	–3	☺	Ihr Wert: ____

Gesamtwert Fall 2: ____

■ Fall 3: Bei einer ausländischen Familie wird eine tote Person aufgefunden. Im Haus treffen Sie auf die tränenüberströmte Mutter und den Sohn der Familie, der Ihnen erklärt, dass Sie die Mutter aus kulturellen Gründen nicht befragen können.

Wie reagieren Sie?

11) Ich respektiere die Kultur und werde die Mutter selbstverständlich nicht befragen, wenn es von der Familie so gewünscht wird.

☹	+3	+2	+1	0	−1	−2	−3	☺	Ihr Wert: ____

12) Ich bitte die Leitstelle, mir eine Beamtin aus demselben Kulturkreis zu schicken, die die kulturellen Hintergründe kennt und vielleicht eher mit der Mutter sprechen darf.

☹	+3	+2	+1	0	−1	−2	−3	☺	Ihr Wert: ____

13) Ich versuche den Sohn davon zu überzeugen, doch mit der Mutter reden zu dürfen.

☹	+3	+2	+1	0	−1	−2	−3	☺	Ihr Wert: ____

14) Ich erkläre, warum ich in diesem Fall auf kulturelle Besonderheiten keine Rücksicht nehmen kann, und bitte die Mutter zu einem Gespräch.

☹	+3	+2	+1	0	−1	−2	−3	☺	Ihr Wert: ____

15) Ich überhöre, was der Sohn sagt, und wende mich kommentarlos direkt an die Mutter.

☹	+3	+2	+1	0	−1	−2	−3	☺	Ihr Wert: ____

Gesamtwert Fall 3: ____

Auswertung

Alle drei Fälle haben eines gemeinsam: Sie stellen vor allem Ihre Konfliktfähigkeit, Ihr Durchsetzungs- und Ihr Einfühlungsvermögen auf die Probe.

Fall 1:

Im ersten Szenario spielt auch die Flexibilität eine Rolle – die hier allerdings nicht positiv belegt ist. Wer zu allem Ja und Amen sagt, auch wenn es ihm nicht passt, ist weder konflikt- noch durchsetzungsfähig. Dank Ihres Einfühlungsvermögens können Sie den Wunsch des Kollegen aber nachvollziehen. Um ihn nicht zu kränken, erklären Sie ihm Ihre Haltung und lehnen höflich ab.

Fall 2:

In Fall 2 geht es darum, der dienstlichen Verantwortung nicht aus persönlichen Gründen auszuweichen. Ihr Nachbar ist in dieser Situation ein Verkehrsteilnehmer wie jeder andere auch, und Sie sind ein ganz „normaler" Beamter. Dementsprechend verhalten Sie sich richtig, wenn Sie sich genauso verhalten wie sonst: Nüchtern und sachlich lassen Sie sich die Papiere Ihres Nachbarn zeigen.

Fall 3:

Das dritte Beispiel erfordert besonderes Fingerspitzengefühl. Natürlich sind Sie als Beamter allein Recht und Gesetz verpflichtet, nicht irgendwelchen kulturellen Geboten. Dennoch ist etwas Rücksicht angebracht. Rüpelhaftes Vorgehen macht die Verständigung mit Mutter und Sohn nicht einfacher. Daher gehen Sie auf die Empfindungen der Angehörigen ein, machen aber unmissverständlich klar, dass Sie die Mutter befragen müssen.

Gesamtergebnis

Ein gutes Ergebnis erreichen Sie mit **25–35 Punkten.** Werte **über 35 Punkte** wirken womöglich unglaubwürdig: Unrealistische Angaben, die sich nicht mit Ihrem Gesamteindruck decken, wecken bei den Prüfern Skepsis; niemand ist perfekt. Niedrige Werte weit **unter 25 Punkten** können wiederum als Anzeichen mangelnden Konfliktverhaltens ausgelegt werden.

Der Sporttest

Der Dienst für Sicherheit und Ordnung erfordert nicht nur geistige, sondern oft auch körperliche Topform. Ob ein Bewerber die nötige Fitness besitzt, zeigt sich im Sporttest. Dabei stehen mehrere Disziplinen auf dem Plan, die alle fünf „motorischen Grundfähigkeiten" abdecken: Ausdauer, Schnelligkeit, Kraft, Koordination und Beweglichkeit.

Seit 2019 besteht die Sportprüfung der österreichischen Polizei nur noch aus drei Disziplinen: Achterlauf, Liegestütz und Pendellauf. Der früher eingeplante 3.000-Meter-Ausdauerlauf steht aktuell also nicht mehr im Programm, ebenso wie der Schwimmtest. Die Schwimmtauglichkeit beweist man nun durch die Vorlage des österreichischen Schwimmerabzeichens der Qualifikationsstufe „Fahrtenschwimmer" (oder höher).

So meistern Sie den Sporttest

- **Volle Konzentration ist gefordert.**
  Die Disziplinen dürfen nicht wiederholt werden – der erste Versuch ist zugleich der letzte, eine zweite Chance gibt es nicht.
- **Passende Sportkleidung mitnehmen.**
  Zum richtigen Outfit gehören rutschfeste Turnschuhe (am besten bereits eingelaufen) sowie ein langärmliges Oberteil und eine lange Hose (damit der Achterlauf keine Abschürfungen hinterlässt). Beachten Sie hierzu auch die Kleidungshinweise im Einladungsschreiben.
- **Aufwärmen nicht vergessen.**
  Bevor der Sporttest beginnt, geben die Prüfer Ihnen die Gelegenheit, sich aufzuwärmen. Dadurch bringen Sie Ihren Kreislauf in Schwung und bereiten Muskeln und Gelenke auf das Kommende vor.
- **Nicht vorschnell aufgeben.**
  Wer den Sporttest nicht gleich im ersten Anlauf besteht, kann sich der Prozedur im Zeitraum von 3–6 Monaten danach nochmals stellen.

Achterlauf

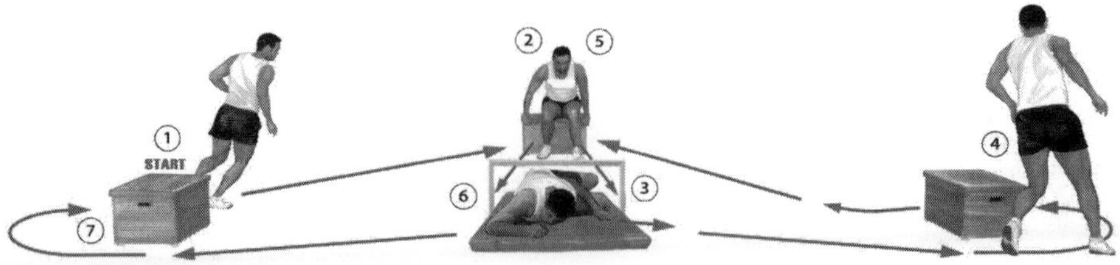

Die Aufstellung für den Achterlauf sieht folgendermaßen aus: Zwei Kästen (oder Leitkegel) stehen zehn Meter weit voneinander entfernt auf dem Übungsfeld. Auf halber Strecke dazwischen wird ein offenes Kastenteil in Längsrichtung aufgekantet und mit einer durch die Öffnung gelegten Turnmatte stabilisiert. In zwei Metern Abstand zu diesem Kastenteil befindet sich ein Turnkasten.

Sie starten im Hochstart und laufen in Form einer „8" um die äußeren Kästen bzw. Kegel herum. Auf jedem Hin- und Rückweg nehmen Sie kurz Sitzkontakt mit dem Kasten in der Mitte auf und durchtauchen das offene Kastenteil davor. Gefordert sind fünf vollständige Durchläufe (insgesamt ca. 100 Meter).

Liegestütz

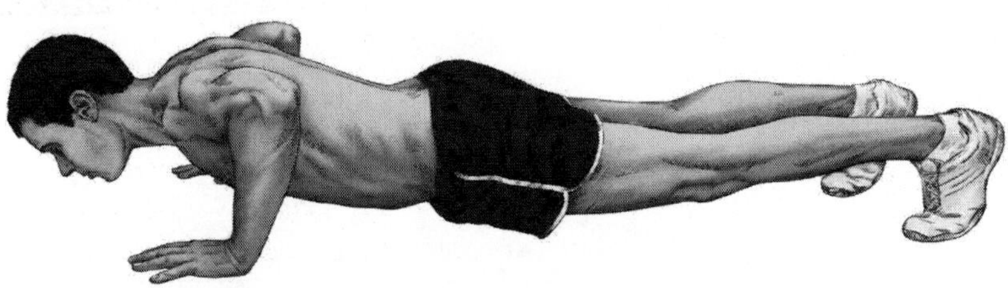

In der Ausgangslage stützen sich die Hände in Schulterhöhe auf den Boden. Der Handabstand kann individuell gewählt werden – empfehlenswert ist ein etwas mehr als schulterbreiter Abstand. Die Arme sind durchgestreckt, die Finger zeigen nach vorne, die Hüfte ist angehoben. Oberkörper, Gesäß und Fersen bilden eine durchgezogene Linie: Das Körpergewicht ruht nur auf den Handflächen und Zehen.

Beugen Sie nun beim Einatmen Ihre Arme so weit, bis Ihre Nasenspitze den Boden berührt. Stemmen Sie sich anschließend mit dem Ausatmen zurück in die

Startposition: Erst wenn die Arme wieder durchgestreckt sind, gilt der Liegestütz als korrekt ausgeführt und wird gewertet. Ziel ist es, möglichst viele Wiederholungen zu schaffen.

Halten Sie die Körperspannung in jeder Bewegungsphase, damit die Linie Oberkörper-Ferse stets gerade durchgezogen bleibt. Rumpf und Knie dürfen den Untergrund nicht berühren, und es sollte kein Hohlkreuz entstehen. Ein kurzes Durchschnaufen in der Ausgangsposition ist jedoch erlaubt.

Pendellauf

Der Pendellauf findet sich im Prüfungsprogramm nicht in seiner herkömmlichen Form, sondern in einer verschärften Variante: mit einer integrierten Rettungsübung.

Die Grundanforderung ist relativ einfach: Sie laufen möglichst schnell um zwei Leitkegel herum, die in 20 Metern Entfernung aufgestellt sind. Dabei können Sie die Kegel entweder im Kreis umlaufen oder in Form einer „8“. Insgesamt bewegen Sie sich 15-mal von einer Seite zur anderen, die Streckenlänge beträgt damit ungefähr 300 Meter.

Zur Rettungsübung wird die Disziplin erst während der letzten Teilstrecke. Am entsprechenden Kegel nehmen Sie eine rund 70 Kilogramm schwere Rettungspuppe auf, die Sie zum gegenüberliegenden Kegel über die Ziellinie befördern müssen.

Die Technik zum Abschleppen des Dummys dürfen Sie selbst wählen. Empfehlenswert ist zum Beispiel der Erste-Hilfe-Rettungsgriff: Greifen Sie von hinten unter den Achseln der aufgerichteten Puppe durch, legen Sie ihr einen ihrer Unterarme quer über den Bauch und umfassen Sie diesen Unterarm mit beiden Händen. So können Sie die Puppe mit überschaubarem Kraftaufwand im Rückwärtsgang zum Ziel schleifen. Die Stoppuhr läuft, bis die Übungspuppe die Ziellinie vollständig überquert hat.

Schwimmnachweis

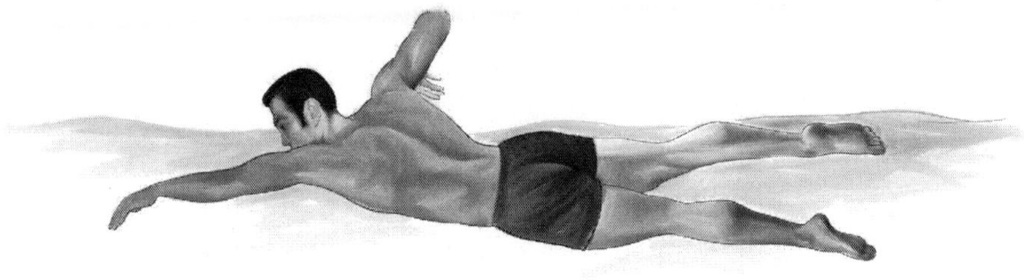

Eine eigene Schwimmprüfung veranstaltet die österreichische Polizei im Auswahlverfahren nicht mehr. Stattdessen beweisen Sie Ihre Schwimmtüchtigkeit nun durch die Vorlage des österreichischen Schwimmerabzeichens, mindestens in der Qualifikationsstufe „Fahrtenschwimmer".

Dafür sind folgende Leistungen zu erbringen:

- 15 Minuten Dauerschwimmen in beliebigem Stil
- 10 m Streckentauchen
- einmaliges Tieftauchen (ca. 2 m) und Heraufholen eines ca. 2,5 kg schweren Gegenstandes
- 50 m Rückenschwimmen ohne Armtätigkeit
- Kopfsprung aus ca. 1 m Höhe oder beliebiger Sprung aus 3 m Höhe ins Wasser
- Kenntnis der 10 Baderegeln

Den Schwimmstil – Kraul, Brust, Schmetterling, Rücken – dürfen Sie dabei nach eigenem Ermessen wählen. Am erfolgversprechendsten ist der Kraulstil – allerdings nur für den, der ihn wirklich beherrscht. Ungeübte wirbeln oft wild im Wasser, statt geschmeidig zu kraulen. Wählen Sie also die Technik, mit der Sie am besten klarkommen.

Die Bewertung

Bei jeder Übung werden die Ergebnisse in zwei Kategorien eingeteilt, nämlich in Grundstufe (GS) und Leistungsstufe (LS). Dabei ist die Grundstufe die Mindestanforderung. Wer sie einmal verfehlt, hat den Sporttest – und somit das Auswahlverfahren – nicht bestanden.

Mindestanforderungen (Stand 2019)

Übung	Level	Männer	Frauen
Achterlauf	Grundstufe	77,0 Sek.	88,0 Sek.
	Leistungsstufe	57,0 Sek.	71,0 Sek.
Liegestütz	Grundstufe	15 Wdh.	7 Wdh.
	Leistungsstufe	21 Wdh.	12 Wdh.
Pendellauf	Grundstufe	113,0 Sek.	133,0 Sek.
	Leistungsstufe	83,0 Sek.	103,0 Sek.

Die ärztliche Untersuchung

Wer im Sporttest gut abschneidet, ist höchstwahrscheinlich auch gesund. Aber nicht mit absoluter Sicherheit. Daher beinhaltet das Polizei-Auswahlverfahren eine umfassende ärztliche Untersuchung, die den körperlichen Zustand aller Kandidaten buchstäblich „auf Herz und Nieren" testet.

Generell soll der Arzt die Funktionstüchtigkeit des Körpers begutachten: Arbeiten die Organe, Gelenke und Muskeln einwandfrei, stimmt die Bewegungskoordination, wie belastbar ist das Herz-Kreislauf-System, gibt es nennenswerte Einschränkungen in der Sinneswahrnehmung usw. Über den momentanen Gesundheitszustand hinaus wird auch die langfristige Berufseignung beurteilt.

Diagnose: Diensttauglich

Was Größe und Gewicht angeht, dient der Body-Mass-Index als Richtwert – Körpergewicht geteilt durch Größe mal Größe (in Metern). Akzeptable Werte liegen im Allgemeinen zwischen 18 und 28, Idealwerte zwischen 20 und 25. Bereits ein BMI ab 26 aufwärts jedoch kann zu Zweifeln an der Dienstfähigkeit führen, insbesondere wenn damit weitere Risikofaktoren wie Stoffwechselstörungen oder erhöhte Blutfettwerte einhergehen.

Weitere Programmpunkte sind ein Belastungs-EKG auf dem Fahrrad-Ergometer, Hör- und Sehtests, Blut- und Urinproben, ein Lungenfunktionstest und eine klinische Untersuchung. Auch auf ein gepflegtes Erscheinungsbild wird Wert gelegt. In Uniform sollten keine auffälligen Hautveränderungen wie Piercings oder Tätowierungen erkennbar sein. Ein generelles Verbot gibt es dafür aber nicht.

Gut in Form zum Arztbesuch

Oft hat der Arzt einen Ermessensspielraum – reizen Sie den aber besser nicht aus. Gehen Sie auf Nummer sicher und nur topfit zum Arzt: Alkohol und Zigaretten sind zumindest am Vortag tabu. Auch der nicht ganz auskurierte Schnupfen oder die leichte Halsentzündung können das Ergebnis negativ beeinflussen; vereinbaren Sie im Krankheitsfall am besten einen Alternativtermin.

Ausschlusskriterien, bei denen der Arzt kein Auge zudrücken kann, sind im allgemeinen unter anderem: schwere Sinnesstörungen (fehlendes Stereosehen, Rot-Grün- oder Nachtblindheit, Schwerhörigkeit), chronisches Asthma, atopische Ekzeme (Neurodermitis, Milchschorf), psychosomatische Störungen (Essstörungen, Suchterkrankungen), Diabetes, Herzstörungen, Bandscheibenvorfälle, Kniescheibenfehlformen oder Erkrankungen der inneren Organe.

Der Ablauf im Überblick

- Ermittlung von Körpergewicht und -größe
- Hör- und Sehtests
- Blut- und Urinabgabe
- Ergometrie (Belastungs-EKG)
- Spirometrie (Lungenfunktionstest)
- Überprüfung diverser Befunde
- Klinische Untersuchung
- Evtl. Röntgen

Anhang

Tabelle: Maße und Einheiten

Einheit	Einheitenzeichen	Umrechnung
	Länge	
Kilometer	km	1 km = 1.000 m
Meter	m	1 m = 10 dm = 100 cm
Dezimeter	dm	1 dm = 10 cm = 100 mm
Zentimeter	cm	1 cm = 10 mm
Millimeter	mm	1 mm = 1.000 µm
Mikrometer	µm	
	Fläche	
Quadratkilometer	km^2	1 km^2 = 100 ha
Hektar	ha	1 ha = 100 a
Ar	a	1 a = 100 m^2
Quadratmeter	m^2	1 m^2 = 100 dm^2
Quadratdezimeter	dm^2	1 dm^2 = 100 cm^2
Quadratzentimeter	cm^2	1 cm^2 = 100 mm^2
Quadratmillimeter	mm^2	
	Volumen	
Kubikkilometer	km^3	1 km^3 = 1.000.000.000 m^3
Kubikmeter	m^3	1 m^3 = 1.000 dm^3
Kubikdezimeter	dm^3	1 dm^3 = 1.000 cm^3
Kubikzentimeter	cm^3	1 cm^3 = 1.000 mm^3
Kubikmillimeter	mm^3	

Hektoliter	hl	1 hl = 100 l
Liter	l	1 l = 10 dl
Deziliter	dl	1 dl = 10 cl
Zentiliter	cl	1 cl = 10 ml
Milliliter	ml	1 ml = 1.000 µl
Mikroliter	µl	
	Masse	
Tonne	t	1 t = 10 q = 1.000 kg
Zentner	q	1 q = 100 kg
Kilogramm	kg	1 kg = 1.000 g
Gramm	g	1 g = 1.000 mg
Milligramm	mg	1 mg = 1.000 µg
Mikrogramm	µg	
	Zeit	
Jahr	a	1 a = 365 d
Woche	w	1 w = 7 d
Tag	d	1 d = 24 h
Stunde	h	1 h = 60 min
Minute	min	1 min = 60 s
Sekunde	s	1 s = 1.000 ms
Millisekunden	ms	
	Geschwindigkeit	
Kilometer pro Stunde	km/h	1 km/h = 0,2778 m/s
Meter pro Sekunde	m/s	1 m/s = 3,6 km/h

Kraft		
Newton	N	$1\ N = 1\ kg \times m / s^2$
Druck		
Bar	bar	1 bar = 100.000 Pa
Pascal	Pa	1 Pa = 0,00001 bar
Temperatur		
Grad Celsius	°C	$T_{Celsius} = T_{Kelvin} - 273{,}15$
Kelvin	K	$T_{Kelvin} = T_{Celsius} + 273{,}15$

Ausbildungspark Verlag GmbH

Bettinastraße 69 • 63067 Offenbach am Main
Tel. (069) 40 56 49 73 • Fax (069) 43 05 86 02
E-Mail: kontakt@ausbildungspark.com
Internet: www.ausbildungspark.com

Mit **Ausbildungspark** erfolgreich bewerben.

Der Testtrainer

Geeignet für alle Arten von Eignungs- und Einstellungstests, Fähigkeits- und Intelligenztests.

Testerfolg ist keine Glückssache!
… sondern eine Frage der Übung – mit dem Testtrainer.
Das unverzichtbare Handbuch für Ausbildung, Studium und Beruf zeigt, wie Sie Ihre Prüfung souverän meistern. Geeignet für alle Arten von Eignungs- und Einstellungstests, Fähigkeits- und Intelligenztests.

Optimal vorbereitet …

¬ **für alle Themenbereiche:**
Allgemeinwissen, Rechtschreibung und Grammatik, Sprachverständnis, Mathematik, Logik, technisches Verständnis, visuelles Denkvermögen, Konzentration, Merkfähigkeit, Persönlichkeitstest, Kreativität und viele mehr

¬ **durch Original-Testfragen:**
aus den aktuellen Auswahlverfahren namhafter Unternehmen und des öffentlichen Dienstes

¬ **mit mehr als 2.500 Aufgaben:**
inklusive ausführlich kommentierter Lösungen und zahlreicher Bearbeitungstipps

Lesen, verstehen, lösen. Bekämpfen Sie Prüfungsstress und Unsicherheit durch gezieltes Training – für eine Prüfung ohne böse Überraschungen!

Testtrainer
548 Seiten
ISBN 978-3-941356-03-0

19,95 €